The Sketch of Xiao Hong

我们都是爱过的萧红传

王臣 作品

CNS 湖南文艺出版社 HUNAN LITERATURE AND ART PUBLISHING HOUSE 博集天卷 CS-BOOKY

图书在版编目（CIP）数据

我们都是爱过的：萧红传 / 王臣著 . -- 长沙：湖南文艺出版社，2014.6
ISBN 978-7-5404-6706-7

Ⅰ . ①我… Ⅱ . ①王… Ⅲ . ①萧红（1911~1942）—传记
Ⅳ . ① K825.6

中国版本图书馆 CIP 数据核字（2014）第 087508 号

上架建议：畅销·人物传记

我们都是爱过的：萧红传

作　　者：王　臣
出 版 人：刘清华
责任编辑：薛　健　刘诗哲
监　　制：蔡明菲　潘　良
策划编辑：邹和杰
特约编辑：尹　晶
营销编辑：尤艺潼
封面设计：又　一
版式设计：李　洁
内文排版：百朗文化
出版发行：湖南文艺出版社
（长沙市雨花区东二环一段 508 号 邮编：410014）
网　　址：www.hnwy.net
印　　刷：北京嘉业印刷厂
经　　销：新华书店
开　　本：880mm × 1230mm　1/32
字　　数：384 千字
印　　张：15
版　　次：2014 年 6 月第 1 版
印　　次：2014 年 6 月第 1 次印刷
书　　号：ISBN 978-7-5404-6706-7
定　　价：39.80 元
（若有质量问题，请致电质量监督电话：010-84409925）

目录

我们都是爱过的
萧红传

Contents The Sketch of Xiao Hong

序言
她爱这个世界，世界却不爱她

我一生最大的痛苦和不幸，都是因为我是一个女人。

——萧红

一生要如何开始，
又将如何度过
并结束？

是他与你执手不离、生死不弃，还是曲终人散再没有人把你记起。世间纷扰，都抵不过他曾经爱你，与你生死相依。总有一日，我会将那些旧时光里的点滴写成一封信寄给你，只愿你在彼岸读到之时还能感受到一点点日暮黄昏的诗意。

十年前，我读了萧红的《呼兰河传》。

十年后，我写下了这本《萧红传》。

你不在的时年里，世人该如何怀念你。昔日，是有无数个版本的萧红作品集在书店里目睹人来人往。而今，许鞍华又拍了你的传记电影，叫作《黄金时代》，还请来了拥趸无数的汤唯来诠释你。但我想，即便是我喜欢的汤唯，或许也不能不差分毫地还原你的本色。

去年，与众友人谈到民国女子，说起张爱玲的时候七嘴八舌，每个人都能搿上几句。但说到萧红，能讲上一句的人却实在不多。而另一方面，很多事，也的确是难以细说从头。

那些苍绿的往事，温柔起来叫人如沐春风，遒劲起来又似利刃一般，在时光缝隙里雕刻出印痕，亦如在人的心上烙出层层永不退去的伤疤，时时刻刻都要提醒她历经了怎样不堪的过去。在她身上，岁月荒凉如故，命运亦不宽宏。每一步路，都是荆棘密布。

萧红。

这个名字，在文学史册当中显得孤苦伶仃，总是要躲在暗处似的，一点儿也不愿意热烈。但其实，有谁知道，昔年旧日，她本也有一颗烈烈如火的少女心。几乎以为这人世，来来去去，情始情终，不会是一件太难的事。但后来她心智渐开，才知道，哪怕就只是“活着”这一桩事，也不是太容易的。

从哈尔滨到香港。

从北方的北方到南方的南方。

从黯然颠沛到流离失所。
从孤苦伶仃到老无所依。

生命之于她而言，仿佛是满满一册谶语。围绕着“苦难”的命题，一再地摩挲她的生活，令她应接不暇。那一种疲倦，午夜梦回袭身而来的时候，大概真的连死的勇气也是会有的。她一生劳碌，可“奔波”分明是一件热闹的事，何以到了她的身上，就变得如此冷寂，如此不堪?

而今，我也只是遗憾，至今未能去呼兰河边，坐上一个下午，吹吹北方的寒风，让不清醒的生活清醒，让不冷静的岁月冷静，让不淡定的那颗心淡定。萧红，她本身便是一本厚重的书，喑哑、沉寂、痛苦，让人忍不住流着泪一读再读。

有一种人，仿佛生来就是带着苦难的。她的使命就如同一面至清至净的镜子，用她自身的哀痛来映照这人世间的浊杂。可是，身为女子，终究还是避不开爱带来的巨大阴霾。

忘记在哪里看过这样一段话：“世事无常，人无常，爱无常。花辞树，以叶为美。叶落尽，以枝为姿。枝若朽，以根为雕。感情若如四季，我愿如良木。”良木，这终究也只能是个依稀的愿望。身在岁月中，历经伤、离、痛和绝望，岂是轻易能够处之泰然的。

近日重读余华的《活着》。

余华说：

我听到了一首美国民歌《老黑奴》，歌中那位老黑奴经历了一生的苦难，家人都先他而去，而他依然友好地对待这个世界，没有一句抱怨的话。这首歌深深地打动了我，我决定写下一篇这样的小说，就是这篇《活着》，写人对苦难的承受能力，对世界乐观的态度。写作过程让我明白，人是为了活着本身而活着的，而不是为了活着之外的任何事物所活着。

而今看来，余华的这部小说仿佛亦可当作萧红一生的注解。关于她，说过的话，也将变成尘埃，终会不复存在。还没有说的话，都写进书里吧。语言出自口舌，总是轻浮的，唯有文字立于纸上，才是有质感的，才是与她相衬的。

亲爱的萧红。

愿你，来生安好。

王臣

二〇一三年十月

倾谈一／今生你是一缕孤烟

／北方

／烈风

／如烟

／伶仃

／羁绊

01 | 北方

呼兰。

中国北方以北的一个小县城，位于黑龙江省哈尔滨市东北约 15 公里。松花江支流呼兰河流经小城，因此得名。它平凡、朴素，静默如谜。没有人会知道，这样一个僻静的小地方，会生长出一个惊世的女子——萧红。在往后的很多年里，一直被人怀念着。

呼兰。很清贵的两个字。念念在口中，声声有香气。名如女子，清素质朴，洗尽铅华。娴雅有时，婉静有时，但终归是低眉顺从的。一如以后的她，似是一身桀骜逡巡人世，骨子里却又实在不算是勇猛果决的女人。

呼兰，有时候小得看过去仿佛就只有那两条并不宽敞的大街，一条横贯东西，一条纵越南北。还有一条十字街，街上算是热闹，首饰店、布庄、油盐店、茶铺、药馆，也算齐全。城里还有两家学堂，一个在南边，一个在北边。萧红就是在南边的龙王庙小学念的书。

小商小贩、农夫村妇，还有手艺人和几个读过书的先生，以及乡绅官家的男女们，都欢喜地生活在呼兰小城。

——一座历史已有280年的小城。

清代，雍正十二年（1734年）呼兰正式建城。这是一座开化较早的古城。而呼兰河，原本叫作“胡剌温水”，又名“活剌浑河”。到清代的时候才被称为“呼兰河”。但呼兰也只是满语“胡剌温”的音译名，是“烟囱”的意思。

建城那年，清政府在呼兰设立守卫（团一级军事机构），由呼兰守卫直辖。同治元年（1862年），清政府在呼兰守卫下设呼兰厅，呼兰为其所制。光绪五年（1879年），清政府改呼兰守卫为副都统，呼兰仍归其管辖。光绪三十一年（1905年），呼兰设府。

光绪三十三年（1907年），清政府改行省制，呼兰属黑龙江省辖区。民国二年（1913年），行省、道、县制。呼兰县公署成立，属黑龙江省绥兰道辖区。

昔年，也曾繁荣。但后来沙俄入侵，筑成中东铁路，往日是交通要道的呼兰也便冷清下来。加之，宣统二年（1910年），东北受灾，鼠疫泛滥，持续逾半年之久。单单呼兰这座小城，便因此丧生六万余人，几乎变成一座死城。疫情受控之后，呼兰昔日的荣光不复。

1911 年，辛亥革命爆发，时局大变。呼兰小城，虽是素净，却也渐有哗声。民国初年，新生事物应运而生。商会、银行、信托公司、邮政局、劝学所、农会、基督教会堂等，齐刷刷立在了路旁。这便是新的呼兰。属于她的呼兰。

命运之玄，你我之凡胎肉身是无法揣度的。就好比辛亥革命那一年，在呼兰小城的张家，一个女婴呱呱坠地。她，仿佛是命里带着叛逆，将颠沛流离的宿命刻进了幼嫩不清的掌纹里。一点点生长，最终覆盖了她的一生一世。

躲不掉。
避不开。

人与土地之间血脉相连，有一种凿陷入彼此肉身与灵魂肌理的纠缠。一个人长成的样子，说话的腔调，行动的快慢，甚至于内心的纹路，昂首抑或低眉的气场，都与那方生之养之的土地有关。一如她与呼兰。酷烈的寒，刺骨的冷，令她生来便是铿锵。

严冬一封锁了大地的时候，则大地满地裂着口。从南到北，从东到西，几尺长的，一丈长的，还有好几丈长的，它们毫无方向地，便随时随地，只要严冬一到，大地就裂开口了。

严寒把大地冻裂了。

呼兰的冬。萧红的冬。凛冽几句话，仿佛是参透一生奥义的箴言。从至寒天地间，她开始了自己破碎的一辈子。这一生，她从这里开始，又将要去往何处。那一方惜藏她的栖息之处，在呼兰，还是在远方。没有人知道。

或许，昔日茫然无知的她，也曾穿着一身碎花小袄，矮小的身体，立在皑皑的小城中央，举目四望。看着天空无边欲滴的蓝，等着它一点点笼罩下来，覆住她的脸，还有额前的发。然后，想着，这个世界到底有多大，是否也会像她此刻热爱这世界一般地热爱她。

连她自己也不知道，不久的将来，这惶惑不安的人间，会有一个双眸流火的女子，跃跃欲试并终于义无反顾地闯入那生离死别的沙场。一路走，一路痛，一路把苦难抛撒在身后的黑色土壤之上。然后，腐朽在泥沼里，开出鲜艳的赤色花朵来。

黑之土。
白之霜雪。

而她，将是烈艳之萧红。

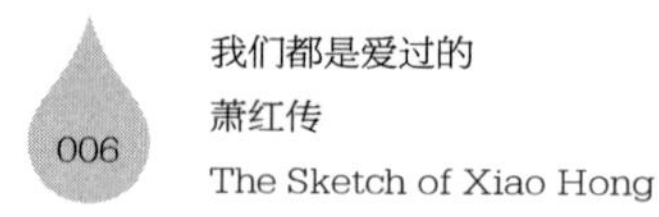

02 | 烈风

萧红姓张。

在呼兰，张家算是富庶。张家先人是从山东徙居至此的。乾隆年间，山东连年灾荒。流离失所之人，无法计数。彼时，清政府为保护东北资源和满洲八旗之生计，封禁东北，禁止汉人出入。但命到绝路，总是有铤而走险的人。毕竟，北方的黑土地遍地膏腴。在那里，总是会有生机的。

于是，一个叫张岱的农民，带着妻子章氏沿路跋涉，远渡北方。张岱，原籍是山东省东昌府莘县杨皮营村，是鲁西的一个小村。北上的路，险患不绝，但为了生存，一切艰困皆不是阻碍。

在吉林的榆林县青山集镇东半截河子屯，张岱发现了一块明代移民的荒地。于是，报领了这块地，勤恳耕种，扎下了根。张岱便是萧红的远祖。张岱与妻子章氏，育有三子：长子张明福，次子张明贵，三子张明义。

清代，嘉庆年间。张明福与妻子王氏在黑龙江省阿城县福昌号屯一带开烧锅（制酒坊），日渐有了资财。福昌号屯，也成了张氏家族后来的大本营。同治元年（1862年），张明贵又到黑龙江省宾县垦荒，并与妻子生下四个儿子和一个女儿。

三子张弼便是萧红的曾祖父。

道光年间，张弼只身来到呼兰经商。张弼精通商道，在呼兰诸事经营得都甚好。而张家另外几支的族人也都在经商方面获得成功。此时，张家也算步入鼎盛时期。在当地，张弼手里的门面不少，有不少烧锅、油坊、杂货店等。张弼在呼兰、兰西等地，也购置了不少田地。育有一儿一女。

儿子便是萧红的祖父——张维祯。

张家到张维祯这一代人，家大业大，但也因此家族矛盾日渐突出，张氏一族终究还是脱逃不过分崩离析的命运。财富与人性，总是共生又矛盾地交织在一起。族人之间为财产，争斗不休。最后分家的时候，张维祯分得了呼兰的房产和一处油坊。光绪初年，张维祯与父母、妻女离开了张家大本营——阿城县。

是年，在呼兰定居。

张维祯，出生于道光二十九年（1849年）。关于张维祯其人，《东昌张氏宗谱书》里记道："公秉性温厚，幼读诗书十余年，辍学时，适逢家业隆盛之际，辅助父兄经营农商事务。"是个性情温厚的男子。但若是说得刻薄些，大抵性格当中还是有几分软弱的。

只是，软弱除了会表现出行事懒散之外，也总还会表现出一种宽宏和清淡来。与世无争，无欲无求，毕生所愿不过是亲好平安、静稳度日。俗世当中，往往这样的男子身边会有一个要强的女人。总是这样的。仿佛是老天故意安排好的。

张维祯的妻子范氏，出生于道光二十五年（1845 年），年长张维祯四岁，精明强干，也是个有好身世的女子，家境殷实，哥哥是某地督军。旧时女子的娘家境况好坏，对于她们在婆家的地位很重要。娘家往往是她在婆家的门面和支撑。娘家境况好，在婆家连说话的分量也要重些。

张维祯父母去世之后，大小家事皆是范氏一人操持。张维祯则起到一个帮衬范氏的作用。范氏虽然为张维祯生下一子三女，可惜三女出嫁之后，幼子早夭，如此一来，日后连继承家业的人也没有。虽然张范夫妇生活富裕，但也着实寂寞。大约也因这方面的缘故，范氏的脾气不好。

后来，张维祯的堂弟张维岳将三儿子张廷举过继给了张维祯。如此一来，张维祯一脉方才得以延续。他的堂弟张维岳虽然不长寿，离世时只有四十九岁，但张维岳子嗣众多，香火极旺。膝下有七子一女：长子张廷蓂，次子张廷选，三子张廷举，四子张廷会，五子张廷禄，六子张廷献，七子张廷勋。女儿嫁给了滨江杨氏。

光绪十四年（1888年），张廷举出生。母亲于他三岁时过世，生身父亲张维岳的后三子一女都是续弦所生。因在生父家中排行第三，被张维祯选中过继而来，所以，又字“选三”。

当年，张廷举也是进步青年，可他的进步思想局限很大。虽然养母范氏一直认为读书无用，但张廷举依然坚持要入学堂读书，并且成绩甚是出众。从黑龙江省高等小学堂毕业，被列为廪生。廪生是旧年科举的名目，虽然当时教育体制已经变革，但并不彻底，科举的一些成规依然有所保留。后来，张廷举入中级学堂，享受廪生津贴。

1909年8月，二十一岁的张廷举与姜玉兰结婚。姜玉兰年长张廷举三岁。彼时，张廷举还在齐齐哈尔读书。同年，从学堂毕业，被授予师范科举人。甚至，还有从七品的虚衔官职——中书科中书衔。之后，被派往黑龙江省汤原县任农业学堂教员和劝业局劝业员。

姜玉兰其人，《东昌张氏宗谱书》里记道：“夫人姜氏玉兰呼邑文选公，幼从父学，粗通文字，来归十二年，勤俭理家，躬操井臼，夫妻伉俪最笃，惟体格素弱。”但族谱是后人修的，难免失真。姜玉兰与女儿萧红的关系并不理想。

姜玉兰体弱，宿疾缠身。去世的时候，萧红方才八岁。之后，张廷举续弦，继娶梁氏。梁氏名梁亚兰。亚兰是结婚之后，丈夫张廷举改过的名字，本名梁秀兰。因“秀”字与下辈人重字，方才改之。《东昌张氏宗谱书》中亦有相关记叙：“续配夫人梁氏亚兰亦名门之女，佐理家务俱有条理。”

两任妻子，为张廷举共诞下四子三女。

萧红是长女。

03 丨如烟

1911 年 6 月 1 日。

农历，端午。

这一日，张家大院正房东侧的外间，姜玉兰为张廷举诞下一名女婴。这是张姜夫妇的第一个孩子。乳名取作荣华。本来是一件大喜之事，但旧人迷信，说端午节是屈原祭日，出生于祭日是最不吉利的事。因此，端午节在生辰当中，被定义为“恶月恶日”。

那时候，流传一句话，说恶月恶日出生的人，“男杀父，女杀母”。听来骇然。可奇巧的是，体弱的姜玉兰在生下萧红之后便久病不愈，八年之后病故离世。仿佛当年坊间流传的话，一语成谶。真是让人唏嘘。

自然，这一些是后话。旧时人们根深蒂固的“重男轻女”思想才是萧红童年阴影的根基所在。当年，正是因为祖母范氏未能再为张维祯一脉延绵子嗣，才将父亲张廷举过继入门，因此，孕中的姜玉兰被全家寄予厚望，都盼着她腹中是个男婴。

但生儿生女原本就是天定的事。

所以，萧红出生之后，虽是喜事，但对包括她的父母在内的家中长者而言，那欢喜之心实在有限。尤其祖母范氏，最是不悦。唯独祖父张维祯不同。他珍视自己生命当中每一个至亲之人。而萧红，自出生便是一副天真活泼的样子。张维祯视之若珍宝。

之后，虽然体弱，姜玉兰依然为张家诞下三名男婴，但男婴多是胎中不足，第一个和第三个孩子都幼年夭折。第三个孩子是在母亲姜玉兰过世、父亲续弦之后染上鼠疫不治身亡的。那几年的东北鼠疫，骇人听闻。萧红的小小胞弟也未能幸免。

只有第二个孩子活了下来，他便是张家唯一与萧红同父同母的胞弟——张秀珂。在经历了两个男婴出生又夭折的喜悲交杂的情绪之后，张秀珂的健康成长，让彼时子嗣并不兴旺的张家一时间显得热闹不少。

父母和祖母范氏都将大部分精力和时间花在了张秀珂的身上。好景不长，萧红六岁那年，祖母范氏病重。萧红在《呼兰河传》里写："可是当韭菜长起来时，祖母就病重了，而不能吃这韭菜了，家里别的人也没有吃这韭菜的，韭菜就在院子里荒着。"

没多久，范氏就过世了。

这一天，是农历五月廿一。

祸不单行。萧红八岁时，母亲姜玉兰也因病去世。萧红在文章《感情的碎片》里说：“母亲并不十分爱我，但也总算是母亲。她病了三天了。是七月的末梢，许多医生来过了。……那最高的一个，他用银针在母亲的腿上刺了一下，他说：‘血流则生，不流则亡。’”结果，腿上的针眼处未曾淌血。萧红知道，这是母亲要去了。

姜玉兰去世那一年，是1919年。从姜玉兰发病到去世，前后不过一个月时间，大概是心血管之类的病症。萧红与母亲不亲近，姜玉兰的去世对她的打击远不及对父亲张廷举造成的伤害大。张廷举自幼丧母，少年时又被过继到堂伯父家中，内心之凄楚不是旁人能够理解的。

姜玉兰与他夫妻十年，感情甚笃。在他心里，姜玉兰大约是这世上与之最亲的人了。也因此，姜玉兰去世之后，张廷举性情大变，昔日寡言沉默的一个男子，瞬时变得粗鲁又暴戾。待人接物都失去了耐心。包括对膝下的子女，尤其是萧红。

父女二人不亲近，大抵跟那一句“恶月恶日”出生的“男杀父，女杀母”有些许关联吧。但逝者已逝，生者能做的也就只是冷眼往以后的日子看。看得深一些，远一点儿。

姜玉兰一死，张家连个操持家事的成年女人也没有了。这总是不行的。在亲友催促之下，姜玉兰身后百日，张廷举娶了第二任妻子梁亚兰。梁亚兰出生于呼兰的旗人名门大户。当地人管梁亚兰的父亲叫“梁三爷”，地位自然不一般。

梁亚兰出生于 1897 年，嫁给张廷举的时候只有二十二岁。年长萧红十四岁而已。婚礼是在 1919 年 12 月 15 日操办完成的。

嫁到张家之前，关于张家的孩子便是一桩困扰。继母总是不好当的。虽然，日后梁亚兰的妹妹梁静芝回顾这段往事的时候，一再强调梁亚兰待萧红好，恶言恶色皆不曾有。萧红却只是觉着，继母梁氏待自己只是“客气”，谈不上亲近。

萧红在文章《祖父死了的时候》中说：“这个母亲很客气，不打我，就是骂，也是指着桌子或椅子来骂我。客气是越客气了，但是冷淡了，疏远了，生人一样。”各家说法不一，各有各的思虑。猜想，梁亚兰应当是个温良的人。

萧红本身也是有脾气的人。

又很敏感。

人是何其复杂的动物。

有时候，疏淡和伤害是极其缓慢和隐蔽的。

04 | 伶仃

在张家，萧红孤独。

孤独。许是天性，但极大部分的原因还是世情之缘故。重男轻女的封建思想至今仍猖獗，更遑论萧红身处的时年。身为女子，总是悲怆。因着性别这样的缘故，她在张家并不受长辈喜爱。旁人也就算了，就连父亲张廷举待她，也是亏欠甚深。

她与父亲，极是生冷。

两人在家中几无言语。原本，父与女之间当有这世间最深之羁绊，深入身体每一寸肌肤、每一根筋络。而萧红与张廷举之间，所延承的竟只有骨子里的桀骜、敏感和执拗，甚至还有一些坏脾气。而这些天性使然的人格，对萧红的一生都铸成了不可逆转的影响。她对每一段感情、每一次人生方向的抉择，都是其性之使然。

在张廷举眼中，萧红少不更事、不解世情，甚至是不太吉利的。可是，在一个女童或是少女的眼中，周围的亲人和那个家，便是所有的“世情”。那是一个孩童全部童年生涯之依赖。对于女儿来讲，父亲的一句话、一个眼神、一次拥抱或是背离，以及待人待事的态度，都是深具意义和影响力的。

因此，在萧红的眼中，张廷举终究成了一个“失掉了人性”的父亲。她在文章《永久的憧憬和追求》中写道：“父亲常常为着贪婪而失掉了人性。他对待仆人，对待自己的儿女，以及对待我的祖父都是同样的吝啬而疏远，甚至于无情。……父亲打了我的时候，我就在祖父的房里，一直面向着窗子，从黄昏到深夜……”

好在她还有张维祯。还有祖父。

她与母亲，亦不亲近。

她说她害怕母亲。姜玉兰和张廷举原本应该是萧红人生当中至为重要的两个人。生身父母，本是子女人生走向的两盏灯。可属于萧红的，却是一盏一盏日渐暗淡，直至熄灭。但姜玉兰到底是生母，断然不能轻易说她不爱萧红，只是这爱，较之旁人的母亲，要复杂得多，隐晦得多。

关于母亲的记忆，纵是深刻，但容量也是有限。母亲姜玉兰陪伴萧红的时间，只不过短短八年有余。是真正的幼年丧母。也因此，对于母亲的诠释，萧红有了更多的可能性。不存在的那些将来，较之于烙刻在她童年的晦涩记忆，反倒显得美好许多。

母亲待她不似父亲冷漠，但在萧红眼中，也不足够温柔，也不比父亲好多少。在萧红笔下，父母的形象都是近似的严酷无爱。姜玉兰到底是封建体制内长成的女子，与成年萧红的进步思想自然格格不入，因此，她下笔回顾往事的时候，难免文字锋利。

她在文章《家族以外的人》里写过母亲打她的段落，说因为她偷偷拿了厨房的馒头，只三个，便被母亲打。她爬上树躲着，母亲还追赶过来用“火叉子”戳她，划破了胳膊。《呼兰河传》里也有类似母亲用石头砸她的记叙。

当然，姜玉兰可能确如萧红所说，是个待她不好的恶言恶色的母亲，但萧红与母亲都已作古，往事琐细难以求证。萧红的描写也是文学创作，与事实难免略有参差。也可能是笔者私心总对“母亲”二字深深怀有崇敬，实难确证地说姜玉兰“为母不善”。

乡村、小镇上的母亲，严酷的不少，但谁人敢说，打骂过儿女的她们不爱膝下的骨肉呢？多半也只是因学识、思想之局限，对儿女的教育方式存在不妥。重男轻女的思想，必然令旧时多数的女子都极不受宠。甚而今日，偶也会如此，也都只是把女儿粗糙地养着。而更有可能的是，这些细碎又严酷的事发生在萧红尚小的年纪，姜玉兰又去世得早，她留给萧红的印象连改善的机会也没有了。

她与继母，用萧红的话说，是“生人”。

在家庭伦理的关系当中，继母的角色总是很难扮演。打不得，骂不得。

亲近不得，疏淡不得。能够做到与之相亲相敬已非易事。

而在孩童心中，生母与继母的分别和界限总是被刻画得极其耀眼、夺目，仿佛当中有一道永不能逾越的沟壑。不论继母好与不好，孩童见之总要心惊，敢于去做的，大约也就是隔岸看着，冷淡甚而是小心翼翼地远观，生怕有半点儿闪失。“继母”这个词语，在幼小的萧红心中，亦是如此。不可信，甚至是危险的。

虽然萧红也承认，继母梁亚兰不打她，甚至连骂也是婉转的。正是如此，她又产生了很是矛盾的心态，确信这是继母不愿与之亲近的表达。大约是缺失母爱的缘故，萧红笔下的母亲形象总是隐隐显露出一种尖刻与凶恶。

而最令萧红憎恨的，是祖母。

祖母范氏本身便是深受封建思想荼毒的女子。在张家，重男轻女的思想，撇开社会风气，根基也在于祖母范氏。范氏本身也深受重男轻女思想之害。育有三女，却只得一子，而幼子又早早夭折。这令范氏难以承受，生活无望。

过继的张廷举本是她在家中延续香火最大的希望，儿媳姜玉兰的第一胎在范氏心中的地位更是举足轻重。可出生的是萧红，生日又在恶月恶日。凡此种种，无一不成为范氏轻视萧红的理由。在萧红的记忆当中，祖母甚至曾用针扎过她的手指。无论有心抑或无意，这一帧画面都成了祖母在萧红心中最深刻之印象。

而最令萧红愤懑的，是祖母对祖父的凶恶态度。在萧红心中，祖母体弱多病，却凶狠专横。她在《呼兰河传》里这样写道：

祖父一天到晚是闲着的，祖母什么工作也不分配给他。只有一件事，就是祖母的地桲上的摆设，有一套锡器，却总是祖父擦的。这可不知道是祖母派给他的，还是他自动的愿意工作，每当祖父一擦的时候，我就不高兴，一方面是不能领着我到后园里去玩了，另一方面祖父因此常常挨骂，祖母骂他懒，骂他擦的不干净。祖母一骂祖父的时候，就常常不知为什么连我也骂上。

写到这一处，笔者亦有几句私心上的话要说。纵然祖父张维祯之于萧红而言，是生命中最要紧、最亲密、待她最好的人，但人好复杂，张维祯也未必是完人。其人性情略软弱，范氏又好强，家中里外大小事务多半都是范氏操持在手。时日长久，范氏必然对张维祯也是积怨甚深。

张维祯自知不如范氏雷厉，便也不去阻拦。秉性温厚的张维祯不争、不辩、不抢，但范氏看在眼中，难免落得闲散懒弱之名。他是太温和了些。却也是，与其背负家族声名周旋于生计与内务，倒不如全权交由范氏，落得自在。

世间人情物事，内里脉络总是复杂难解。哪怕是看同一个人，每个人的视角里，也都是一个与众不同的形象，心中植种下的也是一个与众不同的故事。譬如，关于萧红的父母和祖母，各家族人各有思虑，讲出来的故事也与萧红笔下所写的有出入。

但这些，而今也不是那么重要了。

重要的是，在萧红的童年里，好在还有他——萧红的祖父。

那个叫作张维祯的老人。

05 | 羁绊

每个人的童年都住着一盏灯。

对于萧红而言，那一盏灯，便是祖父——张维祯。在她人生最初并不漫长却又极其重要的那几年，他予她柔软，予她亲切，予她温暖，予她人世的信任与挂牵，予她步入人生路途之上的勇气和真善的信念。

张家大院始建于1908年。占地面积不小，大小房屋共有三十间，分东院和西院。一如萧红所言，张家的经济条件是不差的。东院墙角有一爿菜园，园中种有花果菜蔬数十种。有樱桃，有李子；有晚香玉，有向日葵，有夜来香，有西番莲；有黄瓜，有西葫芦，有韭菜，有苞米；还有小桃红和玫瑰。

这个菜园，便是萧红童年时最常打发时间的去处，也就是她笔下写到的童年"后花园"。祖父平日无事，萧红也无甚可玩，便常常跟着祖父去菜园里，与花果菜蔬为伍。和祖父在一起，看一花一草一瓜一蔬，发芽、长大、成熟，成为萧红童年全部的乐趣。一条虫，一只鸟，一片叶，一瓣花，她总要琢磨半天。

祖父常戴一顶草帽，在园中莳花弄草。那时候，萧红便站在一旁，依样画葫芦，学着祖父的动作，翻土、播种、洒水。在萧红眼中，菜园便是她童年的旷野和山水。因着这一爿地，她得以拥有几年朴素纯真的生活。水寒江静，月明星疏。在遥远的北方，萧红的生命和智慧，从花树开始，从果树开始。

大自然的生命之奇趣，令萧红深为着迷。

只是可惜每年冬日，菜园总会被封闭。如此一来，萧红便没有了玩的去处，连祖父也只能在家中将日子荒废着。好在，萧红发现了另一处乐园。在《呼兰河传》里，她说："等我生来了，第一给了祖父的无限的欢喜，等我长大了，祖父非常地爱我。使我觉得在这世界上，有了祖父就够了，还怕什么呢？……何况又有后花园！后园虽然让冰雪给封闭了，但是又发现了这储藏室。"

这说的是她的母亲姜玉兰的一个储物间，里面堆放了各式各样的物件，每一个物件的背后都藏着一些往事。有花丝线，有香荷包，有碎布和衣领、裤腿、马蹄袖、搭腰。还有戒指和耳环。以及鹅毛扇子和旧朝的帽子。

幼童的乐趣总是隐藏在一些被大人遗忘的角落。诸如放学路上的一间废旧空荡的小屋，家宅背后一段野草漫漫的荒轨，邻家院外一个可以藏身又长满苔藓的空心水泥墩。或者，类似张家那一个久久无人问津的储藏室。

哪怕是独自一个人玩乐，她也总能不亦乐乎地忘了时辰。

每每发现什么新奇又不明所以的玩意儿，萧红便要跑去祖父的跟前问这问那。她记得自己曾有一日在那屋里发现一块颇为奇巧的木板，便很是兴奋地拿着跑去询问祖父。祖父告诉她，那是印帖子的帖板，是家里开烧锅的时候印帖子用的。祖父甚至还特地涂了墨汁和西洋的颜色演示给她看。

还有一个红色玻璃灯笼。祖父为她擦拭干净之后，她耍玩了很久。有时候，那些翠蓝的戒指、耳环，她看着新鲜，也想要拿去玩，母亲也会随着她（可见姜玉兰待萧红，并非没有爱意）。

祖母过世之后，萧红心疼祖父，怕祖父孤单，吵嚷着要搬去祖父的屋里住。是在那时候，祖父看孩子越发乖巧懂事了，于是，便开始教萧红识字读书。直至 1921 年，萧红入学读书。

那一年，她十岁。

萧红跟文字的缘分，追溯起来，大约也是从这个时候开始的。每每祖父教她念《千家诗》的时候，她都极是兴奋。小小女童念起诗来，毫不含糊。底气很足，那声音洪亮得比祖父念得还要真切。祖父教她的《千家诗》，也是她最早的文学启蒙。

那时候，张维祯已是七十多岁，身体也不如从前硬朗了。祖父一丁点儿的不适，都让萧红心疼。只是，萧红不知道，那叫“疼惜”。她疼惜祖父，一如祖父爱护她。

日后纵使她离家南下千万里，故园的祖父都是她毕生之牵挂。活着或者死去，都无法让祖父在她心里的位置偏离分毫。她的一生也都活在祖父的温良和善的庇护指引之下。

她在《永久的憧憬和追求》里说：“……从祖父那里，知道了人生除掉了冰冷和憎恶而外，还有温暖和爱。所以我就向着这‘温暖’和‘爱’的方面，怀着永久的憧憬和追求。”

祖父是萧红的一盏灯。

照亮了她的童年。
照亮了她的年少无知。
照亮了她世界里全部的黑暗。

倾谈二／今生你是一簇火焰

春惜／

离草／

六月／

桃红／

喑哑／

01 | 春惜

1919 年 5 月 4 日，五四运动爆发。

这一年，萧红八岁。进步思潮很快席卷中国，大东北地区也不例外。彼时，萧红的父亲张廷举三十一岁，正值而立之年，血气方刚。张廷举自幼读书便颇有天分，算是那一代的进步青年。他很是懂得顺应潮流，对新进思想接受很快。第二年，呼兰小城兴办女学的呼声越来越高。张廷举更是下足功夫。

1921 年，推动兴办女学的张廷举成为呼兰第一初高两级小学的校长。当时，呼兰小城包括一所回族学校共有三所小学。另外两所，便是萧红在《呼兰河传》里写到的两所学堂。一所是初级小学，因设在龙王庙内，也叫龙王庙小学。另一所便是张廷举所在的学校。

也是在这一年，萧红被送入龙王庙小学。时光那么长，却又仿佛等不及一般将她推入这凡俗尘世。念书固然是好，只是，文字的魔力那么强，她一个区区女童又哪里抵挡得住？眼界和智慧的宽阔，要么带来透彻，要么带来不安。

而萧红，变成了后者。

那时候，许是因着家中那一处“后花园”的缘故，她迷恋大自然的一切——原始、朴素又深情款款的生命。她常常笨拙地拿起纸笔涂涂画画，一只鸟或是一朵花，都令她心旷神怡。她等不及，想要拿回家给祖父看看。是，这就是分享了。与她至近、至亲的那个人。

大约是幼年祖父教授过《千家诗》的缘故，小学时代的萧红除了绘画，最热爱的便是诗词。古诗词之美，总是令人心潮澎湃。从“两岸猿声啼不住，轻舟已过万重山”到“锦瑟无端五十弦，一弦一柱思华年”，每一个字句都令萧红痴迷不已。

后来，教育改革，本来春天入学的传统被颠覆，改为秋天入学。1924年秋日，萧红在小学读书四年半后，便考入呼兰县北关初高两级小学校。因为学校在祖师庙，所以也被当地人称为“祖师庙小学”。学校换了，上学要走的路也长了。

据说，当时那条路上有个又大又深的泥坑。校长的儿子就掉下去过，当时经此一事，多半同学宁可绕道走得远些，也不敢冒险。唯独萧红不同，她偏偏要跟几个强悍的男生一起，沿着这条路走。从泥坑边，扶着墙板，一点点挪步走过。

旁人不知道彼时萧红那弱小的身体里藏着的这一点点勇气是从何处而来。大约连她自己也不甚清楚，这好强的个性当中到底隐藏着怎样的人生命数。她只是不管不顾，拖着并不健壮的身体，下意识便以一种决然又铿锵的姿态，一步一步往前走。

1925 年，父亲张廷举将萧红转入呼兰县第一女子初高两级小学。原名南关劝学小学。学校素净，青砖灰瓦的房，木格子玻璃窗，萧红在这里完成了最后一年的小学学业。至今，仍有人记得，当年呼兰县学生联合会在西岗公园举行联合义演，有一出话剧叫《傲霜枝》，萧红在其中扮演了一个贫苦的姑娘。

是年 5 月 30 日，那时候，“五卅惨案”发生。呼兰县中学联合会也发起了一系列游行、讲演、募捐活动，支援上海工人和学生。萧红也参与其中。

1926 年，秋。萧红小学毕业。这一年，萧红十五岁。那时候，念书已是不容易，因此小学毕业的时候，萧红的年岁较之今日少年，要年长一些，已然是个日渐独立成熟的小女子了。虽是清素、质朴，却还是能寻得一点儿韵味，就像 18 世纪的珍妮·奥斯丁。

当时虽已是五四革新之后的世界了，但能够做到小学毕业继续读书的女子却为数寥寥。多半都重返闺阁，习练女红，择良人而嫁。但萧红不愿如此，她心心念念的就只是读书这一桩事。书与文字，令她得知了这世上无穷无尽不为人知的美。单凭这一点，她便不能放弃。

当时，呼兰只有一所县立中学，并且是男校。萧红想要进中学读书，必须去哈尔滨或是齐齐哈尔的黑龙江女子师范学校。至于费用，并不是问题。张家的条件是不差的。念书的费用对张家来讲，不过是九牛一毛。

一日，她向父亲张廷举表达了要继续读书的想法之后，遭到严厉拒绝。在呼兰，在当时，张廷举算是思想较进步的男子，但其进步之思想也就只有那么一些。读书自然是好的，但他更希望的，还是遵循俗世传统让女儿嫁人。萧红断然不能同意。

如此一来，萧红与父亲之间的隔阂愈加明显了。有时候，最远的距离就是人心与人心之间的距离。隔阂这种东西，向来都是顽固的，犹如剧毒一般，深入肌理和骨血，难以清除。甚至，是带有毁灭性的，会毁掉信任，毁掉希望，毁掉一颗心。

当时，继母梁亚兰正怀着自己与张廷举的第二个孩子，本以为小学毕业的萧红能在此期间，助她一臂之力，分担一些家务事。却不料萧红与父亲张廷举因为念书一事几乎反目，成日便是躲在家中看书，丝毫未能减轻梁亚兰的负担。

如此，萧红与继母梁亚兰之间的矛盾也愈加深刻起来。长日累积，终是要撕破脸面的。没多久，萧红与梁亚兰便吵闹起来，一日又一日，仿佛无休无止。而父亲那一头，更是心如铁石，不曾有退让分毫的想法。就这样，延续半年有余。

其间，萧红心情抑郁。何去何从？是忍一忍就这样草草将自己嫁掉，还是义无反顾誓死不休地奔将出去，逃往远方，以书为食呢？她不知道。郁郁寡欢的萧红，日日不能安睡。要让她一生潦草过下去，她定是不甘心的。

萧红，虽是初夏出生，性情当中却未见几分温和，反倒藏匿着沉重。她犹如一簇炽烫的火，热烈得让常人无法亲近，却又分明是那么美。每一个眼神里都有日光一般烈艳的红。哪怕是灼伤自己，也不肯冷却。终于，她病倒在床。

北方天气，天真暴戾。

猛烈日光和狂啸的雪，覆没人间。

唯有祖父，为她周旋在家族当中，企图说服张廷举让萧红远行念书。但祖父人已老迈，说话分量大不如前。好在呼兰小城有座天主教堂，走投无路之际，萧红威胁父亲张廷举，若不让她上学，她便要横心去当修女。真是个固执又机敏的小女子。是以张廷举方才妥协，同意她远行。

这才有了萧红以后的人生。

02 | 离草

1927 年，秋。

萧红离开了呼兰，考入哈尔滨东省特别区区立第一女子中学。是年，萧红十六岁。正值最好的碧玉时光，是真正的二八年华。人在这样的年岁，总是一颗心惴惴不安地向往未来。对前途，对城市，对爱情，对不可知的人生。

哈尔滨东省特别区区立第一女子中学，简称“东特女一中”，坐落在哈尔滨南岗区邮政街 135 号，以前叫作“从德女子中学”。创办人是区行政长官朱庆澜，校长叫孔焕书。当时，孔焕书是一名年近三十的独身女子。孔焕书其人，很是传统，思想甚至有些封建。她治校严厉，规定学生在校必须穿校服，对学生的行动自由也做了很大程度的限制。

但毕竟社会风气已不似往日，还是有新式课程和思想进步的教师。当时，东特女一中最出名的便是走出了不少体育名将，包括孙桂云、王渊、吴梅仙和郭淑贤等人。也有楚图南这样的共产党人教书育人。教习萧红语文的王荫芬和教习她美术的高仰山对她影响最大。

王荫芬是鲁迅先生的拥趸，对鲁迅先生的作品至为推崇。因此，在王荫芬的教习之下，萧红方才有机会接触到包括鲁迅在内的新时期文学大师。但那时候，萧红对绘画的热爱超过文学。跟随高仰山的时候，萧红学的是西画，也学篆刻和书法。

也许她曾想过未来以画笔生活吧。

巧的是，美术老师高仰山也是鲁迅先生的读者。在萧红迷恋张资平和叶灵凤的言情小说时，高仰山给了她不少阅读建议。也如王荫芬一般，他鼓励萧红多读鲁迅先生的作品，以及莎士比亚、歌德等西方大家的经典之书。

不是言情小说不可读，只是时代不同。身为一个知识青年，关注的理应不止儿女情长的小情小调。后来，大约内心的暗涌和潮动累积到呼之欲出的程度了，萧红慢慢开始写作，并且写得颇好。沿用多年的笔名“悄吟”也是从那个时期开始的。

在东特女一中的时候，萧红便以“悄吟”的笔名在校刊上发表过一首题为《吉林之游》的小诗。那时候，生活尚算安稳。读书，写诗，作画，校园生活很是温静美好。

只是，旧时年黑暗阴沉，时时有阴翳压身，岁月尽是坎坷，人哪里抵挡得住时间洪流。1928 年 6 月，张学良承认张作霖与日本秘密签订《满蒙新五路协约》的消息传出之后，舆论哗然。东北民众掀起了一阵反日高潮。

哈尔滨各大中学校成立了“哈尔滨学生保路联合会”。是年 11 月 7 日，哈尔滨学生保路联合会向各学校下发通知，决定次日罢课。但当局并不支持，通令各学校禁止停课，并要劝阻学生上街游行。东特女一中校长孔焕书应承了指令，但消息哪里能封锁得住。

11 月 9 日，街上声声巨响，如雷如电。学生们群情激奋，不管不顾，砸门上街。萧红那时好年轻，一颗心又好热烈。世间的事，仿佛都是与她紧密相关的。她拉上女友徐淑娟，愤愤然与一群男生涌上街去。大时代之下，她虽弱小，却是勇者。阵阵呐喊之中，她仿佛也渐渐看清了自己的未来，自己的心。

街上，是数以千计的愤怒学生。

这便是史上著名的“一一・九反日保路爱国运动”。

之后，萧红的女友徐淑娟转校，而萧红的心情却始终不能平复。当时，她便与同学商量，晚自习后去学校附近的中长铁路护路军司令部贴反日标语。一人放哨，一人行动。如此持续近半月时间。校长孔焕书得知此事之后，决定惩处萧红，要将她开除。

此事最终结论虽不可考，但学时没有结束的时候，萧红已回呼兰。此时，张廷举再看女儿，忧虑更胜往日。一来，女儿的性子辛辣又桀骜。二来，慕名来找萧红的进步学生很多，来往的男同学也不在少数。这都令张廷举很是焦急。

当时，张廷举已出任黑龙江省教育厅秘书。在教育界，也算是有脸面的人。萧红的一举一动都会对他的仕途造成影响。有损张家门风、有损张廷举脸面的事情，他是断断不能允许的。而萧红年岁亦已不小，在张廷举心中，萧红最好的出路便是嫁人。也是在这个时候，张廷举开始暗自托人为萧红寻觅婆家。

那些个焦灼的下午，以及阒寂深夜，她都会坐在椅子上，伏身在那张油光的老桌边，想着回到学校之后的生活。动荡不平或是静好安稳，都不重要。重要的是她能够回去，继续读书。

次年春，萧红返校。

03 ｜六月

生死天定。

每有老人去世，哭裂了心的多半是子女。身体发肤，受之父母。父母之恩情深重如山，并不难理解。孙辈的人，多半与老人亲近不够。但也总还是有自幼父母奔波在外，将孩子丢给老人教养的人在。如此一来，老人去世，伤绝了心的人，就不同了。

一如萧红与祖父。

那是一种近似于相依为命的羁绊。

1928 年，祖父张维祯七十九岁，已是长寿的年纪了。只是，人老了，身体也就渐渐垮掉了。是年，张维祯的记性大不如前，甚至有些糊涂了，身体也总会不舒服。外面的大世界，已是乱糟糟地无常。对于萧红而言，在这小小的家里，祖父身体一坏，家也就日渐颓丧了。

说得准确一些，是她对家的挂念要淡要薄一些了。毕竟，在张家，萧红唯一挂念的人也就只是祖父罢了。张廷举也算是孝顺，他为养父操办了八十岁寿辰。那时候，生日总按虚岁来过，尤其是大寿的时候。

祖父寿辰，是萧红人生中的一件大事，她是必定要赶回呼兰的。可那一趟，竟是她与祖父最后相聚的时光。尚未入门，便听弟弟在房里嚷，说是大姐回家了。萧红一进屋，便见老祖父脸色惨白。那时候，她就知道，事情不好了。后来她知道，前几日，祖父摔了一跤。

春时，萧红返校之前祖父身体便已经坏掉。那时候，她便常常伏在祖父床边，祖父睡着后她便嘤嘤地哭。她说："好像祖父已经离开我死去似的，一面哭着一面抬头看他凹陷的嘴唇。我若死掉祖父，就死掉我一生最重要的一个人，好像他死了就把人间一切'爱'和'温暖'带得空空虚虚。"

哪里舍得祖父走，这是她想也不敢去想的事。

祖父的寿宴办得风风光光，很有排场。当时，黑龙江省"剿匪"总司令、东北陆军第十七师第五旅旅长马占山和上校骑兵团团长王廷兰以及呼兰县县长廖飞鹏等人都前来祝寿。马占山还特地准备了一块题为"康疆逢吉"的牌匾相赠。也是他提议，将张家大院所在的英顺胡同更名为"长寿胡同"。

大约这是父亲做过的事情里唯一值得萧红怀念的了。寿宴结束的几日后，萧红不得不再次返校。虽然祖父已是病体残躯，但学业也不是随意就放得下的。那时候，她隐隐也是知道，有些事情，早晚都要来的。生老病死，谁也躲不掉，但她也只是这样想想罢了。想象与经历，永远无法同日而语。

1929年，6月。萧红接到了祖父病危的消息。坐火车，再坐马车，她才能抵家。呼啸的北风刀锋一样割过她的身体，也不觉痛。痛的，只是心上那方寸的地方。一点点，愈加剧烈。仿佛要撕碎她一般。

是，她惶恐、害怕。

从来没有一个时刻，让她觉得自己这样脆弱。即便后来与萧军分开，那痛彻心扉的感觉也完全两样。在祖父这件事上，她是真正几乎断了生的念头一般地绝望。跳下马车，眼看就到张家大院的时候，她终于知道，一切都来不及了。

门前的白幡和白色对联。
悲怆苍凉的喇叭声。
还有，那地狱似的阵阵哭号。

一切，都在一点点击碎并瓦解萧红心中的那一盏灯。萧红看着愔愔躺在堂屋床板上的老祖父，一语不发。眼神刹那间空洞，如同被榨干灵魂一般，行尸走肉似的呆呆立在那里。也是一动不动。世事再喧嚣，苦难再深重，在那一刻，都抵不过萧红心中疼痛之万一。

终于，她一头扑过去。

失声痛哭。

仿佛要哭碎肉体，哭出灵魂来。

是，祖父死了。这世上，对于萧红而言，还剩下什么呢？她不知道。日后连回忆祖父下笔去写的勇气都仿佛永不足够。只那一篇《祖父死了的时候》，便知道，萧红是耗尽了多少旧时光的温柔，方才能够正视那历历在目的伤痛。

她说，祖父死了的时候，“我懂得的尽是些偏僻的人生，我想世间死了祖父，就没有再同情我的人了，世间死了祖父，剩下的尽是些凶残的人了。我饮了酒，回想，幻想……以后我必须不要家，到广大的人群中去，但我在玫瑰树下颤怵了，人群中没有我的祖父。所以我哭着，整个祖父死的时候我哭着”。

祖父走了，但张家还在。只是属于萧红的那一个，也随着祖父一起，殁了。张维祯去世的时候，正值夏暑天气。好热的天，萧红却只觉得绝望与冷。那一种冷，是寒冰霜雪亦无法造就的。世间最痛的，大约就是最疼自己的那个人不在了。永永远远不在了。

可是，如今，她又能做什么呢？

纵是她有一支生花妙笔，也写不出祖父还在她身旁的那个未来了。远路漫漫，她一双眼却被往事浸得似已分不清天与地、分不清喜乐与哀伤。只是总觉着，前头仿佛一直有个老人引着她，缓步走，还说着旧时挂在嘴边的那句话：

“到院子去玩玩吧！”

萧红知道：

余生，她只能孤独一人。
跟岁月借一支烟，一路抽一路走了。

04 | 桃红

祖父去世那年，萧红遇见了生命里第一个男人。

汪恩甲。

旧时男婚女嫁，都是父母之命、媒妁之言，但那是旧时。萧红成长的民国时期，有人守旧但亦有人不似从前。时代与人，终究都是要往前走，要进步的。对爱情自由之崇尚，是萧红此生至为重要的一件事情。也因此，她与汪恩甲之间，注定无法善始善终。

早前，父亲张廷举瞒着萧红，请萧红的六叔张廷献为她保媒，张罗了一门亲事。对象便是汪家的二公子，汪恩甲。汪家家境殷实，祖辈是富商、地主。汪恩甲其人，姿容俊好，倜傥风流，看上去也算是个不错的男子。萧红得知此事之后，虽是有抵触，倒也不至于逆反。

毕竟，那时候，女子十八九岁也确是到了婚嫁的年纪了。加之当时东特女一中的女学生之间有一种观念，若是能与政法大学的男生在一起，是一件颇为荣耀的事，而汪恩甲又恰巧就读于政法大学的夜校。如此一来，萧红也的确曾尝试与之来往。

1929 年 1 月，萧红与汪恩甲订婚。

据萧红当时的同窗刘俊民说，萧红还为汪恩甲织过毛衣。起初有那么一段时间，汪恩甲之于萧红，也算是爱重之人。只是，时间久了，两人了解愈加深入的时候，事情就变得不似昔日看上去那般美满了。到底是富家公子，汪恩甲的身上也有浓重的纨绔习气。

甚至，还有抽大烟的恶习。

彼时，萧红身边不乏进步男青年。而她又是个理想主义的女子，对自己人生的要求是严苛的。情之初动的时刻，更是会时时盼着身边的男子是世间最好的，与自己最相衬，怕是半点儿瑕疵也难以容得下。终于，萧红开始疏远汪恩甲，并萌生退婚之念。

自然，这是后来的事。

当时，在学生运动的活跃分子中，有一个叫陆哲舜的已婚男子跟萧红过从甚密。大约与他说话，萧红会觉得亲近些。在这世上，最难遇到的是了解。陆哲舜思想进步，他了解萧红，惜爱萧红。而这些，是汪恩甲所不能给予的。

可惜，不久之后，陆哲舜离开了哈尔滨，去了北平的中国大学深造。

中国大学，初名“国民大学”，1917 年改名“中国大学”，是孙中山等人为培养民主革命人才而创办的。该校于 1913 年 4 月 13 日正式开学，1949 年停办，历时 36 年。

北平是文化中心，萧红亦是心向往之。

1930 年，春。萧红放假归家，跟父亲表达了初中毕业之后也要去北平续读高中的想法。但一如三年前小学毕业时的景况，萧红遭到父亲拒绝。当年她十六岁，许在张廷举心中觉之尚有几年光景可以耽搁。但如今，她已是十九岁的成年女子了。长女不嫁，这令张廷举面上无光。

在他心中，女子出嫁才是最要紧的事。

绝不能耽误。

而陆哲舜的存在，终究也是隐瞒不住的。后来，为汪恩甲与萧红保媒的六叔张廷献得知了此人，深以为耻。张汪两家唯恐再出什么岔子，便急忙开始操办两人的结婚事宜。两家长辈都想着，唯有两人尽快完婚，萧红方才能够定下心来，与汪恩甲安守呼兰。

但萧红不允，可又无计可施。最无奈时，又只好说谎脱身。他谎称愿意完婚，拿到了家里替她置办嫁妆的钱。那时候，萧红迷惘踌躇，幸好身边有鲁迅先生的《伤逝》和易卜生的《玩偶之家》。逃婚去北平，不是小事。纵是离开了，以何为生计呢？

那时候，能联系到的几个贴心女友都是进步青年。她们鼓励萧红说，可以写作，以卖文为生。听上去，是再理想不过了。是，写作是她最出众的才华。她不是不曾怀疑过自己，但人生所有的道路，都是一步一步走出来的。

走过的，才算人生。

经陆哲舜好友兼萧红同乡李洁吾之手，萧红联系上了陆哲舜。之后，陆哲舜便为萧红在北平安排了住处。萧红抵达北平之后，两人住在了一起。是在二龙坑西巷的一间小院，二人分屋而居。因此，这与“同居”的意义并不相同，他们之间更像是室友。这已是 1930 年的秋天了。

安居之后，不少好友都曾前来看望。当初，帮助萧红离开呼兰的李洁吾更是来往得殷勤。李洁吾曾写过一篇题为《萧红在北京的时候》的文章，在李洁吾心中，萧红是这样一名女子：

她，不轻易谈笑，不轻易谈自己，也不轻易暴露自己的内心；她的面部表情总是很冷漠的，但又现出一点天真和稚气；她的眉宇间，时常流露出东北姑娘所特有的那种刚烈、豪爽的气概，给人一种凛然不可侵犯的庄严感；

她有时也笑，笑得是那样爽朗，可是当别人的笑声还在抑制不住的时候，她却突然地止住了，再看时，她的脑子似乎又被别的东西所占据而进入了沉思；

她走路很快，说到哪里去，拔腿就走；她走路总爱抢在同行人的前面，一直走去，从不回头，经常使我们落在后边的人，望着她的背影，看她走路的样子发笑；

她没有一点矫揉作态的女人气，总是以一个“大”的姿态和别人站在平等的地位上；她的感情丰富而深沉，思想锐敏并有独立的见解；她富于理想，耽于幻想，总好像时时沉迷在自己的向往之中，还有些任性。这，大概就是她的弱点吧！

念高中的事，是陆哲舜为萧红找的担保人，她才得以顺利进入位于劈柴胡同的国立北平女子师范大学附属女一中（女师大附属中学）高中部就读。而萧红与陆哲舜之间的关系，也日渐发生了微妙的变化。说是爱呢，却也并非那样笃定。

后来因为萧红，陆哲舜向家中提出过离婚的要求，但并未如愿，反而令家中震怒，断了陆哲舜的经济供给。不多久，陆哲舜便向家中妥协了。这之于萧红而言，亦是逼迫她断绝了自己的路。可人生原本就只是自己的，指望旁人，永远都是不可靠的。

1931年，1月。

萧红与陆哲舜双双离开北平，回到哈尔滨。走的时候，北平下了那一年的第一场大雪。天地皑皑，苍茫一片。她不知道，何以女子要掌握自己的一生是如此艰难。可纵是有千壑万难在前，她又实在不能就这样放下自己，任之飘零。

这不是她想要的人生。

05 | 喑哑

汪恩甲是爱萧红的。

爱是一个人的事，但爱情是两个人的。纵是被萧红离弃多次，汪恩甲依然对之穷追不舍。他也算是有眼光的男子，知道萧红与寻常女子不同，她刚毅，她热烈，她不退缩，她亦不妥协。

她想念书，不想嫁人。
他却只想娶她回家。

不如一起去北平吧。大约萧红也曾想过，是否要对他说出这样的话。她当然不是舍不下他，她只是需要一笔钱。可是不能偷、不能抢、不能取之无道，可以做的，就只有找她并不打算嫁的未婚夫汪恩甲了。但她知道，今日今时，世上无人可依靠。因此，她还是打算再熬一熬，忍一忍。

第二次去北平时，萧红孤身一人。

好在汪恩甲追赶至北平。汪恩甲四处打探，一得知萧红的住处便风尘仆仆赶去。彼时，萧红正与前来看望她的李洁吾闲谈，忽听有人来找，倒也不惊亦无扰。她心中有数，大约知道来者是何人。汪恩甲再见萧红，是百感交集。

他是那样爱惜她，却又没有丝毫办法可以带走她，竟只能就这样陌生人一般生硬地闯入她的生活，立在一边，沉默地看着她。萧红也不赶他走，还向李洁吾介绍了汪恩甲。是，本也无仇无恨，只是不能爱他罢了。

后来，汪恩甲留在北平陪伴了萧红一段时光。没有人知道他们之间发生了什么，只是忽然有一天，萧红仿佛真的放弃了，告别了友人，说要与他一起离开北平，再次返回呼兰。是真的走投无路了吧，连汪恩甲随身带的钱也用尽了。安身北平已无可能，可是命还在，岁月还长，她当下能做的就只有等待。

1931 年 3 月，萧红抵达哈尔滨。

几日之后，回到呼兰。

这一次，萧红面对的是前所未有的羞辱。她的事情在呼兰小城传了个遍，每个人都知道呼兰张家的大女儿是怎样怎样忤逆不孝，是如何如何放浪不羁，是怎么怎么与野男人“私奔”。连同父亲张廷举的名声，也被萧红在外的风言风语败损了去。张家上下，人人都待她如敝屣。甚至，同胞的弟弟，也因为萧红的缘故，在学堂里受尽讥讽。

为了约束萧红，常年在外忙生意的张廷举将全家都接到了阿城的福昌号屯。这里交通不便，距离阿城县城有数十里地。福昌号屯是一个典型的地主庄园，所在村落的四周有壕沟环绕，昼夜都有人放哨。虽也是在家，但对萧红来说，如同身陷囹圄。

苦闷，困顿。

在无休止的流言蜚语以及和家人的争吵之中，萧红被软禁在家长达半年之久。直到九一八事变爆发。1931 年 9 月 18 日，夜，驻守在东北的日本关东军独立守备队第二营队第三连队——柳条湖分遣队的几名士兵，在队长河本末守的带领下，按照预定计划，于 22 时 20 分炸毁了沈阳北郊距中国驻军北大营不远的柳条湖附近的铁路路段。

事后，日方反诬北大营的中国士兵炸毁铁路，随即便向北大营的中国驻军发动袭击。驻守北大营的第七旅官兵被迫自卫反击，但当局下发“全取不抵抗主义”的命令，众将士无奈突围，放弃了北大营。与此同时，日军进攻沈阳。一夜之间，沈阳沦陷。

不久，战火便延绵至黑龙江。

用前人的话说，是“历史的急剧动荡，为萧红撕开了一个逃遁（封建压迫）的文化裂隙”。所有人都处在惊恐失措的状态当中，福昌号屯的人也不例外。张家上下亦忐忑不安，家家都在计划着疏散妇孺、避战保命。

是年10月3日。

萧红乘乱逃离，搭上了一辆去阿城县城送菜的马车。抵达阿城之后，萧红旋即便奔往火车站，坐上了去往哈尔滨的火车。离开的时候，萧红只有最简单的行李，穿着一件阴丹士林的蓝色长衫。自此，萧红此生再未踏足故乡，再未回到呼兰。

一个人与一座城市，有时候，亲密如恋人，街角张贴的一幅画都能牵引出与你有关的一段往事，提醒你昔日发生过的情痴。有时候，又疏离似路人，巷口熄灭的一截烟都是一种沉默的讽刺，告知你孤独的恣肆和人性的自私。

那段时光，这座城，仿佛只她一人流离失所，似是命运故意要她尽早地体尝这人世最深重的苦难。她找过故人，找过亲友，找过希望。然后，她终于知道，原来要在这世上好好生存，竟是那么那么难。纵使她心中有再远大的志向，也敌不过无饭可食、无衣可穿、无家可归。不，是有家而不能回。

她是宁死也要与那个家划清界限的。

后来，她听到了马占山率军拼死抵抗日军的事迹，猛然之间，心上悲怆。往事历历在目。她依然记得，那年他参加祖父寿辰时的飒爽模样。继而，她又想到了汪恩甲。汪家与马占山来往密切，她便开始觉着，汪家人大抵不是太坏的。这大约也是萧红在往后的许多年里都不曾说过汪家人半句不是的缘故吧。

哪怕汪恩甲终是负了她。

好在在萧红难以维持生计的时候，汪恩甲救了她。能在哈尔滨重遇汪恩甲，是不容易的。有人讲，是萧红无路可走之时寻得汪恩甲救助。也有人讲，是汪恩甲仍旧放不下萧红，在哈尔滨的街头寻到了她。

往事难寻，但终归他们是重逢了。“重逢”一词或许用得感性了些、郑重了些。说到底，他们终究未能结成夫妻。再见面时，汪恩甲已不能将萧红带回家，汪家人大约还是恨萧红的。可是，汪恩甲跌撞一路，他也已走至今日。他是真的不甘心就此放下。

当然，萧红之于他而言，或许还有另一层难以启齿的寓意。未曾得到的女子，始终是好的，是最难以抵挡的。

其间，在哈尔滨东特女二中，堂妹张秀珉曾收留过萧红，在堂妹的斡旋之下，萧红也曾在东特女二中插班念过一段时间的书。但不多久，她便不告而别，因为汪恩甲终于得到了她。此时，萧红已知道自己怀有身孕。自知以后不便再搅扰堂妹，方才匆匆离去。

1931 年。十一二月的时候。萧红随汪恩甲一起，来到了哈尔滨道外十六道街，跟汪恩甲在一起，住进了那座巴洛克风格的建筑。一家叫作“东兴顺”的旅店。

不如这样。

只好这样。

这一年，萧红二十岁。

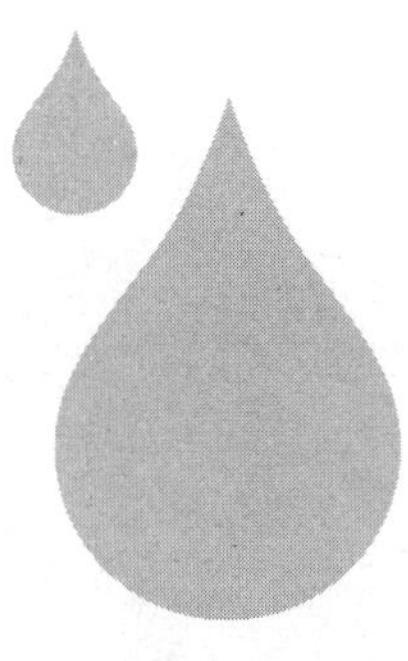

倾谈三／今生你是一道电光

／囚鹿

／深蓝

／夜画

／铅华

／誓鸟

01 | 囚鹿

东兴顺旅店。

一座巴洛克式的二层楼房。萧红在此居住数月。从这里，萧红开始了她作为一名新时期独立女性真正意义上的颠沛流离。她仿佛是一只猫在旅行，从一家旅店开始了自己的流浪。有时候一个人，有时候两个人，有时候一群人。但说到底，她终究只是一个人。

《圣经·传道书》讲：

人怕高处，路上有惊慌。

在东兴顺的时候，她有过那么一小段安逸时光。校园是彻底告别，永不能再回了。爱情，似乎也是遥遥无期。但好歹身边还有那么一个人，对待自己看上去仿佛也是足够真心。不过，也只是看上去而已。

汪家颇有资财，但汪恩甲上有长兄汪大澄，他自己所能掌控的经济来源非常有限。所谓长兄如父，家中大小诸事皆是由汪大澄一人操持在手，包括汪恩甲在哈尔滨读夜校时的全部费用。好在当时汪恩甲是哈尔滨道外三育小学的教员，他与萧红在东兴顺的全部费用，皆来自此。

东兴顺的老板与汪家有交情。起先，对待二人也是客气的。茶水、被褥、卫生、吃食，都算周全。只是，汪恩甲经济来源有限，要养活自己和怀孕的萧红，并不容易。好景不长，汪恩甲便开始向旅店赊账。此一时彼一时，不久，旅店上下对汪萧二人甚是不悦。汪恩甲无奈，只能回老家取钱。

临行时，萧红也不曾料想事情会变坏。可是，汪恩甲迟迟未归，旅店老板又要钱要得紧，萧红便拖着沉重的身体去了一趟汪恩甲的老家——顾乡屯。却不料刚一进门，便被汪家的人轰赶出来。汪大澄还出面，说要代汪恩甲解除婚约。

对萧红来讲，这是莫大的羞辱。

原本这桩婚事，她便不认同、不甘愿。当年，汪家老人过世，萧红甚至还曾为汪家披麻戴孝。这些萧红并不计较，令她恼怒的是，汪家人否定了她腹中骨肉。是，她从未钟情于汪恩甲，从私心上来讲，直至今时今日她也不能说自己爱过他，哪怕说而今与之同居是为了报答汪恩甲的一片痴心和难中救济，都没有关系。

但孩子尚未出世，就遭此大辱，是断断不能的。

一气之下，萧红将汪家人告上了法庭。也是，即便解除婚约，也是她与汪恩甲之间的事情。萧红素来便不能忍受旁人操控自己的人生。连父亲张廷举亦不能，更遑论与她形如陌路的汪大澄。只是，无奈汪恩甲怯懦，在长兄几次三番的要挟之下，法庭上他竟背叛了萧红，说长兄并未“代弟休妻”，解除婚约是自己的意思。

萧红败诉。

经此一事，张家人颜面尽失，人人都对萧红避之唯恐不及。张家老人们对萧红更是不能容忍，最后众人商议，将萧红开除祖籍。昔日，是她不要那个家，今时，是那个家弃绝了她。她也不遗憾，也不伤心，也不哀怨。骨子里的硬气，有时，对人对己，都是一种成全。

离开法院，萧红无处可去，只有回到旅店。汪恩甲追将出来，萧红不理不顾。汪恩甲几番解释，萧红皆未上心。大抵是一些无可奈何但心系萧红之类的托辞，都已不再重要。原本，她也不曾在汪恩甲的身上寄托过什么，指望过什么。

她只是在熬，在等。

等孩子出生，等一个际遇，等她的未来。

1932 年 6 月。萧红与汪恩甲在东兴顺居住已半年时间，欠下旅店四百多元。当时，一斤大米不过三四分钱。四百多元在当时实在是一笔不小的数目。对没有经济来源的萧红和收入十分微薄的汪恩甲来说，几乎是无力偿还。此时，旅店对二人已不留任何情面，日日催要欠款。

不多久，汪恩甲便动了邪念。

没几日，汪恩甲再次以回老家要钱为由，只身离开了东兴顺。一去不回。从此，下落不明。其实，萧红明白，他早晚都是会离弃自己的。自法院一事，她愈加笃定地知道，自己与汪恩甲，已到了时日不多的时候。早一日，晚一日，并无什么不同。

汪恩甲走了。

日子还要过下去。

有人说，这个阶段，萧红甚至曾经上街乞讨过。笔者听之震惊，震惊之余心下泫然。也是在与汪恩甲同居的时候，萧红染上了抽大烟的习惯。她对人生、对世界，始终充满了热情。那样热爱生活的一个女子，却从未被生活怜惜。世间，当真是从来就没有公允这回事情的吧。

旅店老板见汪恩甲一去不返，对萧红是百般折磨。还派人日夜监视看管，唯恐萧红外逃。更扬言，若是萧红再不能还清欠款，就将她卖去妓院。那时候，萧红是真正意义上的无依无靠、坐困愁城。时至今日，笔者依然难以想象，当初，她是以怎样的心志熬过那段时日的。

好在，旅店有报纸。她可以翻阅。这是在她不出旅店的前提下仅有的自由。当时，萧红一直是《国际协报》和《东三省商报》的读者。尤其是《国际协报》副刊，对萧红来说，那里有她唯一可汲取的文艺养分。

萧红还曾以“悄吟”的笔名投过稿。

虽然没有被录用，但“悄吟”的名字还是给编辑留下了印象。在旅店老板威胁要将萧红卖去妓院的时候，萧红知道，无论如何，东兴顺是不能再待了。她灵机一动，这也是她唯一的机会，她决定写信去《国际协报》求救。

那是1932年7月9日。

是日，萧红向《国际协报》副刊主编裴馨园寄出了一封十万火急的求救信。《国际协报》创刊于1918年8月1日，当时创刊地点在吉林长春。次年11月10日，迁徙至哈尔滨。创办人、社长兼主笔，叫张复生。报社位于哈尔滨道外北七道街路西，后又迁至道里新城大街五道街口。

1931年12月23日，因国民党在哈机构关闭，要员南下，《国际协报》暂时停刊。1932年3月7日复刊。而《国际协报》副刊是当时东北地区一块很重要的文艺阵地。也是复刊这日，裴馨园才开始担任《国际协报》的副刊编辑。

7月10日，裴馨园收到了署名“悄吟”的信。萧红在信中，将自己的困境一一陈述，并请求报刊的编辑先生能够施以援手，设法帮她摆脱困境。见信中所述情状，裴馨园对“悄吟”之事十分重视，当即便与同事们开始商议。

7 月 11 日，时刻陷入将被贩卖的惶恐之中的萧红，按捺不住心中焦虑，直接给裴馨园打了电话，请求救援。当下，裴馨园便与几名同事一起，乘摩电，直奔道外十六道街。那个年代，不似今日，报纸杂志是唯一的舆论平台，很受重视。旅店的人见他们都是报馆的人，不敢得罪。

萧红住的是一间形如废弃的储藏间。只有一张床，一些老报纸和一个旧损的柳条行李箱。裴馨园向萧红亮明身份并说明来意，其实他们的经济都不宽裕，要替萧红还清债务救她出去不容易。不过，离开之前，裴馨园等人还是好生安慰了萧红，又对旅店上下打点了一番。

7 月 12 日，萧红又给裴馨园打电话，但裴馨园不在。接电话的人是萧军，萧军为人狷介直爽，心知自己没有能力，也不对萧红做客套的寒暄、虚伪的抚慰，便匆匆挂断了电话。下午，裴馨园便与舒群等人看望了萧红。

7 月 13 日，萧红再次给报社打去电话，向报社借阅几本文艺书籍。因被旅店监禁，萧红没有外出自由，只能请求报社派人将书送来。恰巧接电话时，萧军也在身旁。于是，裴馨园便委托萧军携书前往，并附上了一封宽慰萧红的亲笔信。

眼下的苍白女子令人心痛。
萧军恨不能立刻转身便走。

但萧红说：

能坐下来谈一会儿吗?

直到这个时候,萧军方才出现。

靠近。

靠近旅店。
靠近萧红。
靠近她的人生和心。

02 丨深蓝

萧军。

本名刘鸿霖。1907 年 7 月 3 日出生于辽宁西部一个叫下碾盘沟村。从山中走出的男子，常有一种纯真和灵气，并且清冷、坚硬，难以驯服。萧军如是。许是自幼受父亲男权思想的影响，萧军是一个作风耿直并且强势的男子，因此常与人冲突。

但萧军热爱文艺，许是受文艺作品的影响，那一种强硬的气场在他身上，更多地是表现出一种侠义之气。对人对事，但凭良心。在这世上，人的品格永远比金钱、才华及其他一切要重要得多。

1917 年，冬。萧军十岁。被亲戚接到长春后，进入吉林商埠国民高等小学读书，因与体育教员发生争执，被开除。1925 年，春。萧军十八岁，入吉林军阀部队三十四团骑兵营当兵。在这个时候，萧军接触到了新闻学，读到了鲁迅等人的作品。

1926年，改名刘羽捷，以出众的成绩考入了东北陆军讲武堂所属的宪兵教练处。1928年，又以优异的成绩毕业，并被分派到哈尔滨开始实习工作。不久，因自己与宪兵生活的腐败作风格格不入而自动离职。

1928年，冬。再次改名为刘蔚天，考入东北陆军讲武堂第九期炮兵科。后又因与一名步兵队长发生冲突，被开除。1929年，在沈阳的《盛京时报》副刊上，发表了处女作《懦……》，笔名为酡颜三郎。不久，萧军投奔了驻守长春的东北军第二十四旅，担任准尉见习官，并结识共产党人方未艾等人。

九一八事变之后，受方未艾之邀，到吉林舒兰计划组织义勇军。但最终计划失败，萧军、方未艾等人被押解出境。到了哈尔滨之后，萧军为冯占海的抗日部队做联络工作，并以文学写作宣传抗日。1932年5月，萧军将妻子和两个女儿送回老家，并写信劝嘱，说自己投身抗日，生死天定，妻子无须等待，如遇良人，可嫁之。

萧军是个军人。他有军人身上惯有的那一种勇猛、无畏之男子气概。而他自幼习武，又擅文艺，是真正的文武双全。如斯男子，纵是时代不济、岁月斑驳，再落魄，也都是风流的。

1932年7月13日。
他与她，黄昏初见。

他敲了敲门，没有人应。又敲了两下，门才打开。在他面前，是一个长发披肩的憔悴女子。可那憔悴当中，又隐隐透露出一种坚毅，或者说光明。有一种人，便是如此，一眼看过去，便有无限的冲击力，令你不能不看入心，不得不跌坠进她的吸引力里。

你找谁？
张迺莹。

屋里尽是霉味，不及她邀请，他已迈步走进。是那样强硬的一个男人，不管不顾一般，要向她走近。灯光很暗，但他依然看得出她身上那一件褪色的阴丹士林的蓝色长衫。小腿裸露在外。三千青丝及肩，而当中那几根白发好是晃眼。那么刻骨铭心。看得人心碎。

萧军坐下来，把书放在桌上，萧红接过他手中的信，仔细阅读起来。他们没有说话。那片刻的沉默当中，他与她之间酝酿着的是彼此都未曾预料到的情之暗涌。那是一种缓慢流动着的、深蓝色的、有青草香气的、宁静的声息。

终于，萧红说话了。

“你是三郎先生？”

这一开始，便不能结束了。他们聊画、聊书法、聊诗词、聊小说、聊人生。也谈到死。这对萧红来说，是从来没有过的，从来没有一个男子，能像面前的这个人一般，了解她、懂她，甚至看得透她。世间所有相遇，都是久别重逢。大约三生三世前，他们早已携手走过许多路。

只是今世，是翻越了万水千山，才又相见。

“于千万人之中遇见你所要遇见的人，于千万年之中，时间的无涯的荒野里，没有早一步，也没有晚一步，刚巧赶上了，那也没有别的话可说，唯有轻轻地问一声：‘噢，你也在这里吗？’”张爱玲写文章，有意无意就能写进人的心。这一段广为流传的话，用在此处，也颇为应景，很是妥帖。

那时候，萧军很穷。

那日，他们聊了很多，聊到很晚，谁也不愿停下来，谁也不愿意浪费片刻。萧军几次三番，都好想拥抱眼前的这个女子，却又怕轻薄了她一身清正。临走前，看看桌上那碗用纸片盖着的半碗高粱米饭，他将身上仅有的五角钱拿出来，放在了桌上。

这是他们的初相见。

最好的初见。

1932 年 7 月 14 日。

萧军再次来到东兴顺。是默契的，她想要他留下来，他也没有再离开。相爱，如此迅速，快得来不及思虑过去和将来。那一刻，世间一切都抵不过他们的抵死缠绵。那一夜，好漫长又好短暂。仿佛跨越前世今生一般，矜重如生，郑重如死。

那时候，她与他好贫穷。

却又是，至为富有的。

就像艾伦·金斯堡的《嚎叫》里写的那般："他们贫穷、衣衫褴褛、双目深陷、头脑昏然地坐在只有冷水的公寓中。在鬼蜮般的黑暗里抽烟。飘浮过城市上空，冥思爵士乐章。彻夜不眠。"

萧军在小说《烛心》当中写到了这件事，他说："……我们不过是两夜十二个钟间，什么全有了。在他们那认为是爱之历程上不可缺的隆典——我们全有了。轻快而又敏捷，加倍的作过了，并且他们所不能作，所不敢作，所不想作的，也全被我们作了……"

世间最玄秘难测的，就是爱了。

可是，萧军是个天性自由的人。而自由是什么呢？私以为，所谓自由，原本就是只有在不自由中，自由才能作为一种可能得以存在吧。可萧红呢，在这以前从未体尝爱之真味。如今遇到了，她方才知道，自己在爱中，是一个极其霸道、充满占有欲的人。

爱会带来惶恐，带来苦痛，带来疯魔一般的不安全感。这个道理，萧军和萧红很快就明白了。萧军不做作，不伪善，不假装。他直言坦白自己的一切，包括对爱的理解。他风流却不能专情。他爱萧红，却并不只爱萧红。而钟情萧军的女子，又岂只有萧红一人？

但对萧红来讲，他是唯一。

爱令人眼盲。

萧军以为，自己会带给萧红安慰。却不想，他给予萧红的是更深的惶恐和更重的不安。这是萧军不愿意见到的。他不是不知道，萧红第一次在男子身上，在他的身上，寄托着关于爱情最庄重的理想。萧军想要放弃，却又实在放弃不了。

她与他之间，注定是一段悱恻缠绵的姻缘。

03 丨夜画

1932 年 8 月。

黑龙江暴雨不歇。那雨，下得汪洋恣肆、绵密无边。困在东兴顺旅店的萧红，无时无刻不想逃离。但汪恩甲之前欠下的巨款，无人有能力偿还。窗外大雨倾盆，仿佛要滤尽脏污一般，涤洗着人间。看得萧红心里盛满愁怨。

终于，雨水成灾。

那一年夏天，这座城市如同浸泡在一只装满水的巨大瓷碗中。哈尔滨 38 万民众里受灾人数高达 23.8 万，更有 2000 多人丧生于此次水患。萧红所在的东兴顺旅店也有近一半空间淹没在水里。逃生的人群如同赶集一般，匆忙又慌张。

水天相接。萧红在小说《弃儿》里说："大人、小孩和包裹青绿颜色。

安静的不慌忙的小船朝向同一的方向走去，一个接着一个……”旅店的主人、客人也都纷纷逃离，连这两日来避水躲在二楼的人，也都一一走光了。刹那间，东兴顺死寂一般立在水街之上。“只有楼下的一家小贩，一个旅馆的杂役和一个病了的妇人男人伴着留在这里。”

从清晨到黄昏。

她说：“黄昏慢慢的耗，耗向黑沉沉的像山谷、像壑沟一样的夜里去。两侧楼房高大空间就是峭壁，这里的水就是山涧。”她与那无边无际的绝望洪水一起，等待深夜，又等待天明。等着萧军来救她。

街上哪还有什么车辆。放眼看去，只有漂浮的船只零散其中。“马路变成小河，空气变成蓝色，而脆弱的洋车夫们往日他是拖着车，现在是拖船。……松花江决堤三天了，满街行走大船和小船，用箱子当船的也有，用板子当船的也有，许多救济船在嚷，手中摇摆黄色旗子。”

8 月 9 日。

那个没有离开的旅店杂役怜悯萧红，劝她乘此无人看管的时候赶紧离开。萧红知道，许是老天惜爱她，给了她这样一个天灾的机会，让她走。她坐上一只运送柴火的船，离开了被囚禁数月的东兴顺旅店。

另一头，萧军正忙着将自己的旧制服送到当铺换取船钱来接萧红离开。只是，晚了一点儿。当萧军赶到东兴顺的时候，萧红已经不在了。好在萧军前些日子给了萧红自己的地址。当时，萧军寄居在裴馨园的家里。萧红拿着手里的地址，前往哈尔滨中国四道街 37 号，裴馨园的家。

接待萧红的是裴馨园的岳母。

当时，裴馨园身兼数职，除了主编《国际协报》的文艺副刊，还兼任另外两家报纸的编辑。收入尚可，但也并不如旁人所以为的那么宽裕。说到底，需要裴馨园照顾的人，实在不少。萧军回到裴馨园家重见萧红的时候，激动不已。虽相识时间不长，却已是共患难过的一双人了。

那日黄昏，晚饭之后，萧军带萧红去了中央公园（今兆麟公园），庆祝萧红重获自由身。这一天，对萧红来讲，意义重大到可谓一生之转折。虽然贫穷，但她有了自由，有了萧军。世间最要紧的两样，她都有了。只是，这两样，似乎隐隐又针锋相对，难以相融。

裴馨园的妻子叫黄淑英，与萧红同岁，当时已是两个孩子的母亲。裴馨园说服了黄淑英，让无处安身的萧红在家中居住。当时，裴馨园待萧红十分照顾。虽然自己与妻子都有抽大烟的习惯，但他还是劝萧红戒掉鸦片。

只是，寄人篱下的生活，终究是不太好过的。且不论萧红只是一个与裴家无瓜葛的陌路人，纵是同父同母的兄妹，住在一起时间久了也会生出嫌隙的。后来，黄淑英对萧军、萧红的态度日渐冷淡。连裴馨园，也怕因为萧军、萧红的缘故，影响他与妻子之间的感情和生活。

不久，裴馨园一家搬迁到了别处，只留下了岳母和萧红、萧军在原来的住处。裴馨园尚且还要顾念与萧红、萧军的一两分情谊，但他的岳母全无必要容纳萧红和萧军。萧红和萧军心里也是非常明白。裴家，是待不下去了。

8 月底。萧红临产。

她忽觉腹部疼痛难忍，撕心裂肺地哭喊至半昏迷的状态。萧军吓坏了，直奔被雨水淹没的大街，寻找马车。雇好马车之后，萧军抱起萧红，去往哈尔滨市立医院。到了医院之后，萧红疼痛感渐消。医生说预产期大约一个月之后。需要费用十五元。

听完医生的话，萧军才放下心来，遂与萧红折返。只是一路上，萧军都在思量如何赚取十五元的费用。几乎身无分文的萧军将仅有的五角钱都交与了车夫。因与裴馨园夫妻的隔阂，萧军也离开了《国际协报》副刊，失去了原本每月固定二十元稿酬的经济来源。

不幸的是，萧红早产。刚到住处不久，萧红再一次腹痛难忍。萧军知道，医生判断错了。萧红临盆在即，连筹备十五元费用的时间也没有了。来不及准备周全，萧军立刻抱着萧红奔去了医院。因为无力支付医院费用，又不愿让萧红的身体受到折磨，萧军发横，不管不顾，强行把萧红送进了医院的产妇室。

次日凌晨，萧红诞下一名女婴。

面对女儿，萧红无措。

世人皆是凡胎肉身，人人皆有私心。萧红也不例外。女儿的出生，对于连自己都尚且无法养活的萧红来讲，无疑是一个天大的累赘。她决定将孩子送人。她与那孩子的母女情分，也就只有这些了。萧红不是不难过，孩子离开了，夜夜梦魇缠身。

但她没有办法，她终是对不住这个孩子的。

动荡不安的生活令萧红的身体十分脆弱。又经历分娩之苦，加之长期营养不良，萧红产后一病不起。虽身在医院，但因萧红和萧军分文未缴，医院对萧红的病也就漠不关心。那时候，世上心疼萧红的，只有萧军一人。

忍无可忍之时，萧军只能犯浑，扬言若是医生不治，就要杀人。军人出身的萧军，很是健壮。几次闹下来，医护人员都十分发怵，只得为萧红进行一些简单的医治。那时候，萧军在萧红眼中，是比自己生命更贵重的男子。其间，萧军给予萧红的爱，是常人无法比拟的，厚重无比的。

没有当日的萧军，大约也不会有往后的萧红了。

在医院，萧红住了月余时间。院长也早已不向他们索要费用，只盼着萧红和萧军早日离开，腾出病床。9 月初，萧军四处奔走，寻求各路朋友的资助，二人方才得以出院。那时候，裴家人再不愿收留萧红和萧军，但见二人孤苦，便派家中女儿送给萧军一封信和五元钱，望他们另觅宿处。

1932 年 10 月。

萧红与萧军来到哈尔滨新城大街（今道里尚志大街）。对裴馨园一家，他们不能怨、不能怒。心里都明白，收留他们是情分，不留他们也是应该。这世上，他们唯一能够真正信赖并依靠的，只有十指相扣的彼此，再无其他。不久，他们住进了一家白俄罗斯人经营的旅店。

旅店名叫欧罗巴。

04 | 铅华

在欧罗巴。

他们住在第三层的阁楼里。萧红在散文《欧罗巴旅馆》里描述道："……这个房间是如此的白，棚顶是斜坡的棚顶，除了一张床，地下有一张桌子，一围藤椅。离开床沿用不到两步可以摸到桌子和椅子。开门时，那更方便，一张门扇躺在床上可以打开。住在这白色的小室，我好像住在幔帐中一般。"

方寸小屋，却是她与萧军第一个只属于他们两个人的家。租住阁楼那日，旅店茶房上来问他们床上的铺盖是否一并租下。萧军说，租。待茶房说完每日五角钱的时候，萧红和萧军异口同声地说了句"不租"。平日里，两人吃的，也就是大列巴蘸盐。

而有时候，只能挨饿。

什么也吃不上。

房租一日两元。萧红和萧军手边仅有裴馨园给的五元钱。旅店老板本想整月出租，但见两人不宽裕，便急忙想要二人明日就走。萧军一听，顿时恼怒起来，粗暴地说不走。见老板不走，萧军又以打杀恐吓之。从前被人欺凌，萧军总以暴制暴。虽然听上去并不可取，但是在那个年代，却很是有效。

那时，萧军心疼萧红。他虽已在不收广告费的《哈尔滨五日画报》上登了求职广告，但毕竟是混战时年，工作并不好找。此前，萧红有孕在身，又有《国际协报》的稿费，虽不足够，也勉强可以度日。今次，是真的只有饿着，熬。日子是艰苦些，但对萧红来讲，当中的快乐却是世间最质朴可贵的。

其间，萧军给萧红写过三首诗：

浪儿无国亦无家，只是江头暂寄槎。
结得鸳鸯眠便好，何关梦里路天涯。

浪抛红豆结相思，结得相思恨已迟。
一样秋花经苦雨，朝来犹傍并头枝。

凉月西风漠漠天，寸心如雾复如烟。
夜阑露点栏杆湿，亦是双双悄依肩。

喝几口稀饭过一天。吃几口列巴过一天。或是喝点儿水，饿一天。而多数时候，他们都在忍受饥饿的煎熬。萧红在散文《饿》当中甚至写说，她几乎都要忍不住去偷别人房门上挂着的“列巴圈”。贫穷、饥饿、疾病，以及少年时的出走和众叛亲离。这世间极苦极痛的事，萧红体尝殆尽。

在萧军找到工作之前，萧红万般无奈时，曾给中学时代的恩师高仰山写信求助。而高仰山也是顾念师生情谊的人，带着女儿一起，来到欧罗巴旅店，为萧红留下了一些钱。

萧军呢，没日没夜地在外奔走，做着各种零碎的事，竭力赚取所能赚到的各种微薄的收入。每每萧军回来，第一句话总是问萧红饿不饿。而萧红呢，也几乎每一次都是流着眼泪答他，说：不饿。

是凤凰，不怕火燎。是晶钻，不畏磨刀。虽未有正式的仪式，但二人已是名副其实的患难夫妻了。涩苦之中有甜味。这便是他们在欧罗巴短暂的同居生活了。

只是，两人相处，瑕疵总是有的。天性是谁也不能控制的。萧军多情，萧红痴心。即便患难不离，萧军的耿直有时也会成为一个“问题”。若说维系爱情是有门道的，那么萧军大约是不屑的。在与女子相处的过程当中，萧军坚持的，唯坦诚、唯率真、唯不欺不骗。

然而，这并非一定是好的。

有一日，萧军回来，袖口破了。萧红心疼得紧，便计划买一些针线，替萧军把破旧的袖口用桃红色的线仔细地补上。却不想萧军因此竟忆念起旧人。昔日里，有一位叫作“敏子”的姑娘也曾为他做过同样的事情。他又说着当年自己的恋之琐细。他夸敏子漂亮。眉眼唇鼻，他仍旧记得清楚。

不过他也说，过去了就是过去了。

只是，说者无心，听者有意。这些话，落在爱他如生命的萧红耳中，大约意味就复杂多了。她委屈，伤心，甚而要闹些脾气。论萧红耍性子的原因，除了萧军忆念往事，大约还有萧红自己内心深处的一些惊惧。她害怕昔日的旁人，就是将来的自己。

可是，爱情这桩事，本来也并非始终善意。世上没有任何人可以掌控之、左右之，抑或是将之拿放自如的。在欧罗巴，他们居住了大约一个星期。虽只是短暂的几个昼夜，欧罗巴对于他们来讲，却是新婚一般的蜜月之地。

简媜有几句话，写得妙极：

关于你生命中的山盟与水逝，我都听说。在茶余饭后，你的身世竟令我思谋，什么样的人，才能与秋水换色，什么样的情，才能百炼钢化成绕指柔。我似乎看到年幼时的你，已然为自己想象海市蜃楼，你愿意成为执戟侍卫，为亘古仅存的一枚日，奉献你绚霞一般的初心。

借此献给，欧罗巴旅店里的他和她。

05 | 誓鸟

1932 年 11 月。

他们搬迁至哈尔滨商市街 25 号。

萧军之前刊登的求职广告终于起到作用。家住商市街 25 号的铁路局某汪姓庶务科长，发现了他。因萧军能武，汪先生便派人请萧军来家中教授他儿子汪玉祥一点儿拳棒，用住房来抵偿学费。萧红和萧军对此皆表示赞同。他们住的是汪家一间耳房，半地下室的形构，有台阶通往室内。

在汪家，省去了租住旅店的钱，两个人可以在家做饭，虽然经济仍不宽裕，甚至还处于拮据的状态，常常靠借贷和典当度日，但是较之从前多少还是要好些的。萧军也知道，单凭这一项工作，是不够支撑两人生活的，他依然在寻找其他可以胜任的兼职工作。

当时，裴馨园虽因着妻子的缘故，与萧红、萧军之间疏远了些，但毕竟昔日交情不浅，得知萧红和萧军境况仍不理想，于 1932 年 11 月 13 日以自己的名义在《哈尔滨公报》上替萧军刊登了一则求职广告。

幸有裴馨园再助，萧军得到了一份教授国文的家庭教师工作。不久，萧军身兼数职。每月可有十五元的固定收入。如此一来，萧军每日清晨赶去南岗当家教，而后去教国文，晚上回到家之后还要教房东少爷武术。在家陪伴萧红的时间，也因而较之在欧罗巴的时候，要少得多。

萧红身子弱，虽也想替萧军分担，但能力范围之内便只有一些家务事可以处理。可是，萧红虽吃过不少苦，但毕竟是地主家小姐出身，对家务事并不在行。她所希望的是，如当年离家出走时女友所说，去写作，卖文为生。

时至那时，萧红依旧未能如愿。

1932 年秋天，萧军认识了金剑啸。金剑啸，原名金承栽，又名梦尘，号培之。满族，1910 年出生于辽宁沈阳。1926 年，考入哈尔滨医科专门学校学医。1927 年 8 月，弃医从文，经《晨光报》编辑陈凝秋推荐，担任文艺副刊《江边》编辑。

1928 年，他在上海新华艺专学习绘画。1930 年春，进入上海艺术大学学画，技艺精湛全面，油画、水彩画、粉画、素描、木刻皆擅长。其间，金剑啸与中共地下党员接触频繁，并阅读大量鲁迅、茅盾、蒋光慈等作家的作品，从政治思想到文学艺术，日趋成熟。

1929 年，他加入中国共产主义青年团。1931 年，加入中国共产党。是年 8 月，创办天马广告社，为中共地下刊物《满洲红旗》和一些传单小报绘插画、设计刊头等。天马广告社也成为中共地下党和左翼文人的秘密联络点。

1933 年，他在《东三省商报》担任记者，后到《大北新报画刊》担任编辑。1935 年，到齐齐哈尔担任《黑龙江民报》副刊《芜田》主编。1936 年，回到哈尔滨后设法买下《大北新报画刊》版权，同年 6 月 13 日被捕，8 月 15 日英勇就义。终年二十六岁。

萧红、萧军与金剑啸有了来往之后，萧红得知，当时金剑啸为电影院绘制广告海报，月薪有四十元。如此一想，便觉自己亦可以胜任这样的工作，只是几次三番都不如人愿。萧军知道后，还怨怪萧红。可没几日，萧红和萧军在中央大街偶遇金剑啸，金剑啸主动邀请萧红和萧军帮忙。此时，萧军竟又对此工作显现出无比的热情来。

去帮忙那日，萧军等不及而责骂萧红不利落、耽误事。萧红对此非常不满。所谓贫贱夫妻百事哀，道理总是不会错的。两人之间的矛盾与性情上的差异也开始缓慢浮现。

但此事并不长久。

电影院对萧红、萧军以及金剑啸的工作结果不满意，辞退了他们。彼时，萧红身体日渐恢复，比之从前，要健康许多。丢了这份工作，她便又筹谋着另外的出路，也效仿萧军，当了家庭教师，教的是一名年长于自己的女子，也因此有了萧红日后那篇名叫《女教师》的散文。

多年之后，萧军回忆起商市街25号的生活时说："尽管那时候我们的生活是艰苦的，政治、社会……环境是恶劣的，但我们从不悲观、不愁苦、不唉声叹气、不怨天尤人、不垂头丧气……这种乐观的习性是我们共有的……""正因为我们共有了这种性格，因此过得很快活，很有'诗意'、很潇洒、很自然……甚至为某些人所羡慕！"

当时，金剑啸也是哈尔滨左翼文化圈的活跃分子。与金剑啸相识后，萧红和萧军也得以接触并融入哈尔滨左翼文化圈。不多久，萧红终于拿起那支在时光深处孤守她许久的笔，开始了自己生死与共的漫长并壮烈的写作。

始于河流而止于源泉

钻石雨
正在无情地剖开
这玻璃的世界

打开水闸，打开
刺在男人手臂上的
女人的嘴巴

打开那本书
词已磨损，废墟
有着帝国的完整

——北岛《写作》

老天要逼迫她尝尽世间疾苦，累积下至为珍贵的经验和收获，而后赐予她一杆不惧火炼的生花妙笔，让她向世人描摹生命、记录岁月、抒写爱与苦难。而将来以及将来的将来，将只属于萧红和她的如同北岛诗歌一般的写作。

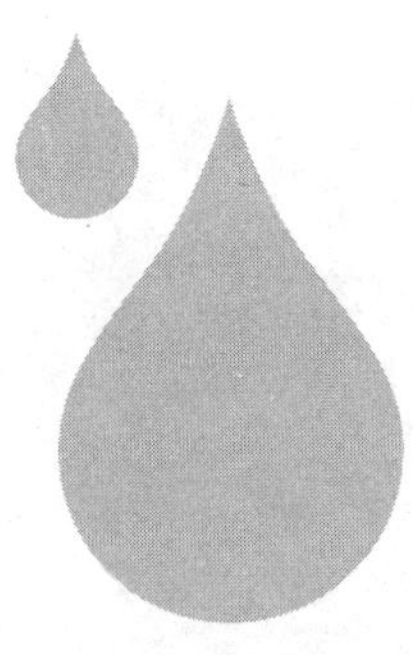

倾谈四/今生你是一盏清茶

锦葵/

窈窕/

青岛/

上海/

赤金/

01 | 锦葵

林徽因，有“太太客厅”。

萧红，有“牵牛坊”。

1932年夏天的哈尔滨水灾过去之后，金剑啸等人组织了一次“维纳斯助赈画展”，萧红也曾拖着病弱的身体为之作了一两幅小画。后来，《哈尔滨五日画刊》也出了一期“维纳斯画展”的选辑专刊。当中，有萧军一篇题为《一勺之水》的文章。

之后，金剑啸发起成立了维纳斯画会，邀请所有参展的人一起探讨文艺。正是在画会当中，萧红和萧军认识了哈尔滨20世纪30年代著名的文艺沙龙“牵牛坊”的主人——冯咏秋。

冯咏秋，早年曾在天津南开中学就读，后毕业于北京大学。也曾在《京报》做过记者，更向大师齐白石学过中国画。当时，他正在哈尔滨市政府民政救济科工作。他是哈尔滨的左翼名士，业余画家。他为人颇讲义气，交际甚广，因此，文艺圈的朋友们会常到他家做客、聚谈。

平日里，冯咏秋很爱莳花弄草，尤爱朝颜花。所谓“朝颜花一时”，朝开午谢，是好哀伤的一种花。《源氏物语》里写它道：“露未消时花已萎，未消之露更凄凉。”可盛开的时候，它又极是繁艳。盛夏时候，朝颜花的绿叶藤蔓，总会爬满篱笆和墙，花朵呢，又是颜色纷繁，令人爱赞。

天明花发艳，转瞬即凋零。
但看朝颜色，无常世相明。

只是，平日里，人总叫它“牵牛花”。

牵牛花围绕着冯咏秋的家，一簇一簇，开得是又恣肆又安然。那一间位于道里水道街（今尚志大街），昔日只是一家兽医院的俄式平房，因此也显得要绚丽得多。于是，为着这样的缘故，当年哈尔滨的左翼文艺圈人士便称之为“牵牛坊”。与冯咏秋相识之后，萧红和萧军便也成为“牵牛坊”的常客。

当时，经萧红提议，一群人成立了剧团。写剧本、排练，所有人都十分沉醉。而平日里，只要聚谈于此，讨论的也都是他们毕生热爱着的文学和艺术。他们会唱歌跳舞，会朗读戏剧，也会一起研究讨论鲁迅、高尔基、普希金等文学大师的作品。

所有人都对萧红十分欣赏。

冯咏秋甚至还为萧红作了一幅画，是一幅水墨速写，画得俏皮又传神。很令萧红喜爱。而冯咏秋的“牵牛坊”也和金剑啸的天马广告社一样，在文艺沙龙的掩护之下，成为中共地下党的一个秘密联络点。

去“牵牛坊”，对于萧红和萧军而言，一来，他们能够汲取那里的文艺养分，陪伴自己度过寂寞的贫困生活。二来，只有在那里，他们才能改善自己的伙食，吃得好一点儿。而这一些辛酸的体悟，大约是很难启齿的吧。

萧红记得，那年新年前夜，冯咏秋邀请大家去“牵牛坊”过年。席前，冯咏秋让佣人去街上买了一些松子让大家当作零食。当时，萧红便想：“多余呀！多余呀！吃松子做什么！”是，平日连饱饭都不是日日可以吃到，今次的松子对萧红来讲，是有些奢侈了。她说，那日她吃松子，是当吃饭一般，用来填饱肚子的。

对于自尊心很强的萧红和萧军来说，在场的旁人也未必不知晓他们的境况，只是不能言劝、不能评断。萧红记得，当时被大家称为“小蒙古”的女子袁淑奇曾在一次聚会结束临走之前，递给萧红一个信封，嘱咐她到家打开。回家之后，萧红才发现里面装着袁淑奇给他们的十元钱。

此事，令她好感动。

日后，在她的散文《几个欢快的日子》当中，她便将此事郑重地记录了下来。她从来不曾忘记过对她好过的每个人、每件事和每个瞬间。人生路，短暂亦漫长，有些心动不能假装，有些告别不能慌张，有些人不能少，有些事不能忘。

1933 年，年初。

彼时，曾在《国际协报》供职的裴馨园因为文章涉嫌攻击当局，被革职。继任副刊的副刊主编是萧军好友方未艾。当时，《国际协报》打算出版一份“新年征文”的特刊。萧红有了写作的念想，却又迟迟未能提笔。这是与在校园时写作诗歌完全不同的境况。它要更严肃、更谨慎，也更专业。

是在萧军和众朋友的鼓励之下，萧红方才说服自己提笔，写下了她写作生涯里的第一篇短篇小说《王阿嫂的死》。不想，此文章得到方未艾的大力赞赏，一经发表，赞誉甚多。萧红知道，至此，她定是要与写作相依到死了。宋佳在电影《萧红》里也说，再没有什么能够阻止她写作了，连死也不能。

是，连死也不能。

之后，萧红连续创作了纪实散文《弃儿》，短篇小说《看风筝》《腿上的绷带》《太太与西瓜》等作品，并先后发表在长春的《大同报》副刊《大同俱乐部》和《哈尔滨公报》的副刊之上。当时，萧红发表文章时的署名仍是“悄吟”。所谓“穷而后工”，大抵说的便是萧红那时候的情形吧。

是年 7 月，萧红又参加了金剑啸等人组织的另一个文艺团体“星星剧社”，并参与排演了三个短剧《居住二楼的人》《姨娘》《一代不如一代》。前后大约排练了三个月，打算于日本和伪满洲国签订《日满议定书》一年后的

9月15日演出。却不想,《一代不如一代》原定的男主角徐志突然被捕。

此后，当局对新闻、出版和各路文艺组织开始进行严密的审查。剧社所有人都陷入惶恐之中，也因此不得不解散。令人略感安慰的是，这一年夏天，金剑啸等人又通过前来看望萧红和萧军的《大同报》编辑陈华，在《大同报》创办了文艺副刊《夜哨》。

那是一个极坏又极好的年代。坏的是，当年的文艺组织和文艺刊物，无一不得经历昙花一现的险境。好的是，野火一般的文艺人士孜孜不倦地与之抗争，今日消散，明日再聚。不绝不休。

不久,《夜哨》的作者群也因为各种缘故纷纷离开。当时《国际协报》副刊主编也从方未艾换成了日后成为萧红密友的白朗小姐，因此，供稿《夜哨》的作者群便转而投入了《国际协报》的副刊阵地。白朗与报馆商议之后，每月给萧红和萧军各二十块大洋。

终于，萧红的日子慢慢好起来。

并且，萧红与昔日断了联络的胞弟张秀珂重又联系上。当时，张秀珂已在齐齐哈尔读高中，年岁大些，自然见识也进步了，对胞姐昔日与张家决裂的事情有了不一样的认识，开始懂得萧红“离经叛道”的心。

虽然遭受张廷举的阻拦，但张秀珂仍旧坚持给姐姐写信。萧红收到弟弟的信后，火速回复，并希望弟弟能够来哈尔滨相聚。对萧红来讲，张秀珂的认同意义重大。这是张家唯一了解她的人。

10 月，萧红与萧军将自己的小说、诗歌和散文辑成了一部合集，名曰《跋涉》。当时，他们打算自费出版，但苦于经费不够，耽搁了几日。朋友们知道此事之后，都兴奋不已，这对当时的文艺同仁来讲，无疑是最大的鼓励和最好的安慰。

在众友人的资助和《哈尔滨五日画报》社社长的支持下，《跋涉》得以付梓。《跋涉》出版之后，几乎轰动了整个东北文坛，也奠定了萧红和萧军在东北文坛的地位，被称为“黑暗现实中两颗闪闪发亮的明星”。自然，这也开始令萧红和萧军备受当局的“关注”。不久，《跋涉》便遭当局查禁，要抓捕萧红和萧军的流言也不绝于耳。

萧红知道，是时候了。

是时候，离开这伪满洲国了。

02 | 窈窕

1933 年，冬。

中共党员傅天飞来到哈尔滨。他与萧红、萧军的共同好友舒群（曾与萧军一起供稿于《国际协报》）是旧时同窗。当时，傅天飞在吉林磐石县县委工作。到哈尔滨后，傅天飞约见了舒群。席间，与舒群谈了近几年自己在磐石进行的革命工作，尤其是关于磐石革命游击队发展的二三事。

临别前，他将一份资料交与舒群。那是一本书稿，内容便是磐石县游击队的发展故事。对这份书稿，傅天飞十分重视，但他做革命工作随时有生命危险，因此为防止将来书稿遗失，便又复制了一份交给舒群保管。后来，舒群又将故事仔细地复述给萧军，书稿也终于得以流传。

遗憾的是，1938 年，傅天飞一如他自己当年所预料的一般，牺牲了。而书稿当中的故事，也给了萧军创作《八月的乡村》和萧红创作《生死场》提供了至为宝贵的写作素材。

后来，舒群离开了哈尔滨。

在这之前，萧红和萧军也筹备离开伪满洲国，但两人之间出现了信任危机。萧军受雇的汪家，有个三小姐——汪林。年轻、貌美、身段婀娜窈窕。平时也要化妆，上妆的汪林更是娇俏美艳。相比之下，朴素沧桑的萧红显得落魄。

萧军很有男子气，又有风度，是东北女子一贯迷恋的类型。在汪林心中，萧军自然也非寻常的雇工。萧红是个敏感的女子，若是萧军对其他女性存有私心，萧红必然能察觉一二。不仅是萧红，大约这也是女子天性当中就具备的一种辨识能力。

每每看到汪林穿着曼妙的春装在院中吸烟，萧红便如鲠在喉。与萧军说话时，汪林眼中流露出的情意更是令萧红不禁难受。夏天，与萧军去太阳岛划船游泳的时候，汪林也跟去。在太阳岛，萧红午夜困睡的时候，萧军竟也乐意与汪林促膝长聊，不眠不休。

但受雇于人，一切情之诡谲，她都看在眼中，放到心底。直到后来，萧军发现萧红不悦，方才安慰萧红，告诉她，自己早已与汪小姐说清，是断然不能与她相爱的。因他心中，只萧红一人。萧军是不说谎的人，萧红信他。

后来，萧军将一名编辑朋友介绍给了汪林，方才遏制住了这段危险的关系，令萧红放心。只是，没有汪林，还有旁人。萧红审阅男子的眼光不差，自然，其他女子也各有审阅标准。而通常，很少会有女子对萧军丝毫不动心的。

还有个姑娘叫作陈涓。

她是南方女子，温婉又大方。也不涂抹脂粉，头发只是用红绸带随意扎在脑后。素净，可人。连萧红都觉得她美且有味道。她是《跋涉》的读者，钦佩萧红和萧军。故央人介绍，认识了萧军。到底还是想要先与萧军认识。女读者总是更热爱男作家一些。

当时，陈涓还是中学生，对已在东北文坛知名度颇高的两位作家十分向往。于是，某日通过萧军，想到萧红和萧军家中做客，继而再认识《跋涉》的另一位作者萧红。如此，三人日渐熟识。但从一开始，萧红对陈涓就起了防范之心。

只是，这一回不是陈涓图谋什么，却是萧军动了一点儿心。汪林了解萧红的脾性，知道这样一个年轻动人的小女子围绕在萧军身旁会令萧红不悦。还曾提点过陈涓说，不要再与萧军亲近，不然萧红怕是会不高兴的。听闻此话，陈涓十分伤心。以至于她想要尽快离开哈尔滨，回到南方。

临行前，陈涓告别萧红和萧军。彼时，萧军不在，只有萧红与舒群坐在薄暮窗前倾谈。萧红对陈涓已不热情，陈涓便只能悻然离开。次日再来的时候，恰巧只有萧军。几句告别的话说完，萧军便塞了一封信给陈涓。又偏逢萧红回家，看见此景。

而这信中，竟有一朵将枯的玫瑰。

饯行那日，陈涓自觉愧对萧红，便带来自己真正的男友。只是不想萧军心念不灭，在陪陈涓买酒的路上，吻了陈涓。而这一切，萧红并不知道，大约至死也不曾知晓。此事随着1934年元旦之后陈涓的离开，萧军亦不再提起。直到萧红离世，陈涓方才撰文指责萧军当年对待萧红感情的不忠诚。

且不论陈涓一家之言的可信度，单凭萧军自己所言二人的感情路上曾有“不算少的障碍和干扰”，便可知陈涓之言大约也非空穴来风。然而这一些业已不是十分重要。萧军的性情，世间唯有萧红最了解。而所有萧军风流之蛛丝马迹，萧红大抵还是心中有数的。

这也是将来，萧红毅然离开萧军的一个缘故吧。

或许正是从这里，萧红和萧军之间的爱情，发生了一些微妙的变化。时日长久之后，便以剧烈的矛盾的形式浮现出来，直至成为两人之间不能逾越的沟壑，无法和谐的障碍。得一人心是一回事，白首不相离，则是另外的完全不同的一回事。

愿我如星君如月，
夜夜流光相皎洁。

这终究也只能是一个难以成形的爱情理想了。

03 丨青岛

1934年，年初。

舒群离开哈尔滨，去了青岛。舒群，1913年出生于黑龙江阿城一个贫苦的工人家庭。原名李书堂。“舒群”是他1936年5月在《文学》杂志发表第一篇小说《没有祖国的孩子》后一直沿用终生的笔名。之前发表文章时也曾用“黑人”为笔名。

他七岁入阿城西营小学读书。后随家迁到一面坡，入珠河县（今尚志市）县立二小就读。十五岁时，考入哈尔滨一中俄语班。后考入东北商船学校，也是在那里与傅天飞同窗。半年后退学，在航务局做俄语翻译。十九岁时，辞掉月薪六十元的翻译工作，秘密加入中国共产党。

舒群与萧红、萧军交情很深。当年，萧红分娩后出院时，舒群第一个前去救济。后来，萧红和萧军出版《跋涉》的时候，一百五十元的印刷费用，舒群一人便资助了自己省吃俭用积攒下来的五十块大洋。

1934 年，年初。满洲地下党组织遭受严重破坏，舒群与组织失去了联系，被迫离开哈尔滨，奔赴青岛。在青岛，舒群联络上了组织，地下党人对他进行严密审查之后，恢复了舒群的组织关系。也是在青岛，舒群结识了革命家庭倪家，并与倪家三小姐倪青华相爱、结合。

是年 3 月，舒群来信，邀请萧红、萧军去青岛。

舒群的信，对当时被困于满洲有生命危险的萧红和萧军来讲，无疑又是一次雪中送炭。只是，当时萧红突患疾病，耽搁了一些时日。为了尽快离开，萧军让萧红去了一家乡下不收药费的贫民医院休养。在乡下，萧红独自居住了十三天，方才回到商市街的家中。

即将起程的前几日，萧红和萧军开始收拾行囊，贩售家中物品。每一样都令萧红难以割舍。但无法，锅碗瓢盆是留不得的。萧红之所以感到悲伤，也是因为，是在商市街 25 号的这间耳房里，萧红自当年离家出走之后第一次感受到了家的归宿。

临行前夜，萧红与萧军躺在地铺上。

一言不发。

第二天，吃完早餐，就要离开。

走吧。说着，萧军便推开了门。一如当初来这里的时候萧军说的那一句“进去吧”一样。岁月都去哪儿了？门前的花，院里的树，顶上的屋瓦，还有天上的云霞。它们都还在呢。可是萧红要走了，许是永永远远地走了。她从来没有过如此顾念、如此留恋、如此舍不得一个地方。

萧红写到这段往事的时候，说：“门开着我出来了，我腿发抖，心往下沉坠，忍不住这从没有落下来的眼泪，是哭的时候了！应该流一流眼泪。我没有回转一次头走出大门，别了家屋！街车，行人，小店铺，行人道旁的杨树。转角了！别了，商市街！”

别了，商市街。

1934 年 6 月 12 日。农历，五月初一。萧红和萧军坐上火车，离开了哈尔滨。次日，抵达大连。在友人处过了两夜，辗转乘日本轮船“大连丸”号的三等舱，匆匆离去。入舱不久，萧军便遭受了严密的盘问和检查，险些被捕。就在萧红和萧军走后一星期，白朗的丈夫罗烽被捕。在船上，两人一夜未睡，睁眼到天明。

直到看见青岛的远山，两人才放下心来。

1934 年 6 月 15 日。农历五月初四。萧红和萧军抵达青岛。舒群和妻子倪青华早已候在那里了。在舒群的岳父家住了几日后，倪家出面替萧红、萧军在观象一路租下了一间屋。这是一处地理位置极好的房，站在二楼，就能看见青岛湾。

面朝大海。

在青岛，萧红和萧军度过了一段极美好的时光。那时候，他们也正当自己最好的年华，能与深爱的彼此在一起，在海的呼吸当中写下他们人生最是稀贵最有分量的文章，怕是世上再没有比这更令人愉悦的事情了吧。

经舒群介绍，萧军在青岛被中共地下党用作外围组织的《晨报》副刊担任编辑。萧红也断断续续参与《新女性周刊》的编辑工作。收入固定，并且也算宽裕。捉襟见肘的日子是没有了。又有舒群夫妇陪伴，两个男人下班时，两个女子便在一起操持炊事，好是令人羡慕。

盛夏，萧红和萧军结识了新朋友——张梅林。当时，青岛地下党联络点之一的“荒岛书店”的名字也是张梅林取的。舒群夫妇不在的时候，张梅林便常与萧红、萧军搭伙吃饭。三个人不分彼此，关系亲密得很。平日无事，也会相约一起去山东大学游逛。日子过得闲惬、静好。

是年 9 月。萧军跟舒群一起，去了一趟上海。当时，敬仰鲁迅先生已久的萧军十分想去上海见鲁迅先生本人，只是囊中羞涩无法逗留太久，未能如愿。而在萧军去往上海的日子当中，萧红笔耕不辍，完成了中篇小说《麦场》。

到深秋的时候，有些事情终于变坏了。青岛地下党被国民党安插的特务出卖，倪家兄妹和舒群被捕。而倪家的大哥和舒群妻子倪青华以及地下党高嵩成为蒋介石钦点的三名要犯。景况恶劣程度可见一斑。那时候，萧红和萧军隐隐知道，青岛也不是久留之地了。

刹那间，仿佛天与地都黯然。

舒群被捕，对萧红和萧军的打击很大，但他们都明白，此时此刻最要紧的是文字革命工作不能懈怠。萧红和萧军依然频繁出入荒岛书店。店老板叫孙乐文，与张梅林和萧红、萧军的关系都不错。一次闲谈当中，萧军听孙乐文提到自己在上海内山书店见到过鲁迅先生。这个消息，令萧军振奋。

也是因此缘故，萧军写下了给鲁迅先生的第一封信，寄到了内山书店。这是他们所知道的关于鲁迅先生的仅有的一个地址。鲁迅先生能否收到信件，谁也不知道。大约是命中注定萧红、萧军与鲁迅先生缘深。鲁迅先生果真收到了信件，并很快回复了萧军。

后来，萧军把《跋涉》和萧红新近完成的中篇小说《麦场》，连同二人的一张合照一并挂号寄给了鲁迅先生。在那张合照上，萧军身着一件高加索式样绣花亚麻衬衫，萧红则穿了一件中袖斜条纹绒布短旗袍，两条辫子上各有一枚蝴蝶结，是好俊俏的一双人。照片后来还被文学杂志《凤凰》用作封面。

10 月。青岛《晨报》中共地下党联络站被国民党破坏。当时，《晨报》是孙乐文以荒岛书店的名义购买下的。因此，孙乐文等人都被牵扯在内，均要撤离。孙乐文离开前，留给萧军四十元做路费，让萧红和萧军也尽快转移。忽然之间，青岛只剩萧红、萧军和张梅林了。

时值深秋，萧红的身体也开始虚弱。

咳嗽，仿佛已变成老毛病了。

去哪儿呢?

去上海吧。

那么凉的天。这人间，真是寂寥。

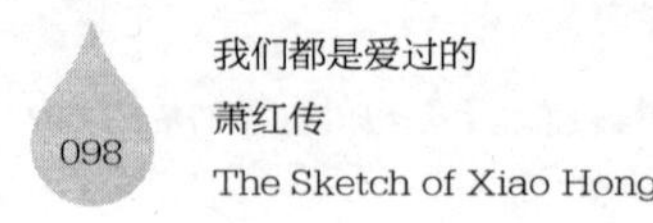

04 | 上海

1934 年，11 月 1 日。

萧红、萧军和张梅林买了船票。依然是日本轮船，但是“共同丸”号。这一回，他们坐的是四等舱。跟食品菜蔬挤在一起，是脏乱了些，但大抵是安全的。那样的世道，任何东西都抵不过安全要紧。吃人的世界，是连骨头也不吐的。

次日，抵达上海。

上海。
鲁迅的上海。
又喧嚣又寂寞的上海。

张爱玲笔下，上海是苍凉的、绚烂的、桃红色的，充满油漆的气味，充满汽油的气味，充满咖啡的气味，也充满激素和烟火的气味。杏花春影，红粉蓝泥。十里洋场的上海故事里，张爱玲笔下的始终都是最活色生香的、最人情世故的。可是，在萧红眼中呢？

它是破落的。

它是邋遢巷口的一碗馄饨。

它是穷人手中一个脏了的馒头。

抵达上海之后，萧红、萧军就近在码头附近找了一家旅店暂住。再计划找房，会见朋友。那时候，萧红和萧军的经济条件重又回到有些拮据的状态。选定了拉都路（今襄阳南路）北段 283 号的房子之后，手头所剩无几了。这处住所，靠近贫民区。倒是风景宜人，空气也好。

张梅林到拉都路来找萧红和萧军的时候，费了好大劲。萧红和萧军的房子不大，只能放下两张帆布床和一张写字台。三人坐在里面，伸手可触彼此。倒也是亲近了。起码，窗外有一片菜园。一如萧红童年与祖父常去的那一处地方。

甚而，还是有些诗意的。

安居之后，萧红和萧军心心念着的便是与鲁迅先生见上一面了。这是从未有过的，能够离先生如此之近，仿佛一出门就能撞个满怀似的，令他们充满期待和欢喜。但见面的事，鲁迅先生在信中说，从缓。大约也是需要通过一些途径侧面考察一下萧红和萧军。

那时，鲁迅先生的身体已经不太好了。

对于初到上海的萧红和萧军来讲，鲁迅先生的每一封回信都是一种强大的精神支柱。每每收到鲁迅先生的信，他们总在家中反复诵读，面上愉悦的表情仿佛天大的力气也按捺不住。后来，萧红开始和萧军一起给鲁迅先生写信。

那些信，是阑珊时光里的玉簪，是饥饿年代里的淮山，是安静夜晚的灯光。是珍药，是食粮。是伶人的丝绣，是战士的炮枪。被他们反复摩挲，贴身收藏，仿佛一早都已预料到，将来的将来，故人会不在，唯有信上的字句可与时光同沧桑、至久长。

偶尔，萧红孩子气地怨怪鲁迅先生迟迟不见。但见字如见人，鲁迅先生几句关怀又足以令她热泪盈眶。有段时间，鲁迅先生的信回复得慢些了。后来他俩才知道，那是因为鲁迅先生病了的缘故。焦虑的情绪继而变成心疼。对鲁迅先生的热爱，是支撑他们哪怕贫病潦倒也坚持在上海滩煎熬下去的唯一动力。

是年，11 月 27 日。

鲁迅先生，寄给了萧红和萧军一封信。

内容如下：

刘先生：

吟

本月三十日（星期五）午后两点钟，你们两位可以到书店里来一趟吗？小说如已抄好，也就带来，我当在那里等候。

那书店，坐第一路电车可到。就是坐到终点（靶子路）下车，往回走三四十步就到了。

此布，即请

俪安

迅上

十一月二十七日

内山书店，由日侨内山美喜子、内山完浩创办。1917年，开设于上海虹口北四川路魏盛里（现四川北路1881弄）。1929年，迁至北四川路底施高塔路（今山阴路）11号。主要经销日文书籍，最初经销日本觉醒社出版的基督教书籍，后来扩大到南山堂等出版的医学书籍，也经销同仁堂出版的译成汉文的医学书。

鲁迅先生在一次购书时结识了内山夫妇，并日渐成为挚友。二十世纪二三十年代，国民党政府“文化围剿”，进步书籍被查禁，该店是销售进步书籍的主要场所，又是中共和进步人士的重要联系地点。方志敏在南昌狱中的书信文稿，就是通过书店送到鲁迅手中转达中央的。

终于等到这一日。亲见鲁迅先生，如同梦想一般，被他们期望了许久。11月30日，二人激动前往，心怀热烈。路上的每一时刻，都是与众不同的，也都是令萧红和萧军毕生难忘的。彼时，仿佛上海滩的每一座楼、每一个行人、每一寸土地也都瞬间向他们敞开。

在上海，他们第一次有一种惊喜的亲切感。

那日的上海，芬芳馥郁，柔软丰盛。他们穿梭其间，如同走入花田，满眼是奔放壮烈的红、绵密无边的蓝、暧昧浓稠的黄和生机勃勃的绿。他们如同一起寻找书册里万年不见的宝藏的神秘恋人，心甘情愿地跋山涉水，也只是，想要去靠近它。

一路，他们走得好认真。

抵达内山书店之时，鲁迅先生已候在那里。当时，鲁迅先生坐在一张长桌前与人说话，书店老板内山先生也在一旁。见到萧红和萧军进来，便问："你是刘先生吗？"萧军点头，应声道："是。"鲁迅先生好干脆，旋即就说"我们就走罢"。是带点儿浙江口音的普通话。不做作寒暄，也不耽误片刻时间。

鲁迅先生在前走，萧红和萧军安静地跟在身后。面前的鲁迅先生，瘦削的身体里有一种韧劲。虽已病愈但仍憔悴，可是步伐利落、有力，走得很快。那日，他身着一件黑色长衫，下身是藏青色西裤。寸发，浓眉，眼睛很大，颧骨有些高，胡须仿佛不曾刻意打理。脸色还是不太好。

忽然之间，萧红和萧军心里突生酸楚。中国文坛的一代领袖，何以如此苍凉，又让人悲伤呢。跟随着鲁迅先生，他们来到一家咖啡馆。其实，这家店平日里主要靠里头的一间夜晚"舞场"营生，白天人是不多的。因此，白日里格外清静。

那天，鲁迅先生的妻子许广平和儿子周海婴后来也来到咖啡馆与萧红、萧军见了一面。许广平是才女，亦清瘦。他们夫妻二人，似清风，总令人心旷神怡。十分平和，也都没有架子。

临别的时候，鲁迅先生给了萧红和萧军二十元钱。虽萧红和萧军昔日曾在信中向鲁迅先生表达了初至上海的艰辛和向他借二十元钱的意愿，但待鲁迅先生将钱递给萧红和萧军的时候，萧红和萧军心中又十分惭愧。尚是力壮的年轻人，接受了一个沧桑老者的救济，令萧红和萧军难以释怀。

鲁迅先生则慰之，“万不可放在心上”。

而鲁迅先生关怀他们的心思远不止这些。

05 | 赤金

1934年12月。

鲁迅先生给萧红和萧军发去请柬，邀约二人于12月19日下午六点前往上海梁园豫菜馆小聚。为了能使萧红和萧军融入上海文坛，好好创作，鲁迅先生也同时邀请了不少文坛的朋友前来。也跟萧红和萧军说，前来的朋友“都可以随便谈天的”。

那日来的人，还有茅盾、叶紫、聂绀弩及其妻子周颖。原本，胡风也是要来的。只是，鲁迅先生的请柬被胡风之妻的妹妹代收，又未能及时转给胡风，致使胡风一家错失了此次与萧红和萧军的见面机会。后来，胡风也说，“感到对不起当时鲁迅先生的一片精心安排，他是要我带着妻子和初生的婴儿一同赴宴的”。

席上，一群人畅谈甚欢。散去之前，还特地去照相馆留影纪念。作家叶紫，也依照鲁迅先生的安排，成为萧红和萧军在上海文坛的“向导”和

"监护人"。往后，三人成为密友。

月底的时候，萧红和萧军搬了家，搬到了拉都路的福显坊22号，住在弄堂里。上海的弄堂是永不褪色的一道风景。虽然位置依然是一处荒凉的地方，但房子较之从前，要大些。有十五六平米。门前宽大草地，视野上佳。

只是，萧红开始失眠。不久，便提出要与萧军分床而睡。可睡到半夜，萧红竟无端啜泣。萧军问为何，萧红说，因离他太远。听上去也算是情话了。直到此时，萧红对萧军的迷恋依然未减分毫。日子仍旧窘迫，但总还是要过下去。

聂绀弩来看望二人的时候，见状便问为什么不写稿子赚钱。萧军说，写了也不知道拿去哪里发表。聂绀弩说："你找老头子（即鲁迅先生）啊，他总有办法……"他们也不是不明白，只是受惠于鲁迅先生太多，二人也羞于启齿吧。

可是，不这样，又能怎样呢？

最先托付给鲁迅先生的是萧红的中篇小说《麦场》，但遭到审查并且删减甚多，结果未能付梓。在上海发表第一篇文章，是在1935年3月5日。萧红的小说《小六》发表在半月刊《太白》杂志上。虽是经鲁迅先生之手托付给《太白》杂志的主编陈望道，但陈望道说，萧红的文章确实写得好，与"只玩技巧的所谓'作家'的作品大两样"。也说，这些都不是客气话。

不久，萧军的作品也开始陆续发表。

自《小六》发表之后，萧红信心大增，昔日在哈尔滨的荣光仿佛在上海也日渐可以看到了。而后，萧红便开始了“商市街”系列散文的创作，同年5月15日完成。6月1日，在上海左翼作家核心杂志《文学》第四卷第六号上发表了散文《饿》。

在上海文坛，《文学》杂志的地位举足轻重。也是杂志当中稿酬最丰厚的。每千字，有三元稿费。对年轻作者来讲，算是很可观的收入。自然，能否在《文学》杂志上发表作品也几乎成为读者心中衡量作家水准和知名度的一个标杆。因此，《文学》杂志对待稿件的质量要求是最严格的。

对于陌生的年轻作者来讲，要想在《文学》杂志上发表作品，除了需要具备十分出众的写作才华之外，还需要有声望高的名作家来推荐。这也是《文学》杂志的一个经营模式，因为名作家推荐新人文章的时候，也必须为杂志撰稿一篇。这样，便可聚拢当时上海最优秀的写作人才。

所以，萧红当年发表《饿》的时候，大约鲁迅先生也因之为杂志写了文章赔了一个人情。中国人素来是讲究“人情”的。这也非什么俗套，倒更像是一门交际学问。才华固然重要，人格更是关键。大抵好人品的人方才能有好的“人情”吧。

这一年，鲁迅先生创立了“奴隶社”。

奴隶社的宗旨是宣传左翼文化思想，并进行相关的出版工作。于是，便有了“奴隶丛书”。奴隶丛书先后共出版三册。第一册，是叶紫的《丰收》。出版《丰收》，是在 1935 年 5 月。

6 月的时候，萧红和萧军再次搬家。搬到了法租界，萨坡赛路（今淡水路）190 号，唐豪律师事务所。也就是唐豪的家里。唐豪是萧红和萧军的朋友。萧红和萧军在唐家就住在二楼的后面。萧红的散文《三个无聊的人》写的就是这期间的事。也是在这个月，萧军的《八月的乡村》作为“奴隶丛书”的第二册，出版。

出版之后，反响很大。鲁迅甚至还将此书寄到了他国外朋友的手里，希望能够翻译成外语，更广泛地宣传当下的中国和人民。出版《八月的乡村》的时候，萧军的署名是——田军。之所以署名田军，也是为了避开国民党检察机关的注意。

而萧红的那部《麦场》却一直未能出版。

是年夏日，昔日被捕的罗烽得到营救。出狱之后，立刻与妻子白朗秘密逃离了哈尔滨。7 月 15 日，二人乘船抵达上海。一如当年来到上海的萧红和萧军，初至时日，举目无依。唯能寄宿在萧红和萧军的住处。

可是屋子实在不大，四人一起过得不容易。萧红怕萧军不悦，便私下与白朗沟通，而后罗烽与白朗便搬去了舒群那里。舒群也是春天获释之后才辗转来到上海。可是，舒群衣食无着，住的只是亭子间，比萧红与萧军的住处还要小。

写至此处，不禁伤感。爱情，这桩东西真是好自私，又令人盲目。女子尤是。此时，萧红与萧军的生活境况已改善很多，萧红却因为害怕萧军不悦这样的缘故，委屈了罗烽和白朗夫妇，更是为难了独自无依的舒群。而昔年，他们都曾倾囊帮助过萧红和萧军。

另外，罗烽、白朗夫妇和舒群也一直很想见到鲁迅先生，但鲁迅先生的身体每况愈下，直至离世，三人也未能如愿。萧军也曾委婉向鲁迅先生表达他们想要见面的意愿，但被婉拒了。个中境况，也都是可以理解的。

毕竟鲁迅先生平日里本已忙碌，身体业已不如从前康健。萧军若是过于坚持，怕也是不太好。人与人之间，讲究缘分。是萧红与萧军幸运，有幸在鲁迅先生身体条件允许的时候，遇见了他。好在下半年的时候，白朗、罗烽都找到工作，作品也陆续发表。

贫苦，并不可怕。

可怕的是，怯懦的心。

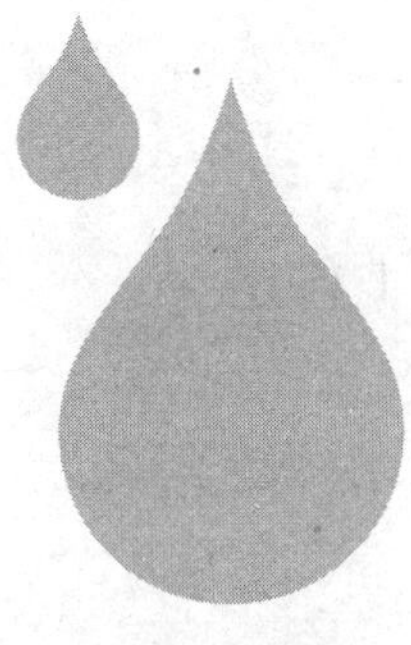

倾谈五／今生你是一线烛花

／鲁迅

／红釉

／东京

／秘流

／暗涌

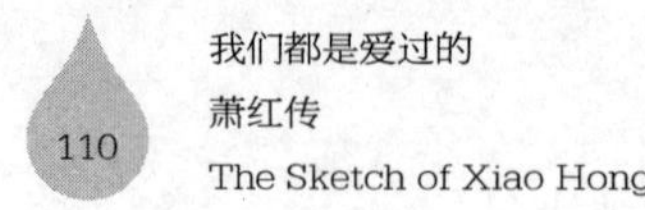

01 | 鲁迅

1935 年 11 月。

萧红和萧军收到鲁迅先生的一封信。这封信非比寻常，因在信中，鲁迅先生邀约二人去往他的公寓做客。这对于二人来讲，是很重的一份荣耀。是被信任、被肯定、被认同的意味。能够被鲁迅先生如此接纳，并不容易。

信上，是这样说的：

刘兄

悄吟太太：

我想在礼拜三（十一月六日）下午五点钟，在书店等候，你们俩先去逛公园之后，然后到店里来，同到我的寓里吃夜饭。

专此，即祝

俪祉

豫上

十一月四日

鲁迅先生的公寓位于北四川路底施高塔路（今山阴路）大陆新村 9 号，1 栋 2 楼 1 底。一座三层公寓。一楼是客厅，餐厅、厨房也在这一层；二楼是卧房，也有一个鲁迅先生的工作间；三楼是藏书室。初次来到鲁迅先生的家，萧红和萧军之欢喜难以言表。

那晚，鲁迅先生与这对年轻作者聊得非常投机，直至夜深。席间，萧红和萧军怕影响鲁迅先生休息，几次想要告别，都被鲁迅先生挽留下来。鲁迅先生还说，“十二点之前终归有车子可搭的”。此后，两人便常来拜访鲁迅先生。

前一个月，也就是 10 月的时候，胡风出面，把萧红一直搁置未能成功出版的作品《麦场》的书名改为《生死场》，并计划将此书列为“奴隶丛书”的第三册，自费出版。鲁迅先生也特地为萧红作了序。

12 月，《生死场》出版。“萧红”的笔名也是始于此时，并沿用终生。而拟取这个名字，萧红思虑的，只是为了能够与萧军的笔名“田军”相衬映。可见，在萧红心中，萧军之重，重过甚多，甚而会影响到她的写作。这世上，能与萧红有如此羁绊的，仅此一人。

出版《生死场》时，鲁迅先生在序言当中给予了萧红很高的评价。他说：“这本稿子的到了我的桌上，已是今年的春天，我早重回闸北，周围又复熙熙攘攘的时候了。但却看见了五年以前，以及更早的哈尔滨。这自然还不过是略图，叙事和写景，胜于人物的描写，然而北方人民的对于生的坚强，对于死的挣扎，却往往已经力透纸背；女性作者的细致的观察和越轨的笔致，又增加了不少明丽和新鲜。精神是健全的，就是深恶文艺和功利有关的人，如果看起来，他不幸得很，他也难免不能毫无所得。”

胡风也为此书写了读后记。

这本书是萧红写作生涯当中一部里程碑式的作品，它的出版也是一个重要转折。经此，萧红在上海文坛的知名度十分之高，几乎成为上海各大文艺报刊争相抢夺的热门作者。这一年，萧红只有二十四岁。写作带给了她一种无与伦比的幸福感。这是与带来的物质上的丰盛完全不同的另一种体悟。

人，永远不单是活在自身的感知当中，也是活在旁人的目光里。要说全不在意，那是假话。但若是那目光温柔，又饱含爱赞，终归还是十分受用的。好在萧红并不是心性浮躁的女子，荣光，只会令她愈加斗志昂扬。

自然，萧红与萧军所收获的，都与鲁迅先生的爱顾关怀密不可分。1936年5月，埃德加·斯诺访问鲁迅的时候，鲁迅也提到了萧红和萧军。说到当下最有名的左翼作家时，鲁迅提到了萧军，并说：“田军的妻子萧红，是当今中国最有前途的女作家，很可能成为丁玲的后继者，而她接替丁玲的时间，要比丁玲接替冰心的时间早得多。”

也算是应了后来张爱玲的那一句“出名要趁早”。在萧红荣耀鼎盛时，张爱玲方才是二八年华的上海女学生，初出茅庐，尚未出名。那时候，怕是连张爱玲也是知晓萧红的。

随着《生死场》的出版，也渐有人开始拿萧红与萧军在文学创作上进行对比。多数人都觉得，萧红更有天分一些。连鲁迅先生也认为，在写作手法的生动方面，萧红的《生死场》似乎比萧军的《八月的乡村》要成熟一些。

胡风甚至当面直言，说萧红的写作才能在萧军之上。说萧军是凭借刻苦的素养来写作，而萧红则是凭着一种天性和个人感受在创作。类似的舆论不少。萧军听到，心中多半是不悦的。

文人相轻。纵是伴侣、恋人，怕也是会在写作成就上各有私心的吧。而萧军的性子，惯来骄横，又十分看重男子尊严。倾向于萧红的文艺评论，一拨一拨，向他袭来。时日长久，总是不太好的。起码，对萧红与萧军的感情，并无益处。

1936 年 1 月。

萧军、聂绀弩各自都有创办文学刊物的想法。在鲁迅先生与胡风商议之后，决定一起操作。1 月 19 日，由鲁迅先生与胡风策划，萧军和聂绀弩等人共同编辑的文艺杂志《海燕》创刊。甫一出版，当日便售完初版的两千册，令人大喜。鲁迅先生夫妇携儿子周海婴在梁园设宴，庆贺之。

第二期《海燕》出版之后，依然没有避过被当局审查的宿命。勉强出版了第二期后，第三期便再未能印刷。在《海燕》当中，萧红发表了散文《访问》《过夜》等作品。

1936年3月。

萧红和萧军重又搬家，搬到了北四川路底永乐坊。之所以再搬家，便是为了能与鲁迅先生离得近些，也省去了平日里身体越发不适的鲁迅先生的回信。另外，他们也能常去看望，大小事宜可帮衬着点儿。两家人的来往愈发密切。

有时候，鲁迅先生会邀请三弟周建人一家以及萧红萧军夫妇一起看电影。周海婴那时年幼，颇喜欢萧红，总要去抓萧红的两条辫子，觉着欢喜。

鲁迅先生家中，每星期六总是热闹的，来拜访做客的人不少。当中，萧红和萧军便结识了诗人冯雪峰、美国记者艾格尼丝·史沫特莱和日本作家鹿地亘、池田幸子夫妇。人脉渐广。只是，际遇这回事，有时候让人无力，下沉、静默的无力。遇见，相知，又终将告别分离。

意义在于哪里？
是不如不遇呢？
还是说，至少可以怀念。

02 丨红釉

世相迷离，唯爱纯真。

可纯真，不代表它贞洁。甚至有时候，那爱正是最不洁的东西。凡世间情，皆有光明一面，黑暗一面。走得奇巧，也能与那人安顺到老。但多数时候，清澈少女会因它变成怨毒妇人，而男子之磊落也不是常有的，即便是有，也不能贪图它长久。

爱与不爱，理应利落，并且尽兴，才不枉与那人拉扯一场。该放手的时候，切不可执着。但更多时候，执迷结果的人太多。而这样的人，若是理智不足够、清醒不足够，这爱之营生怕是要一败涂地，弄得一生阴霾。

萧红如是。

这女子，在爱情这件疯狂的事情里，一点儿也不聪慧、不利落、不干脆，也不懂得迂回，有时候比其他女子更要盲目。“忍辱负重”这样的词语，就不该与爱情有丝毫关联。宋佳饰演的萧红在电影《萧红》里，对黄觉饰演的萧军说，“是我想离开你，可是离不开”。哪里有什么“离不开”这回事，只是离开的欲念不足够罢了。

1936年，春。

在哈尔滨时萧军很是喜欢的陈涓回到上海。陈涓本是上海人，1935年暮春时候结的婚，今次回到上海是带着刚出世的孩子看望父母。得知萧红与萧军也在上海，便想着抽空拜访。彼时，陈涓已为人妻、为人母，想着萧军念及这些必当不似从前，也就欣然去看望了。

却不想，三年一别，萧军再见陈涓时，喜悦尤胜。依照萧军的性子，喜欢就是喜欢，断然是不愿藏掖着的。因此，之后萧军便常常私见陈涓。依照陈涓日后的回忆文章，全然是萧军的一厢情愿，但想必与事实略有参差。事有因循，人与人之间的际遇之所以能得以延续发展，单凭一人之力，是无法促就的。

只是，萧军对陈涓的喜欢是可以确定的。

私下，萧军瞒着萧红与陈涓来往，萧红悉数都知道。否则，也不会有萧红那组题为《苦杯》的诗了。当中，赫然有这样的诗句：

一

带着颜色的情诗，

一只一只是写给她的，
像三年前写给我的一样，
也许人人都是一样！
也许情诗再过三年他又写给另一个姑娘！

二

昨晚他又写了一只诗，
我也写了一只诗，
他是写给他新的情人的，
我是写给我悲哀的心的。

…………

十一

说什么爱情！
说什么受难者共同走尽患难的路程！
都成了昨夜的梦，
昨夜的明灯。

据说，事后萧红也曾与萧军大闹一场。可又如何？萧红在对待萧军的爱中，被动、怯懦、自怨自艾。在爱情的态度方面，她与萧军根本是方枘圆凿。他是天性自由、放荡不羁，她是空城枯守、不知利弊。自然，也是她爱得太深了，爱得不安、惶恐、无措，一味地委曲求全。然而，这一切，对于护持爱情，意义不大。

她在哭。只是哭。一直哭。

那段时间，萧红常常陷入无知无觉的恍惚里。要如何与萧军走下去？又要如何与这困禁她的爱周旋呢？她茫然无知。她想，也许自己的睿智，只在于写作了吧。而写作，可能也是她这一生唯一擅长并且做到极致的事情。

是，她是一个不擅长与人相爱的女子。

1936 年 6 月 15 日。萧红在鲁迅、茅盾、巴金等六十七位作家联合署名发表的《中国文艺工作者宣言》上签名。

是年，初夏时候。鲁迅先生病重。其间，萧红连写作也没了心情。对于作家来讲，环境、心情对于写作的重要性不言而喻。而与萧军，又是左右萧红心情的至关重要的因素。长日无事，萧红便总去鲁迅先生处照看他。

这是她去鲁迅先生处的初衷。

然而，多数时候她连照看鲁迅先生也力不从心。因此，最为难的怕是许广平了。一来要照料丈夫，二来也不得不顾念萧红。那段时日，许广平说：“她有时谈得很开心，更多的是勉强谈话而强烈的哀愁，时常侵袭上来，像用纸包着水，总没法不叫它渗出来。自然萧红女士也常用力克制，却转像加热在水壶上，反而在壶外面满都是水点，一些也遮不住。”

萧军当然爱萧红，很爱，但并不是只爱萧红。对于萧红与萧军的感情，鲁迅先生也从来都是不干预的。只是，事态严重些的时候，譬如发生口角，或是萧军动粗的时候，鲁迅先生才会呵斥萧军。情急之时，萧军也偶有误伤萧红的时候。往事难以寻觅，只愿果真是“误伤”吧。

原本，萧红、萧军搬来永乐坊，便是想着能与身体不好的鲁迅先生有个照应。但据许广平回忆，平日也少见萧军来访，多是萧红一人来往奔走。大约对萧军来讲，私心上他爱重女子们要多过萧红和鲁迅先生吧。也或者是萧军顾虑鲁迅先生身体，避免打扰。

但个中缘故具体为何，不得而知。

后来，萧红、萧军的朋友黄源说不如出去散心，并建议萧红去日本小住，日本的花费比上海贵不上许多。并且，当时黄源的妻子许粤华也在日本学习日文，萧红去日本也好有人可以照应。萧红想着，胞弟张秀珂刚巧那时也在日本的早稻田大学留学，去日本也是不错的。

至此时，萧红大小事宜依然会与萧军商议。萧军也说，他也想去青岛，二人可借此时机分居冷静。虽看过去也是有默契的，但各自初衷大抵是不同的吧。也不是说萧军另有私心，只是在与萧红的这段感情关系当中，二人的虑事角度从来也都是不一样的。

1936 年 7 月 15 日。

鲁迅先生在家中设宴为萧红饯行，许广平亲自下厨，萧军和黄源也都一起在席上。席散之后，三人合影留念。萧红还烫发打扮了一番，才收拾好行装，等待上路。次日，也就是1936年7月16日，萧红离开上海，登上了开往日本的轮船。

03 丨东京

海上，她漂流了两天两夜。

那两夜，仿佛比两年、两百年还要漫长。她忽然想到的，竟又不是忧愁了。忧愁这种东西，是会折服于海的。她所想到的，只是距离萧军越来越远了。好像她对萧军的原谅是可以没有原则、没有节制、没有节操的，但她希望不是这样。

1936 年 7 月 19 日。萧红抵达日本神户，辗转陆路，行至东京。然后，便依照黄源说的，去找了他的妻子许粤华，并和她暂住一起。许粤华尚在学习，陪伴萧红的时间并不多。并且不久之后，许粤华就回上海了。反正都是寂寞，倒不如不去这样深入打扰别人的好。不几日，萧红便租了一间房。

安居之后，萧红即刻给张秀珂写了信。约定第三日下午六点在一家饭馆见面。

她本也想依照获知的弟弟住址直接去找，但顾虑弟弟业已成年，怕有不方便之处，便写信联络。但第三日，张秀珂并未出现。张秀珂没有如期出现令萧红担忧。几番周折，才打听到，正是萧红东渡日本那日，张秀珂返回了东北呼兰老家。

其实，萧红获知的消息有误。彼时，张秀珂仍在东京。只因张秀珂与中国关内消息传递和书信来往频繁，又大量阅读左翼书刊，处于被日方特务严密监视的状态，无法轻易脱身与萧红会见。

未能如愿见到张秀珂，萧红失落异常。在日本，萧红唯一的牵念也没有了，日子过得寂寞、无力，但仍旧是安然、清静的。孤独的生活里，唯有写作可以给萧红带来慰藉。

是年 8 月，萧红的散文集《商市街》也在国内作为由巴金主编的“文学丛刊”第二集第十二册，由上海的文化生活出版社出版，内收了萧红 41 篇散文作品。《商市街》出版之后，既卖座，也叫好，收获不少口碑。

在日期间，萧红创作了大量文学作品。包括为《大沪晚报》撰写的纪念九一八事变的散文《长白山的血迹》，以及为上海《作家》杂志撰写的名篇《家族以外的人》等。

是年 9 月，萧红去专门为外国学生教授日文的东亚学校报名，开始学习日文。不久，竟遭日本便衣警察几番盘查，但好在有惊无险，躲过一劫。月中的时候，萧红的散文集《商市街》便售罄再版，令她欣喜。值得萧红高兴的也就只有写作上的成绩了。

她给萧军不间断地写信，但得到的复信远不如预期的多。那时，萧红的心思除了分配给写作，余下的全都放在了萧军身上。赴日期间，竟一封信也不曾给鲁迅先生写过。这也是后来令萧红遗憾终生的一件事。

鲁迅先生在 10 月 5 日写给茅盾的信中还说道："萧红一去以后，并未给我一信，通知地址；近闻已将回沪，然亦不知其详……"而两星期之后，也就是 1936 年 10 月 19 日，鲁迅先生猝然离世，终年五十四岁。是在鲁迅先生去世三日之后，萧红才得到确切的消息。当下，萧红之心痛、悲伤，已难以形容。

鲁迅先生去世之后，许多报刊邀约萧红撰写纪念鲁迅先生的文章。但与鲁迅先生亲密的人，又哪里能在这样的时刻静下心思写所谓追忆一类的文章呢。萧红在给萧军的信中说："关于回忆 L 一类的文章，一时写不出来，不是文章难作，倒是情绪方面难以处理。本来是活人，强要说他死了！一这么想就非常难过。"

当得知许广平见到萧军，问及萧红安好与否的时候，萧红难受极了。她说："许，她还关心别人？她自己就够使人关心的了。"

关于鲁迅先生，萧红能写的，也就只是在心中与萧军倾吐几句罢了。她说："昨夜，我是不能不哭了，我看到了一张中国报上清清楚楚登着他的照片，而且是那么痛苦的一刻。可惜我的哭声不能和你们的哭声混在一道。现在他已经是离开我们五天了，不知现在睡到哪里去了？……"

也不知是谁的意思，或只是萧军的意思？这封信竟被刊登在了半月刊

《中流》杂志纪念鲁迅先生的专号之上。发表的时候，被加上一个名为《海外的悲悼》的标题。编者说："这是萧红女士在日本得到鲁迅先生逝世的消息后，写给她的恋人田军的信。因为路远，我们来不及叫她给《中流》专号写稿，便将这信发表了，好让她的哭声和我们的哭声混在一起。"令人哑然。

在上海那一头。萧军等人开始奔走印厂，替许广平取送鲁迅先生的作品《且介亭杂文》1、2、3 集的校样。萧军是在 10 月 13 日返回上海的，那时鲁迅先生还在。萧军还特地带上了自己新出版的小说集《江上》和萧红的散文集《商市街》以及几样礼物前去看望。

上海文坛，一片哀伤。

是年 11 月，萧红出版了散文与短篇小说作品集《桥》，依然是由巴金主办的文化生活出版社出版。这个月，萧红收到了萧军发表的几篇小说。在萧军的短篇小说《为了爱的缘故》里，萧红重又看见了自己与萧军昔年在哈尔滨的生活琐细。贫困，但快乐。

也是因为这"为了爱的缘故"，萧红给萧军写了一封信。第一次说出了这样的话："在那《爱……》的文章里面，芹简直和幽灵差不多了，读了使自己感到了颤栗，因为自己也不认识自己了。我想我们吵嘴之类，也都是因为了那样的根源——就是为一个人的打算，还是为多数人打算。从此我可就不愿再那样妨害你了。你有你的自由了。"

人终究是要改变的。

那一些或纯真或愚蠢的执着，不被岁月荼毒，也要被那摧枯拉朽的情欲掩埋。其间，一度有着回国念头的萧红，终是熬过蚀心之痛，将萧军往身后放了放。直到1937年1月，萧红方才结束了自己长达近半年的旅日生活。

1937年1月9日。

萧红乘车到横滨，转乘轮船回上海。

04 | 秘流

1937 年 1 月 13 日。

萧红抵达上海汇山码头。当晚，黄源设宴为萧红接风洗尘。席上，萧红豪饮，与往日那个小女子，似乎别有两样。那姿容，较之往日仿佛敛静许多，举手投足之间，也愈发有一种超越男子的磊落之气。萧军看她，竟已不似往日那般可一眼看到深处了。

萧红已不是旧时那个柔弱女子了。

重回上海，萧红暂时仍与萧军同住，搬到了吕班路（今重庆南路）256弄一座俄国人经营的西班牙式公寓。萧红与萧军住在顶层的阁楼。当时，在这幢楼里，住着不少东北作家，也算是一个聚集地了。一安顿好，萧红便赶去万国公墓。鲁迅先生葬在那里。

萧红在《回忆鲁迅先生》一文里写：

鲁迅先生的笑声是明朗的，是从心里的欢喜。若有人说了什么可笑的话，鲁迅先生笑得连烟卷都拿不住了，常常是笑得咳嗽起来。鲁迅先生走路很轻捷，尤其使人记得清楚的，是他刚抓起帽子来往头上一扣，同时左腿就伸出去了，仿佛不顾一切的走去。鲁迅先生不大注意人的衣裳，他说："谁穿什么衣裳我看不见的……"

但而今，他不在了。

真真切切永永远远地，不在了。

哀静的墓园里，鸦雀无声。此刻，世间人、世间事、世间欢爱与苦难仿佛皆已不复存在，也都不再能搅扰鲁迅先生。他大概是不能放心这人间的，只是倦了，不能再说什么，亦不能再写下什么了。但在另一头，恐怕也是寂寞的。他是那样一个愿意去操心的人。

从鲁迅先生墓回来，萧红写了一首诗。

题为《拜墓诗——为鲁迅先生》。

跟着别人的脚迹，
我走进了墓地，
又跟着别人的脚迹，
来到了你的墓边。

那天是个半阴的天气，
你死后我第一次来拜访你。

我就在你的墓边竖了一株小小的花草，
但，并不是用以招吊你的亡魂，
只说一声：久违。

我们踏着墓畔的小草，
听着附近的石匠钻刻着墓石，
或是碑文的声音。
那一刻，胸中的肺叶跳跃起来，

我哭着你，
不是哭你，
而是哭着正义。

你的死，总觉得是带走了正义。
虽然正义并不能被带去。

我们走出墓门，
那送着我们的仍是铁钻击打着石头的声音，
我不敢去问那石匠，
将来他为着你将刻成怎样的碑文？

这首诗于 1937 年 4 月 23 日发表于《文艺》杂志上。赴日归来的萧红在上海文坛受到更多追捧。社交活动较之从前，也要频繁许多。1937 年 3 月，日本作家小田岳夫来上海采风，也为日文版《两地书》里的一些翻译问题特来中国请教许广平。

通过鲁迅先生生前好友鹿地亘、池田幸子夫妇，小田岳夫也拜会了当时上海文坛左翼作家胡风、梅志夫妇和萧红、萧军。在小田岳夫的印象中，萧红是个好时髦的女作家，容貌依然是少女的样子，很是天真。

这段时间，是萧红写作生涯的黄金时代。诸事皆算圆满，唯独与萧军的感情令她进退维谷。终于，她开始有想要与萧军分开的想法了。恰逢张秀珂离开东北老家，南下上海。生活无依的张秀珂出现在萧红的生活里，是她与萧军感情日渐破碎的时日里唯一的调剂。

只是，偶尔无可避免地，萧红会被张秀珂撞见自己与萧军吵闹。多是一些极小的事情，但大抵恋人关系濒临决断的时候，再细微的事情也都会变得计较些。而萧军情急时候，要更粗鲁些，动手伤到萧红也是会有的事情。

遗憾的是，当时张秀珂并不理解萧红。也是因为不知道萧军在感情当中一直坚持“爱便爱，不爱便丢开”的原则，几次都觉得是萧红蛮横，处处都向着萧军。全不知，萧红内心所承受的要比平日里二人吵嘴打闹来得沉重、痛苦得多。

张秀珂的态度，令萧红伤心。

没有人知道，当时萧军背着萧红，也背着黄源，与黄源的妻子、当时与萧红同在日本有短暂来往的许粤华相恋了。是，萧军为人直爽、利落，品质是不坏的。但在对待女子的态度上，所谓“爱便爱，不爱便丢开”的话，是不能理解为磊落的，甚至是缺乏担当与责任感的。萧红落难东兴顺的时候，他爱她，不顾一切、与之共苦。而今，这一切不复存在了。

再说爱，怕是连萧军自己也不能令自己信服的吧。

萧军与许粤华的事情，终究还是被黄源知道了。不多久，黄源便与许粤华离婚，当时黄源甚而希望萧军能真心待她，娶她为妻。然而此时，他竟又顾念起萧红来，终是让许粤华无地自容地落单了。这件事，萧军、许粤华和黄源，都有意隐瞒了萧红，但以萧红之敏感，未必没有察觉。

先有汪林，后有陈涓，再有许粤华。

萧红一忍再忍，但何时才是尽头呢？

其间，萧红曾离家一次，欲搬去萨坡赛路附近的一个私立画院，但报名住下没几日，便被萧军强行接走，还在朋友圈里落得一个不贤良、坏脾气的名声。除此之外，萧红在文学上的成就令萧军嫉妒。他时常会与朋友贬损萧红的写作。类似“她的散文有什么好呢”之类的话，也曾被萧红听到过。

萧红知道。

是再无法好好与他在一起了。

与萧红相爱，纵是性情上并不契合，分开也是应当的。萧军却不，一面撕扯萧红，一面又要抱拥旁人。这样的心思，所有冠冕堂皇的说辞都无法完全推卸掉萧军在对待萧红一事上的失格。怪也只怪，萧军的一颗心，实在宽宏，能住在他心上的人，远远不止萧红。还会有一个、两个、三个，甚至许多个旁人。

1937 年 4 月，萧红打算再次离开上海。与萧军几番交涉之后，萧军终于同意。而此时萧军内心所想依然未必全是顾虑萧红周全。直到萧红起程时候，萧军才豁然知道，眼下这个女子，是终将要离她越来越远了。1937 年 4 月 23 日，夜。萧红离开上海，去往北平。

萧红离开当晚，萧军在日记中写下这样的话："她走了！送她回来，我看着那空旷的床，我要哭，但是没有泪。我知道，世界上只有她才是真正爱我的人！但是她走了……"听来情真，但大约萧军也就只是说说吧。所谓早知今日，何必当初呢？

爱，有时是人生最大的陷阱。

是朝不保夕。
是生不如死。

是年 6 月 15 日，萧红在《文丛》第一卷第一期发表组诗《沙粒》，写的是她的爱之怆痛。她说："世界那么广大，而我却把自己天地布置得这样狭小！”她说：“人在孤独的时候，反而不愿意看到孤独的东西。”她说：“什么最痛苦，说不出的痛苦最痛苦。”她第一次将自己破碎的心暴露给别人看。

05 | 暗涌

萧红离开北平，已经好久了。

久到与之都有些生分了。

在开往北平的列车上，萧红凝视窗外风光，一如目睹如流往事。在北平流离的那几年，一帧一帧图画一般，重又匆匆从她眼下闪过。岁月脚步实在轻快，无声无息就带走她最好的那几年。而那几年，她不谙人心，只有热情。车外，并行的铁轨上有大批军人被转移，是赶赴沙场还是衣锦归乡？

萧红怔怔地，望得出神。

抵达北平之后，萧红找了几处旅店。在中央饭店住下之后，去找萧军故友未果。幸而，辗转找到李洁吾。数年未见，彼时，李洁吾已有家室。大学毕业之后，便一直在孔德小学当教员。在某旧相识的带领之下，萧红找到李洁吾的家。推门一见，李洁吾竟已认不出她来了。

是，萧红已不是当年的小女子了。她出落得大方、洋派。听萧红开口叫他，他才惊醒，面前的女子正是当年那个时时事事皆义无反顾的张迺莹。也是情到浓处，萧红扑向李洁吾的怀中，二人紧拥。友谊，有时候远比爱情更可靠。

得知萧红对现住的旅店不太满意，李洁吾便说次日出门替她去寻一处适宜的住处。重回北平，与李洁吾再见，二人畅谈许久，也聊到鲁迅先生。萧红说，鲁迅先生待她如同童年时的祖父。那份情谊和恩慈，她是至死也忘怀不了的。

次日，李洁吾回话说旅店找到了，但没有空房，需要等待几日。萧红便想，那不如就先住在李洁吾的家里，也好有伴，又是故交，怕是不会太寂寞的。李洁吾为萧红整理出房间，房里只一张床、一张桌。陈设简单，但实已足够。

那时，李洁吾并不认识萧军，只是读过萧军的书。两人互诉往事，萧军是避不开的一个话题。从萧红手里看到萧军照片之后，李洁吾觉得萧军是个有魄力的男子。确实也不错，只是魄力有余，贴心不足。每个人都有一些难以启齿的伤口。萧红如是，李洁吾也不例外。

据说，李洁吾的妻子是来投奔的母亲为他挑好的女子。自幼丧父的李洁吾，对母亲，绝对不愿意讲出一个“不”字。独自抚养他长大成人，吃尽苦，历尽难，而他素来也不是执迷于私心的人。与谁结婚，都不是妨碍。他便也就顺遂了母亲的意思，娶了那姑娘。

而上海那边，自罗烽、白朗夫妇和舒群在上海向萧军、萧红求助而未能被妥帖对待后，几乎是葬送了彼此之间的旧日情谊。萧红一走，萧军很是孤独。也是只有在萧军至为孤独的时候，他方才能忆念起与萧红共苦的过去。

因此，萧军也曾有过计划要离开上海，去北平与萧红见面，再一起去一趟青岛。可结果，因为要帮助许广平将《且介亭杂文》1、2、3集付印，还要编辑《鲁迅纪念集》等原因，未能兑现。萧红不在的时候，萧军也会反省，在日记里也写了不少类似“我不适合做一个丈夫，却应该永久做个情人”之类的话。但萧军的反省依然充满局限，男性沙文主义思想，依然左右他对待女性的态度。

后来，萧红在北平又遇见舒群。

在上海的时候，舒群因想经由萧红、萧军拜见鲁迅先生而未能如愿，一直耿耿于怀。但得知萧红来到北平，舒群还是前去看望。也正好，对昔日令彼此心生芥蒂的事情，萧红也一一向舒群做出了解释。解释终归是很必要的。而后，两人和好如初。

待李洁吾为萧红所寻旅店有了空房之时，萧红便离开了李家，搬去了旅店。在京期间，舒群常常去陪伴萧红。他们去北海，爬长城，逛公园，看电影，坐环行电车，去王府井大街，吃涮羊肉。也算是行行乐乐一回了。

只是，夜深无人时分，提笔给萧军写信的时候，她还是会忍不住悲从中来。寄给萧军的信中，重复着的是无法摆脱的痛楚。他也说爱她。可是，萧红不知道，为何两个相爱的人却无法好好地在一起呢？这爱，究竟是怎么一回事？竟然困住了她，仿佛还要囚禁一辈子。

是年5月中旬，萧红在东京创作的散文、小说结集出版，书名为《牛车上》，仍是由巴金主办的文化生活出版社出版，作为巴金主编的“文学丛刊”第五集第五册。

之后，萧军想要萧红回上海，写信过去，谎称自己生病。一来，大约是真的想念萧红。二来，对萧红爱上旁人的可能性他没有把握。

是自己做不到周全，却硬生生要拴住萧红，不能接受萧红有二心。后来，萧军在《萧红书简辑存注释录》当中说：“我很理解她好逞刚强的性格，是不愿主动回来的，只有‘请’或‘命令’以至‘骗’才能回来。”而当中“命令”的字眼大抵也是不能让人舒服的。

是年，5月下旬。

萧红顾念萧军身体，返回上海。

自此，萧红再没有去过北平，与李洁吾也成永诀。

倾谈六／今生你是一片云霞

／沉欢

／武汉

／临汾

／西安

／浮城

01 | 沉欢

1937年。

是中国史册上一个重要年份。

是年7月7日，驻华日军在卢沟桥附近演习，借口士兵“失踪”，要求进入宛平县城搜查。遭到中国守军严词拒绝之后，日军悍然向中国守军开枪射击，炮轰宛平城。七七事变爆发，日军全面侵华。

事后，张秀珂投身抗日，去往西安。送走胞弟那日，夜出奇地静，而星又出奇地亮。萧红心中悲伤，不知弟弟这一去，何日才能再见。分明有好多话想要嘱咐，可临别时分，竟只能沉默。面前这个年轻男子，当真已不是少年时那个苍白瘦小的男童了。

萧红顾念他安危，却也不愿阻拦。

她知道，那是弟弟自己的担当和人生。她能做的，只有暗自祈祷他平安。抱别时，有萤火虫蹿过张秀珂的发。那一点微光照进萧红眼里，刹那间，萧红便觉自己的世界欲坍圮似的。谁人会知道，这一别，竟是永诀。萧红至死，也未能再与弟弟重见。

她亦十分担忧好友李洁吾的安危，因此写信去询问。7 月 19 日，萧红收到李洁吾从北平寄来的信。在信中，李洁吾详细讲述了北平的状况。混乱、恐慌，汉奸活动猖獗。并将萧红送他的两本书也一并寄回，担心毁于战事。李洁吾说："和土地比起来，书自然很微小，但我们能保卫的，总不要失去。"

之后，萧红将李洁吾的信抄写下来，发表在《中流》杂志第二卷第十期，以告知读者中国人民最真实的斗争。萧红在书信前的按语中写道："坐在上海的租界里，我们是看不到那真实的斗争……若是发些个不自由的议论，或是写些个有限度的感想，倒不如把这身所直受的人的话语抄写在这里。"

是年，8 月 9 日。驻上海日本海军陆战队中尉大山勇夫率士兵斋藤要藏，驾军用汽车强行冲击虹桥中国军用机场，被机场卫兵击毙。中日交涉无果。日军遂于 8 月 13 日以租界和泊于黄浦江的日舰为基地，对上海发动大规模进攻。八一三事变爆发。

在八一三事变之后，中日两军展开激战，历时三个月之久，史称"淞沪会战"。上海动荡，已不安全。其间，萧红、萧军的关系得到一个短暂的缓和之后，又因许粤华的不断出现，濒临决裂。萧军在日记中甚至写明

“和吟又吵架，这次决心分开”之类的话语。

鲁迅先生生前的日本友人鹿地亘、池田幸子夫妇在上海的处境十分危险。在上海，这对夫妇几乎已无容身之处，中国人不敢收留，因亲华的立场又随时会被日本人抓捕。萧红、萧军也未当真分手，将更多心思花在帮助这对日本夫妇身上。而为之四处奔走的，主要是萧红。

一如既往的是，萧红从未中断自己的写作。一包烟、一支笔、一沓稿纸，便是她最要紧的生活。战争不能阻碍她，贫病不能阻碍她，甚至死亡也不能。这段时间，萧红先后写了《天空的点缀》《失眠之夜》《小生命与战士》三篇文章。同时，萧红也参与到《鲁迅纪念集》的出版付印工作当中。

由于上海战争爆发，不少文艺报刊都被迫停办。但与此同时，也在战争夹缝中诞生了一些新的抗日报刊。是年 8 月 25 日，茅盾、巴金等人将上海当时最具影响力的《文学》《译文》《文丛》《中流》杂志合并，集合各路文艺工作者，创办了新的《呐喊》周刊。

到第三期时，又改名《烽火》。

胡风也约请了不少文艺工作者，筹办创刊《七月》。刊名本叫《战火文艺》，经萧红提议改名为《七月》。1937 年 9 月 11 日，《七月》正式创刊。正是在《七月》的创刊会议上，萧红认识了她生命里另一个至为重要的男人——端木蕻良。

端木蕻良，满族，原名曹汉文、曹京平。1912 年 9 月 25 日，出生于辽宁省昌图县。1928 年，入天津南开中学读书。1932 年，考入清华大学历史系。同年，加入左联，并发表小说处女作《母亲》。1933 年开始创作长篇小说《科尔沁旗草原》，1935 年完成，成为 20 世纪 30 年代东北作家群有重要影响的力作之一。

席上，萧红与端木蕻良聊得十分投机。较之于萧军的鲁直、粗糙，端木蕻良显得儒雅、细腻许多。在文艺审美方面，端木蕻良也与萧红的观念十分相近。当时，萧红还玩笑似的指责胡风，不早早介绍她与端木蕻良相识，大抵是有一种“相见恨晚”的意味。

也是从这里开始，她与他的故事有了开始。

1936 年和 1937 年，亦是东北作家群风生水起的年代。战乱之中英才毕现。譬如舒群，发表二十余篇短篇小说，出版短篇小说集两部。譬如端木蕻良，于 1936 年完成长篇小说《大地的海》，在《文学》杂志连载，并于 1937 年发表散文十篇，出版短篇小说集《憎恨》。而罗烽、白朗夫妇也发表作品若干，并得到广泛好评。

为纪念 1936 年 8 月 15 日就义的金剑啸殉难一周年，流亡至上海的东北作家合力出版了一本纪念文集，以金剑啸生前歌颂东北抗日联军的叙事长诗《兴安岭的风雪》为主体，由白朗和作家金人（原名张少岩，后改名为张君悌，又名张恺年，笔名金人）主编，以虚构的夜哨出版社发行。

同时，这本文集当中也辑录了东北作家各自书写的纪念诗文若干。包括萧红的《一粒土泥》、白朗的《遗憾，留给了我们》、舒群的《死讽》，以及罗烽、金人、萧军、姜椿芳、林环、高潮、夏懿等人的作品。

1937 年 9 月。

战事越发紧迫，上海随时有陷落的危机。文艺工作者的生存安危也成了问题。黄源弃文从武，参加了新四军。罗烽、白朗夫妇也依照中共地下党的指示从上海撤离，迁往武汉。舒群则被中国共产党派往南京执行任务。茅盾回了老家浙江乌镇。端木蕻良则去了浙江蒿坝，找他的三哥曹京襄。

随着国民政府部分机构陆续转移至武汉，避难人群也多去往武汉。当时，胡风说他联络了自己在武汉的朋友秦虎炎，可以资助出版文艺刊物，让大家去武汉找秦虎炎。9 月 28 日，萧红和萧军撤离上海，乘火车，去往武汉。

离开上海，再未回来。

自此，永久告别了十里洋场。.

02 丨武汉

武汉，樱花之城。

优雅有时，热烈有时。是时髦的，也是复古的。适合恋爱，胜过适合创作。萧红和萧军抵达的时候，时值初秋，正当好时候。暑热过去，是极致的干爽。秋日武汉，走在大街上，人都似通透些。但萧红此生，原也不是求透彻的，她只求尽兴。

人在外，总是需要朋友的。

生活那样复杂，孤注一掷的人生不是轻易能够安稳的。从武汉火车站出来，他们坐上了一艘黑色轮船，驶往江汉关。船舱内，全是伤兵和难民。他们二人实质上也是避难来的。在战乱的大时代下，没有人可以幸免于流离颠沛。入关前，轮船需要进行检疫。检疫船“华佗”号仪式一般缓缓靠近。然后，他们好运地遇见了故人。

检疫官叫于浣非，原是东北作家群里的资深人士。在哈尔滨时，萧红、萧军便与之相识。今次能在武汉重逢，当真不容易。故人相见，总是颇多感慨。在武汉，于浣非除了检疫船只，也应邀兼任《大光报》的经理。

于浣非，黑龙江省宾县人。早年学医，在宾县创办了一所医院。绘画和写作方面很有天分。当时，他常为哈尔滨《晨光报》副刊撰稿，发表了不少作品。后加入国民党。1928 年，到哈尔滨，成为后来《国际协报》副刊《蓓蕾》旗下“蓓蕾社”的主要成员。1932 年，哈尔滨沦陷，他与当时《国际协报》副刊的主编赵惜梦等人离开哈尔滨，去往北平，继续从事抗日宣传工作。1935 年 3 月 1 日，张学良出资在武汉创立《大光报》，赵惜梦任主编，于浣非任经理。

当时，检疫船“华佗”号上有于浣非的好友诗人蒋锡金。蒋锡金，江苏宜兴人。五卅运动时期，积极参加学生救亡运动。学生时代，在《申报·自由谈》《人世间》发表诗歌，并参与编办《当代诗刊》《中国新诗》。1934 年，毕业于上海正风文学院国学系。后落居武汉。

因为来武汉避难的人十分之多，当时武汉出现房荒。找一个住处并不容易。于浣非心系故人，便介绍了蒋锡金与萧红、萧军认识。蒋锡金在武汉的住房还算宽敞，于浣非便想着不如就让萧红、萧军寄宿在蒋锡金处。

蒋锡金也是热心的人，同意了于浣非的请求。

住处是在小金龙巷 21 号。

一个坐东朝西的小院。蒋锡金租住的是北侧的两间房。萧红、萧军来了之后，蒋锡金将卧房让给了他们，自己居于小客房里。虽是初识，但彼此都谈得来。情谊是需要依靠时间慢慢积累的。久而久之，三人也就亲密了。

10 月初，胡风也来到武汉汉口。

胡风一来，创刊的事情便提上日程。罗烽、白朗等人得知胡风抵达便去找他商议创刊一事。不久，萧红、萧军也来汉口看望。几天之后，一行人聚集在友人金宗武位于武昌小朝街 42 号的一座小花园洋房中，闲谈家常，也商议工作。

随着上海《七月》原班人马聂绀弩等人陆续抵达武汉，他们在小金龙巷开了几次会。胡风本打算将刊名《七月》改回他昔日创想的《战火文艺》，但当局不肯，只能再沿用《七月》为刊名。萧红在武汉《七月》上发表了《在东京》《火线外（二章）》《一条铁路的完成》和《一九二九年底愚昧》等散文。

是年 10 月中旬，萧红在武汉的《战斗旬刊》的“鲁迅先生周年祭特辑”上发表了回忆鲁迅先生的散文《万年青》。10 月 20 日，又在汉口的《大公报·战线》第二十九号上发表了追念鲁迅先生的散文《逝者已矣！》。

彼时，武汉的战斗书店联络汉口广播电台办了诗歌朗诵的活动。电台每星期都为活动安排了朗诵节目。每期节目大约 15 分钟，由蒋锡金组织人朗诵。无奈当时条件不允许，因此所有的节目都是未经排练的现场直播。

即便如此，播出的效果仍然不错。

之后，端木蕻良来信，说自己途中受伤，耽误一些时间，也未能如当初所设想，和茅盾会合同行。萧军知道之后，很是热情地给端木蕻良写信，让他马上动身来武汉与大家会合。是年10月下旬，端木蕻良不顾三哥曹京襄的阻拦，起程来武汉。

一下火车，端木蕻良没有去事先准备投奔的亲戚家，而是直接到了萧红、萧军的住处——小金龙巷21号，与两人相见。那时候，萧红与端木蕻良之间是纯粹的朋友，尚无其他情分，萧军对端木蕻良也很是热情，留下端木蕻良与自己同住。

这一年冬天，萧红、萧军的挚友——青岛的张梅林，也来到武汉。那时候，天南海北的人都在武汉团圆一般聚集在了一起，常常都是聚集在小金龙巷里谈文学、谈艺术、谈人生，畅快愉悦，仿佛昔日哈尔滨的“牵牛坊”胜景重现。多年之后，论及那段短暂的宁静时光，他们都十分怀念。

在武汉，萧红开始了《呼兰河传》的写作。

1937年12月10日。这一群左翼作家受到当局关注，蒋锡金、萧红、萧军、端木蕻良等人先后被逮捕。第二天，胡风等人托人斡旋，动用上层关系，方才将一行人解救出来。年底，南京陷落。是年12月13日，日本人制造了震惊世界的“南京大屠杀”。南京距离武汉不远，如此一来，武汉也不是久留之地了。

不几日，萧红、萧军搬去了武昌的紫阳湖畔寓所。这里本来是作家冯乃超的住处。因南京沦陷，众人纷纷逃离武汉，去往重庆，他的妻子也在这时候先去了重庆，所以，他便自己搬去友人孔罗荪家，将公寓腾出来给萧红、萧军住。当时，蒋锡金也搬去了孔罗荪家。

蒋锡金和萧红、萧军先后离开小金龙巷 21 号之后，端木蕻良便独自住在那里。离开时，萧红很是关切地问端木蕻良："我们走了之后，没有人给你做饭吃了，你怎么办？"平时得空，萧红、萧军也会来看望端木蕻良，萧红每每来，总要顺手把端木蕻良杂乱的房子拾掇一下。

诸多细节，萧军看在眼中。他与端木蕻良之间，便芥蒂渐生。在小金龙巷 21 号的时候，萧红与端木蕻良之间的互动，已让萧军很不悦。萧军与端木蕻良的关系一度非常紧张。

1938 年 1 月。

著名民主人士李公朴等人从山西来到武汉宣传国民党将领阎锡山联共抗日。阎锡山在中国共产党山西党组织的协助下，创办了山西民族革命大学。阎锡山任校长，李公朴任副校长，共产党员杜任之任教务主任。教员则以中共党员和爱国民主人士为骨干。当时，已有分校四所，学员五千余人。

李公朴此行的另一个目的便是为山西民族革命大学招揽教员人才。随行人员当中有端木蕻良的故友臧云远。臧云远动员端木蕻良去山西担任教员，并希望端木蕻良也能助他一臂之力。随后，端木蕻良便将此事告知了小金龙巷诸人，受到萧红、萧军、聂绀弩等众友人的热烈响应。

在武汉，臧云远等人招募学员万余人。抗日热情高涨的萧红、萧军等人坚持与学员同坐运送士兵的绿皮火车前往山西。临行前，胡风让《七月》杂志的出版商拿出六百元，每人分发六十元，聊作稿酬。也是为了让一行人能在旅行之前添置行装，以及为之后的生活做打算。

1938 年 1 月 27 日。

萧红、萧军等人在汉口汉润里集合，前往大智门车站西边的一个小火车站上车。未随行的文艺圈友人皆来送行，包括胡风和后来抵达武汉的妻子梅志，以及蒋锡金、孔罗荪等人。

行路漫长，萧红去往更远方。人生是一场跋涉，一场旅行。没有走过的，只是路；走过了的，才是她的人生。从呼兰到哈尔滨，从哈尔滨到北平。然后是青岛，然后上海，然后武汉。今次，要去山西，要去临汾。将来呢？还有西安，还有重庆，还有北碚，还有南方以南的香港。

她真正的故乡，是远方。
她人生的真相，是流浪。

03 丨临汾

一路颠簸，一路行走。

一程荒疏，一程萧索。

这塞外，这西北，这黄土高原，是与东北、与江南皆两样的景致。那一种荒凉的辽阔让人心惊。世间原也不是只有小桥流水、亭台楼榭的，还有这宽宏的、雄伟的、壮烈的、苍凉又暗淡的美。贫瘠的土壤之上，尽是呼啸的睥睨人间的风。

列车上，还有诗人艾青。他也是从武汉一起要去往山西。大抵也是初见黄土高原上这粗犷的景致，惊心了，所以，艾青写下了那首著名的《北方》。北方，有多荒凉，就有多美。列车外，是“荒漠的原野冻结在十二月的寒风里”。

进入山西境内，萧红一行人换乘阎锡山在山西开通的小火车。在路上，他们度过了十一个夜晚，于 1938 年 2 月 6 日抵达山西临汾。临汾，“南通秦蜀，北达幽并，东临雷霍，西控河汾”，是交通要道，因为出入皆算方便。当夜，他们到了山西民族革命大学。

不久，丁玲来了。

丁玲，20世纪30年代中国最出色的女作家之一。原名蒋伟，字冰之，又名蒋炜、蒋玮、丁冰之，笔名彬芷、从喧等。1904年10月12日出生于湖南临澧。

1918年，就读于桃源第二女子师范学校预科，次年转入长沙周南女子中学。后入岳云中学就读。1922年初，赴上海，曾在陈独秀、李达等创办的平民女子学校学习。1923年，经瞿秋白等人介绍，入中国共产党创办的上海大学中国文学系学习。次年夏，转赴北京，曾在北京大学旁听文学课程。

处女作《梦珂》发表于《小说月报》。1928年，完成代表作《莎菲女士的日记》，震惊文坛。同年，出版第一部短篇小说集《在黑暗中》。1929年，与胡也频、沈从文在上海合办《红黑》杂志。1930年，参加中国左联，完成第一部长篇小说《韦护》。1931年，出任左联机关刊物《北斗》主编及左联党团书记。

1932年，加入中国共产党。

1933年5月，丁玲被国民党特务绑架，拘禁在南京。宋庆龄、蔡元培、鲁迅、罗曼·罗兰等国内外著名人士，曾发起抗议和营救活动。敌人对她威胁、利诱、欺骗，企图利用她的名望为国民党做事，都遭到拒绝。同时她积极寻找中共地下党组织，终于在 1936 年 9 月逃离南京，奔赴陕北。

丁玲来到临汾时，带领着“西北战地服务团”。当时，丁玲和所有成员跟来支教的文艺同行住在一起。因此，每个屋要住五六个人，是有些拥挤，但从另一个层面来讲，也促进了彼此之间的接触、交流和了解。萧红因而见到了盛名在外的丁玲。

这也是萧红与丁玲的初次见面。

长期的军旅生活，让丁玲的身上退却了在旁人心中女作家应有的那一种娴静与清媚，变得粗犷、爽直、刚毅。看到萧红，她很是欣喜。萧红虽不娇小，却仍有一种玲珑的样子。那也是丁玲昔日有过的好看的样子。虽然两人在性格上仍有差异，却丝毫没有妨碍两人的沟通。

忆及当年与萧红的见面、倾谈，丁玲说：“……骤睹着她的苍白的脸，紧紧闭着的嘴唇，敏捷的动作和神经质的笑声，使我觉得很特别，而唤起许多回忆，但她的说话是很自然而真率的。”

又说：“我很奇怪作为一个作家的她，为什么会那样少于世故，大概女人都容易保有纯洁和幻想，或者也就同时显得有些稚嫩和软弱的原故吧。但我们却很亲切，彼此并不感觉到有什么孤僻的性格。我们都尽情的在一块儿唱歌，每夜谈到很晚才睡觉。当然我们之中在思想上，在情感上，在性格上都不是没有差异，然而彼此都能理解，并不会因为不同意见或不同嗜好而争吵，而揶揄。”

不几日，“上海文化界抗日救亡演剧一队”也辗转到了临汾，与丁玲带领的“西北战地服务团”会合。如此一来，临汾的抗日文艺氛围变得十分浓烈。萧红也继续着自己的文学创作，写下了散文名篇《记鹿地夫妇》。

聂绀弩怀念萧红时写的那一篇《回忆我和萧红的一次谈话》所记叙的便是发生在大家齐聚临汾时候的事情。只是，在临汾住了不过二十日，一行人就又匆匆上路。

1938 年 2 月，晋南战局发生剧变。太原失陷，日军兵分两路开始向临汾进攻。山西民族革命大学的人员也开始紧急疏散，欲撤离至山西西南的乡宁一带。当时，校方决定，招募来的教员愿意留教，便与学校师生一起转移。不愿继续留教，则可以与丁玲的“西北战地服务团”一同向晋南的运城一带撤离。

在这时，萧红与萧军产生冲突并决裂。

军人出身的萧军始终不曾遗忘军人职责，投身抗日也是他一直以来的愿望。萧军要留下参加游击队。但萧红以为，他们应当做的不是战死沙场，而是用自己擅长的文艺工作来宣传抗日，只是分工不同的区别。可是，萧军知道，“自己并非一个适于做这类工作的人或这类‘材料’”，当一个作家，也一直不是他的终生目标。

萧红、端木蕻良、聂绀弩等人随丁玲一起转移，但萧军坚持留下。最终，在丁玲劝说下，萧军才放弃从军的想法，去了五台山，但仍旧未能与萧红一起走。

这“去”或“留”的问题远不如看上去那样简单，这涉及萧红与萧军迥然不同的价值观和人生观。而这当中的差异，是永不可能调剂与融合的。也是时代使然——他们终于走到这一步。

他们只是没有说分手的话。

萧红走的时候，萧军来送他。月台上，萧军迟迟不肯离去。萧红虽也说“你回去罢”，可心里分明是有着千万个不情愿的。因为，他们都知道，这一别，怕也是永诀了。哈尔滨，青岛，上海，武汉，临汾。他们一起走过的路，实在好久，好长。久过厮守，长过白头。有温柔，有心酸，世间甘苦，也都曾一起体尝。

可是，亲爱的，你若不在，
我将如何面对，
日渐老去的时光？

04 | 西安

1938年3月1日。

萧红与丁玲等人，抵达陕西潼关。短暂停留之后，一起登上了开往西安的火车。原本，萧红以为是要去根据地延安的，当时她好兴奋。可是，途中丁玲接到上级指示，需要他们去西安，到国统区开展抗日宣传工作。延安之行遂夭折，他们转而去往西安。

抵达西安后，丁玲与“西北战地服务团”一行人住在位于西安北新街中段东侧一处叫作“七贤庄”的地方。七贤庄，是一片四合院式的平房建筑群，当时八路军在西安的办事处也设在七贤庄。萧红、端木蕻良等人则住在民族革命大学在西安的招待所里。

招待所的条件相对比较好，吃住都不错，但不时有特务在附近出没。出于安全的考虑，一行人也搬去了七贤庄。萧红、端木蕻良和聂绀弩等人被安排住在位于七贤庄的梁府街女子中学的大院里。距离丁玲的住处也不太远。因此，萧红与丁玲常常见面。

一段时日交往下来，萧红与丁玲之间是较为亲密的。丁玲回忆说道："……我们在西安住完了一个春天，我们也痛饮过，我们也同度过风雨之夕。我们也互相倾诉……但我仍会觉得我们是谈得太少的，因为，像这样的能无妨嫌，无拘束，不须要警惕着谈话的对手是太少了呵。"

在七贤庄的时候，萧红与诗人塞克（本名陈凝秋）、端木蕻良、聂绀弩等人共同创作了三幕话剧剧本《突击》。《突击》在西安隆重公演，一连三天七场，场场爆满，轰动西安城。因此，萧红与其他主创人员受到周恩来等领导人的接见。

而另一件至为重要的事情是：

萧红发现自己怀孕了。

不久，萧红在一封写给胡风的信里说道："这一遭北方的出行，在别人都是好的，在我就坏了。前些天萧军没有消息的时候，又加上我大概是有了孩子。那时候端木说：'不愿意丢掉的那一点丢掉了；不愿意多的那一点，现在多了。'"

离开萧军之后，萧红的心有了一种从未有过的豁然。不离开时，以为他便是天、是地、是生之所系。纵是焦灼、忧愁，甚而苦痛、绝望，也似是惯性一般觉得理应忍耐下去。其实并非如此。果真离开了，方才知道人生大可以有另外的过法。

只是，忘却这件事，不是容易的。

许是一行人当中聂绀弩与萧军最亲密的缘故，那一段时间，萧红常与聂绀弩倾谈心事——关于萧军的事。与端木蕻良也会谈说，但讲的则是纯粹的、与萧军无关的文艺方面的事。端木蕻良的文艺直觉与萧红在同样的审美范畴之内，因此，总是聊得很愉悦。

除此之外，端木蕻良留给萧红的印象并不是十分好。端木蕻良是个很洋派又有小资趣味的人，对政治也不热心，崇尚的唯自由而已。这在当时是极不受阶级意识过于强烈的左翼作家欢迎的，他因此在人群当中总显得孤立、不合群，包括胡风、丁玲、聂绀弩等人都不很喜欢端木蕻良。论究竟，这也并非端木蕻良的问题。

这不是令萧红反感的。萧红反倒很是喜欢端木蕻良这一些殊异却儒雅的气质。萧红所不认同的，是端木蕻良的儒雅当中有怯懦。面对冲突，端木蕻良常常采取回避的方式。萧红因此觉得他是个担当不足够、勇敢不足够的人。

但冲突，生活里并不常有。

因而，端木蕻良的性格更多的时候是讨萧红喜欢的。时日长久，萧红与端木蕻良，也就走得亲近了。她与端木蕻良的感情，不似与萧军那般迅疾、猛烈，而是极其缓慢地发生，大抵是可以用“日久生情”来形容的。

是年 3 月中旬，丁玲因与团员陈明相爱，被视为异端。由于上级过问，丁玲去了延安一趟。当时，聂绀弩伴行。丁玲去延安的时候，萧军也从去往五台山的途中转道延安。半个月之后，丁玲回到西安，在聂绀弩的劝说下，萧军也一并来到西安。

萧红与他，避不开似的重又见面了。

萧军的出现，令萧红惊诧。萧红知道，只要萧军在，所有的过往她就忘不掉，所有的曾经她就丢不了。可是，她是那样期望自己能够彻底告别这段曲折哀痛的情。她是真的很倦，很倦了。萧军来到西安不多久，萧红便当着别人的面跟他说："我们永远分开吧。"

她是故意逼迫自己断掉后路的。

世上就是有这样一群人，分明相爱却是至死也无法好好地将彼此对待。爱并痛的人生，不是萧红想要的。萧军也是很干脆地说："好。"在《萧红书简辑存注释录》里，萧军说："我们的永远的'诀别'就是这样平凡而了当的，并没有什么废话和纠纷地确定下来了。"

他们终于说了分手的话。

但有些狠话，萧军也只是说说罢了。事后，他一而再再而三地想要与萧红单独讲话，但萧红没有给他机会。萧军迁怒于端木蕻良，在萧军看来，他与萧红恋情的结束，都是端木蕻良的错。他甚至要与端木蕻良决斗。是，萧军就是有一种少年似的粗野的稚气。是萧红阻止了他。

萧红说："若是你还尊重我，那么你对端木须要尊重。我只这一句话，别的不要谈了。"她利落决绝地要萧军放弃与她的一切。而萧红与端木蕻良日渐亲密的关系，甚至从某种角度来说，与萧军是有关的。他对端木的敌视，无意当中，让萧红不得不走近甚至保护端木蕻良。

萧军从来不曾想到，昔日仿佛是依附于自己的爱才得以生存的萧红，竟也有如此果决刚毅的时刻。直到今日今时，他也不曾给过萧红一个正式的名分。他不是不知道，在与萧红的关系里，他做错了多少。而今，他终于明白，他与萧红，是永不能回到过去了。

他是彻彻底底地失去她了。

端木蕻良呢，因在萧红与萧军愈演愈烈的纠葛之中一再被涉及，也已被所有人认定是与萧红有亲密关系的。既是出于道义，不愿令萧红受萧军无名分的委屈，也是心疼萧红，不愿意令她终日难过，他决定跟萧红在一起。

萧红与端木蕻良关系日渐明确之后，萧军在西安寝食难安，再不愿多待。是年 4 月下旬，萧军与塞克、音乐家王洛宾等人一起离开西安，计划去往新疆。途经甘肃兰州的时候，萧军结识了他后来的妻子王德芬，两个月后便在报纸上刊登了订婚启事，正式结婚。

自此，他与萧红至死未再重见。

不久，在上海结识的故友池田幸子辗转抵达武汉，写信给萧红期望她也可以去。丁玲则希望她能和自己一道，完成萧红之前未能如愿的延安之旅，但萧红拒绝了。大抵这与端木蕻良在左翼作家群体当中不受欢迎是有关的。

几日后，萧红和端木蕻良回到了武汉。

05 | 浮城

重回武汉，萧红再次住到小金龙巷 21 号。自然，他们是联络了故人胡风。胡风也不例外，对端木蕻良观感不佳。只是，胡风忍不住还是责怪了萧红。可这分明是他不该厉声干涉的。胡风的过问和指责令萧红十分不悦。

经此一事，萧红与胡风的关系便不似往日亲密。也会去做客，但多半都是独自一人，未带端木蕻良同行。许是孕期的缘故，即便是到胡风家，萧红也是更愿意跟胡风的妻子梅志讲话。那时，胡风与梅志的儿子已大些了，见到萧红总唤她“萧姑姑”。萧红听到，也很欢喜。

只是，说到孩子，腹中是萧军的骨肉，她是不愿意生下来的。端木蕻良也曾劝阻，但萧红态度强硬，不肯生养这个孩子。这是她的第二个孩子，萧红不知，这也是她此生最后一个孩子。若是她晓得，想到昔日讲出口的话，她会如何呢？

1938年4月29日，胡风主理的《七月》杂志召开文艺座谈会，主题是“现时文艺活动与《七月》”，萧红也阐述了自己的看法。5月初，端木蕻良的三哥曹京襄到武汉与恋人刘国英举行订婚仪式，得知端木蕻良欲娶萧红为妻，很是反对。曹京襄觉得，弟弟娶一个年纪比自己大并且怀着孕的女子，实在荒唐。

但端木蕻良心意已决。

是年5月，萧红在《七月》杂志上发表了随笔《无题》。此后不久，《七月》杂志停刊。日后，萧红便与当时《七月》杂志的作家群日渐疏远了。5月下旬，梅志怀上第二个孩子，有堕胎的打算。萧红便与梅志一直咨询堕胎事宜，无奈费用昂贵，堕胎的计划作罢。萧红腹中的孩子，也得以与萧红延续了几个月的母子情分。

另一边，曹京襄因劝阻端木蕻良未果，离开之前便留给了他一笔费用，供他结婚时用。曹京襄离开不久，端木蕻良与萧红便在武汉汉口的大同酒家举行了婚礼。端木蕻良顾念萧红，深觉她与萧军在一起时的百般委屈是与没有名分有关，所以，他誓要名正言顺地迎娶萧红过门。

大婚那日，好热闹。

据说，那日胡风起哄，要一对新人讲述恋爱经过。萧红则微微一笑，讲道：“我和端木蕻良没有什么罗曼蒂克式的恋爱历史，是我在决定与三郎永远分开的时候发现了他。我对他没有什么过高的希求，只是想过正常的老百姓式的夫妻生活。没有争吵、没有打闹、没有不忠、没有讥笑，有的只是互相谅解、爱护、体贴。”

略沉默后，她又说：“我深深感到，像我眼前这种状况的人，还要什么名分，可端木做了牺牲，就这一点我就感到十分满足了。”那一日，萧红忽觉，岁月待她并非她想象的那般刻薄，也是会怜悯她、顾念她的。她觉得身边的端木蕻良，也是从未有过的，那样妥帖。

只是，因为端木蕻良的缘故，萧红终究是与昔日里共患难的知交们渐行渐远了。而那时候，萧红已经开始出现一些不太好的情况。不多久，徐州失陷，武汉告急。战火终是蔓延来了。是年8月5日，当局拟订保卫武汉的作战计划，武汉三镇的民众开始撤离。

那时候，重庆的情况最好。

因此，奔逃至重庆的人很多。从武汉去重庆，要坐船，但船票十分紧张。几经辗转，萧红与端木蕻良也只是弄到了一张票。端木蕻良坚持让萧红先走，但萧红不允。她说，身孕已久，自己行动不便，就算到了重庆，怕是连落脚的地方都找不到。萧红说，让端木蕻良先去，找到住处，她再走不迟。

端木蕻良自然也是不肯，他哪里能放心让一个怀孕的女子独自留在危险的武汉。恰好，友人田汉和妻子安娥也打算去重庆，安娥承诺萧红与他们同行，必定安全。如此，端木蕻良方才同意先行，去重庆找好住处。

无奈端木蕻良遭受左翼作家群的排挤，他离开萧红独自先行离开奔往重庆一事，终也是被以讹传讹，说成是他弃离萧红于战火而不顾，让他落得一身骂名。

抵达重庆之后，端木蕻良未能及时找到栖身之地。好在当时的复旦大学因战事迁至重庆北碚，在复旦大学教务长孙寒冰的帮助下，端木蕻良才得以住进复旦大学主办的《文摘》杂志门市部的单身宿舍，并被聘请担任复旦大学新闻系的兼职教授。月薪几十元，算是不错。

然后，端木蕻良又找到自己在南开中学念书时的同窗范士荣，托他替萧红寻觅一处住所。办好这些事后，端木蕻良火速写信催促萧红早日赴渝。可是，跟随在田汉夫妇身边的萧红，因为田汉的工作耽搁下来，好在武汉有“文协”（成立于 1938 年 3 月 27 日，全名“中华全国文艺界抗敌协会”，简称“文协”），萧红有了暂时的栖身之处。

是年 8 月 11 日，萧红和冯乃超的夫人李声韵结伴去了武汉汉口的三教街。那里有“文协”的一个临时机构。在这里，萧红住了月余。其间，她仍然坚持创作，写了短篇小说《黄河》《汾河的圆月》等作品。也依然在抽烟，不曾顾念腹中胎儿。

是年 9 月中旬。

萧红终于买到船票，与李声韵再结伴，去往重庆。

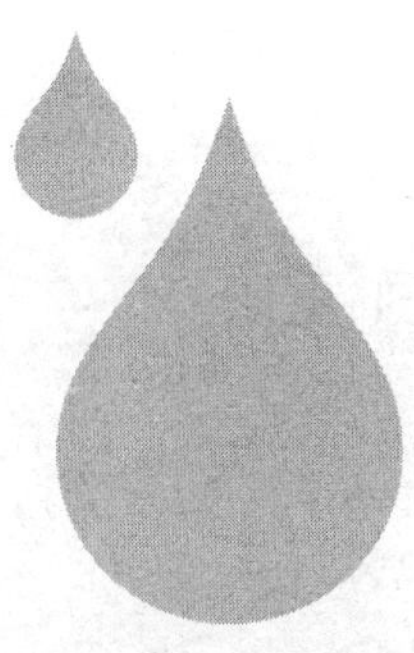

倾谈七／今生你是一抔尘沙

／重庆

／清欢

／香港

／挽心

／南方

01 | 重庆

船行几日，抵达重庆。

“曹太太……”

被端木蕻良带至好友范士荣的家中时，萧红听到范士荣的妻子这样叫她。刹那间，萧红竟有些恍惚起来。从来没有人叫过她“太太”，仿佛她从来不曾被人爱过，仿佛是独自一人无依无着地走过了这许多时年。伤心之余，她又有些惊喜。是，她终于做“太太”了。

在重庆休息几日之后，萧红继续写作。对写作，萧红有一种宗教式的热情。她不信仰任何人、也不标榜自己追随任何党派，她唯一爱之如生命的，便是手中的那一支笔。1938 年 10 月，萧红相继写下了短篇小说《孩子的讲演》和《朦胧的期待》等作品。

是年 11 月，萧红进入临产期。当时，罗烽、白朗夫妇抵达四川江津

（今重庆市江津区），写信给端木蕻良，说如果在重庆无处落脚可以去江津找他们。因萧红临产，而白朗有生产经验，并且罗烽的母亲也与他们同住，可以照看萧红。端木蕻良便写信问询。罗烽、白朗夫妇很是欢迎。

在罗烽家，萧红住了二十余日。可是，萧红不是一个好脾气的人，又敏感。在为人处世方面，亦不算成熟。也不知是何缘故，有时候，萧红情绪会失控，甚而对罗烽的母亲发脾气，这是令罗烽、白朗夫妇十分难堪的。但这夫妻二人宽仁，尽量不去计较。

不久，萧红便在江津一家小医院产下一名健康的男婴。可是，不几日，男婴便离奇死亡。而对儿子的死，萧红竟表现出一种令人瞠目结舌的冷漠。这桩事情，出自白朗的养女金玉良日后在《香港文学》发表的文章《一首诗稿的联想——略记罗烽、白朗与萧红的交往》。据金玉良所述，这是白朗生前告诉她的。

至于可信度有几分，不得而知。

产后，萧红不愿住院，但中国人自古便有传统，说是生产之后未出满月的女子是不能随便住在家中的。因此，罗烽、白朗夫妇买好船票，将萧红送回了重庆。萧红生产期间，端木蕻良在沙坪坝歌乐山下找到同居的住处。回到重庆，萧红的身体略有好转。

彼时，端木蕻良不仅在复旦大学任教，也开始和作家靳以（原名章方叙）创编《文摘战时旬刊》。因此，每日早出晚归。他要先去北碚，到复旦大学上课，再回到沙坪坝编辑《文摘战时旬刊》，十分疲劳。萧红则是一个人独自在家写作。

是年12月22日，苏联塔斯社重庆分社记者罗果夫采访萧红，问询鲁迅先生的事。萧红向罗果夫讲述自己与鲁迅先生相识的过程，包括扶助自己出版《生死场》的前后琐细，并列举了一些与鲁迅先生有交集的人名，建议罗果夫深入采访。想读懂鲁迅先生，不是一件容易的事情。

随着武汉的陷落，12月，胡风带着怀孕的妻子梅志，一家人也来到重庆，住在重庆瓷器街的永华旅馆。次年1月，梅志诞下一名女婴。得知梅志产女，萧红特地赶去看望。那日，萧红好美。一身黑色丝绒旗袍，拈一枝尺余长的梅花，来看她。

虽然胡风与端木蕻良交情不深，彼此也并不投机，但碍于萧红的情面，端木蕻良也常常会与萧红一起，去胡风住处看望他们夫妻。只是，端木蕻良在的时候，四个人总陷入沉默的尴尬。单单只有萧红的时候，便要好许多。这是没有办法的事。

人与人之间的关系总是如此微妙。

一日，萧红又来看望。梅志与之聊得甚欢。酣畅时，便想起昔日萧军寄给她与胡风的一张新婚照片，就拿出来递与萧红看。萧红看时，她还在一旁讲说拍照那日的境况。瞬间，萧红的脸色便有些不太好看。待梅志察觉时，萧红只冷冷说了一句："我走了，你同胡风说我来过了。"

是万万不该提及的人，是千方百计想要避开的人，是努力忘却几乎以为已经不再想念的人，被梅志重又翻拿出来，细细讲说了一番。梅志后悔极了，可已是不能挽回了。凡是论及萧军，萧红便不是一个乐观的人，甚而会变得阴暗。也是因为这个缘故，萧红自此便与胡风、梅志不太来往了。

她会以为，梅志是存心不想让她好过的。

当时，歌乐山山腰有一家孤儿院，萧红也常去看一看。后来，她便以孤儿院里一名叫林小二的孩子为题材，写了散文《林小二》。也应邀为纪念世界语创始人柴门霍夫，写了散文《我之读世界语》。还将《万年青》和《在东京》两篇散文，改写成《鲁迅先生记》，分为一、二篇发表在《新华日报》上。

除此之外，1939 年春天，蛰居于歌乐山的萧红也相继创作并完成了散文《滑竿》《长安寺》，短篇小说《山下》等作品。也计划开始长篇小说《马伯乐》的写作。是年 4 月 5 日，她写给许广平的一封信也以《离乱中的作家书简》为题，发表在许广平在上海创办的《鲁迅风》杂志第十二期。

之后，在香港主持《星岛日报》副刊《星座》的戴望舒向萧红和端木蕻良来信约稿。是以，萧红、端木蕻良与香港的关联变得日益密切。端木蕻良也正准备写一篇抗战题材的小说《大江》。戴望舒还希望端木蕻良手书标题寄去香港，美化版面。最后，是萧红信笔将“大江”潇洒落于纸上。

香港《星岛日报》副刊《星座》连载端木蕻良的《大江》时，也发表了萧红包括《旷野的呼喊》等作品。日军对重庆的轰炸时有发生，但萧红与端木蕻良二人终日与纸笔做伴，尽可能地不去理会窗外的战火硝烟。生死天定，他们豁然许多。只是，午夜梦回，总会受惊。

枪炮声不绝于耳的生活。

没有人会安心。

1939年5月，日军开始轰炸重庆。5月3日、5月4日，连续两天的轰炸，致使重庆死伤四千余人，十万人流离失所，无家可归。事后，萧红义愤难平，写下散文《轰炸前后》，发表在端木蕻良和靳以合办的《文摘战时旬刊》上，严厉控诉日军暴行。

那是一个黑暗的年代。
又是一个光明的年代。

——

黑暗的是死亡。
和那无休无止的战事。

光明的是有萧红。
和她铿锵有力的文字。

02 丨清欢

1939年5月。

萧红和端木蕻良搬离歌乐山，蛰居位于北碚黄桷镇的黄桷树山下的苗圃。那时，孙寒冰曾有意邀请萧红也去复旦大学讲文学课，但萧红不懂迂回，严词拒绝，令站在一旁的端木蕻良十分尴尬。他只能圆场说，再商量商量。

哪里还需要什么商量。萧红一听，以为端木蕻良也想让她去上课，很是不悦，还与端木蕻良拌起嘴来。但萧红也不是爱闹的女子，几句话的工夫，情绪也便过去了，又与端木蕻良玩笑起来。如此看来，萧军确是了解她的。昔日，他便总说，萧红是不谙人情世事的。

自然，这也是萧红的纯真之处。

在苗圃的时候，萧红的身体开始出现肺结核的症状，时常干咳。无奈当时重庆医疗条件不佳，萧红未能得到及时有效的治疗。当时，她也曾写信给端木蕻良的二哥曹汉奇询问北京协和医院的情况，曹汉奇因为脊椎骨结核在北京协和医院接受治疗。

这一年，秋。

萧红和端木蕻良又搬到了镇上的秉庄，住进了复旦大学的教授宿舍。秉庄是一座两层的现代楼房。胡风为了生计，也当了复旦大学的教授，因此和梅志也搬来此处。虽私下与胡风、梅志来往不似从前频繁，但胡风主持的一些文艺活动，萧红仍会参加。

是年 9 月 10 日，胡风等人在镇上的王家花园搞了一个“文协北碚联谊会”的活动，萧红和端木蕻良均有出席。之后，剧作家王林谷也组织了“火焰山文艺社”，萧红应邀还为当地的文学爱好者开了讲座。这是很少见的。

是年 9 月 22 日，萧红整理完成《鲁迅先生生活散记——为纪念鲁迅先生三周年祭而作》，后载《中苏文化》第四卷第三期。此后，她发表多篇回忆鲁迅的文字。

是年 10 月 19 日，鲁迅先生逝世三周年。萧红编辑整理出了长篇回忆录《回忆鲁迅先生》，于 10 月 36 日完稿，随后寄去上海，让许广平审订。次年，7 月，这篇回忆录由重庆妇女出版社出版。当中还收录了鲁迅先生故友许寿裳先生的文章《鲁迅的生活》和许广平写的《鲁迅和青年们》。

与端木蕻良在一起的这些时间，萧红也渐渐懂得一些与人相爱的道理，不再痴迷一些不切实际的温情，那只会令人难受。与他相敬如宾，过尽可能安稳平静的生活，就是最好的。

但怨怪彼此继而吵嘴的事情，是绝大多数夫妻生活里难以避免的。人是独立个体，世间绝无两心一致从无矛盾的一双人。萧红和端木蕻良之间，也存在这样的问题。

当时，复旦大学的体育教员陈炳德是众人心知肚明的文化特务，因此左翼作家都对他小心提防。但陈炳德并不低调，连同他家的女佣也狐假虎威，常常给住在教授宿舍的左翼作家们制造麻烦。女佣时常将酱油瓶或是鞋袜之类的东西放在萧红住处的窗台上，这令端木蕻良很是不悦。

交涉未果，端木蕻良便将放在窗台的鞋丢下楼去。不料，女佣很是泼辣地找上门来，吵闹不止。女佣虽说的是四川方言，不易听懂，但端木蕻良知道她是在辱骂自己，情急之下，就很大力地把女佣推了出去。女佣凶悍，因为自己被打而愤愤不平，便在门口撒起泼来，不依不饶。

端木蕻良见势，知道女佣是个大麻烦，便想躲个清净。萧红体弱，又不是女佣的对手。无奈之下，萧红只能去别家求助。她敲开了与端木蕻良合办《文摘战时旬刊》的靳以家的门。靳以带着萧红拉走了陈炳德家的恶仆，跑去医院又是验伤又是赔钱，方才了事。

也因此，萧红对端木蕻良性格当中的怯懦和缺乏担当十分不满。端木蕻良的性子让萧红十分难堪。据说，平日里端木蕻良也几乎不会替萧红分担家务，家中大小事宜都是萧红一人操心。两人之间，不和谐处也日渐显现出来。

离开萧军，是一个问题的结束。

走近端木，却是另一个问题的开始。

龙应台写过这样一段话：

人生，其实像一条从宽阔的平原走进森林的路。在平原上同伴可以结伙而行，欢乐地前推后挤、相濡以沫；一旦进入森林，草丛和荆棘挡路，各人专心走各人的路，寻找各人的方向，那推推挤挤的群体情感，那无忧无虑无猜忌的同侪深情，在人的一生中也只有少年期有。离开这段纯洁而明亮的阶段，路其实可能愈走愈孤独。你将被家庭羁绊，被责任捆绑，被自己的野心套牢，被人生的复杂和矛盾压抑，你往丛林深处走去，愈走愈深，不复再有阳光似的伙伴。到了熟透的年龄，即使在群众的怀抱中，你都可能觉得寂寞无比。

萧红如是。她的人生，越走越寂寞。她是为了放弃萧军，甘愿选择了这样的生活。起码，她会过得淡静、安稳些。旧友纷纷离开，爱情慢慢退场，有的便只是端木蕻良—— 一个波澜不惊的生活里相依为命的伴。

私以为，萧红与端木蕻良，像战友、伙伴更胜过夫妻。这大抵也是因为两人结合的特殊性造成的。不是当初与萧军那样地剧烈相爱，不能分开，而是为了躲避萧军，骑虎难下、没有退路地与端木蕻良走到了一起。爱，大约也是有的。只是不够强烈，不够深刻。

更多的时候，两人表现出的是一种日久生情式的亲人关系。甚至于是越过了相爱的阶段，而直接走到同一屋檐下——两两坐下，写作、吃茶，也不说太多话。远不似寻常的新婚夫妻那般爱浓情稠、抵死缠绵。

后来，萧军来到重庆的消息被萧红知道。战火尚且无畏无惧，不足以让她离开重庆。可萧军却不同，他一来，她便是片刻也不愿意再留在重庆。假装忘却了的过去，从来都不曾远离，它无声息地躲在黑暗角落，时刻准备向萧红袭击。

而这是她无法承受的。

1939年，年底。

萧红和端木蕻良决定离开重庆。

03 丨香港

1940年1月17日。

萧红和端木蕻良从重庆起飞，落地香港九龙。此行，他们是隐秘的，几乎不曾通知别人。唯有华岗知道。华岗是萧红和端木蕻良在重庆时期来往最多的人。华岗曾担任重庆《新华日报》副主编，其间，萧红曾在《新华日报》发表了纪念鲁迅先生的文章，遂相识。

之于萧红，离开重庆的主要缘故极有可能便是萧军赴渝的事。对外，端木蕻良说的是躲避战乱。自然，这也是一个显而易见的因素。离开重庆之前，他们曾找华岗商议此事，问询意见。对他们赴港一事，华岗很是赞成。华岗说，香港的文艺阵地也很需要人才。

定下此事，二人怕被特务知晓继而进行阻挠，便行事隐秘。飞机票是端木蕻良委托当时在中国银行工作的朋友袁东义为他们争取到的银行内部保留舱位，并不容易。拿到机票之后，二人未回北碚，几乎没有行头地便匆匆登机离去。

北碚住处的稿件、书信和重要物件，是端木蕻良后来委托自家远亲贾开基夫妇代为整理收拾的。抵达香港之后，萧红和端木蕻良住在位于九龙尖沙咀金巴利道诺士佛台 3 号的一座楼房里。

这是一个他们完全陌生的城市。

萧红不知道是否会在香港居住得稍久一些，还是一如从前历经过的地方，停停又走走，不知何时是尽头。在香港，萧红依然是活跃的。但或许因香港是英属殖民地的缘故，眼下的城市，虽如上海一般繁华，却终究是异乡之感更浓烈。有一段无法亲近的距离，一种不能依傍的生疏。

1940 年 1 月 30 日，叶灵凤主持的《立报》副刊《言林》发布消息："端木蕻良、萧红，昨日由内地来，暂寄九龙某处。" 2 月 5 日，文协香港分会，在大东酒店为端木蕻良、萧红接风。

3 月 3 日，他们又参加了香港劳军游艺会筹备委员会在坚道养中女子中学举行的座谈会。不久，萧红的短篇小说集《旷野的呼喊》由上海杂志公司出版，列入剧作家郑伯奇（原名郑隆谨，字伯奇）主编的"每月文库"第一辑第十册。4 月，萧红和端木蕻良以文协会员的身份加入了香港文协，又恰逢香港文协换届大会，端木蕻良被推举为理事。

落居香港之后，戴望舒来看望过。

戴望舒也曾有意邀请他们去自己家中住。戴望舒和妻子穆丽娟、女儿一起住在香港大学对面山上的一座小别墅里，环境甚美。但端木蕻良此时患有风湿，略有不便，也就推辞了。他是尽量地不想去打扰旁人。

日子过得很快。她是从未有的，心中有思念，却不是因为哪个人。她很是思念内地。也不知是有心还是无意，她出生在中国北方以北的呼兰，而今竟流离至南方以南的地方，和金发碧眼的洋人穿梭在同一座城市。初夏时候，她给白朗写过一封信。

信中，她说：

不知为什么，莉（白朗原名刘冬兰，又名刘莉、弋白、杜徽等），我的心情永久是如此抑郁，这里的一切景物是多么恬静和幽美，有田，有漫山漫野的鲜花和婉转的鸟语，更有澎湃泛白的海潮，面对着碧澄的海水，常会使人神醉的。这一切不都正是我以往所梦想的佳境吗？然而呵，如今我却只感到寂寞！在这里我没有交往，因为没有推心置腹的朋友。因此，常常使我想到你。莉，我将尽可能在冬天回去……

她的身体，自来到香港之后，越发坏起来。肺结核一类的病症患者，不宜居住在气候湿热的香港。当时，他们并不知道，最适合她居住的地方是干爽的西安。可是，说到西安，仿佛已是好久远、好久远的事情了。

在香港，萧红笔耕不辍。经典之作《呼兰河传》就是在香港构思并写作完成的。本来，她取的书名叫《呼兰河的女儿》，后经端木蕻良提议，方才确定为《呼兰河传》。这部作品，在《星岛日报》副刊《星座》上连载了三个月之久。之后，萧红又完成了《后花园》《小城三月》等作品。

其中，还有长篇小说《马伯乐》。因为题材小众不易发表，所以写得不太顺畅。几经搁笔又几经续写，但最终仍是没有写完，是萧红写作生涯里一件非常遗憾的事情。

1940 年 6 月，重庆的大时代书局出版了萧红的散文集《萧红散文》，是一部散文精选集。7 月期间，由重庆的妇女生活社出版了长篇回忆录《回忆鲁迅先生》。是年 12 月 20 日，萧红将《呼兰河传》写完。12 月 27 日，《呼兰河传》也在报纸上连载结束。

其间，她著作颇丰，生活不错。只是，身体如残损一般，日益衰败。一夜之间，她觉得自己老了。女子之老去，有时候，仿佛就是一刹那、瞬间、突然发生的事情。令人措手不及，没有余地，只能眼睁睁看着身体布满岁月风霜之痕迹。

弹指一刹那，刹那一芳华。岁月流沙，细细缓缓，日渐刺伤城市的脸庞，终要划破人生的行囊。人生如戏，戏如呼吸。活了半生，也是一世，呼吸吐纳之间，路也就越走越远，往事也只能越来越淡。再深奥的智慧，也无法参透生死起伏的玄机。能做的，也就是好好领悟沿途的美丽，和擦肩而过的旖旎。

活在世上，就是活在一个谜题里。

戴望舒有首诗叫《寻梦者》：

…………

当你鬓发斑斑了的时候，
当你眼睛朦胧了的时候，
金色的贝吐出桃色的珠。

把桃色的珠放在你怀里，
把桃色的珠放在你枕边，
于是一个梦静静地升上来了。

你的梦开出花来了，
你的梦开出娇妍的花来了，
在你已衰老了的时候。
…………

她心未衰。
身却已老。

在这南方以南，她很寂寞。

04 | 挽心

1941年。

萧红三十岁，她走到人生的垭口。此时萧红的身体很不好了。但是，一支笔，她放不了。她要写，这是她唯一心甘情愿为之赴汤蹈火的事。是年1月，长篇小说《马伯乐》第一部由大时代书局出版。次月，《马伯乐》第二部在香港《时代批评》杂志第六十四期开始连载。

是年，2月初。萧红又一次搬家。从九龙尖沙咀的金巴利道诺士佛台3号搬至乐道8号。房屋陈设，经年不改。无论走到哪一处，几乎都是保持着床与桌的极简陈设。不停地写作，支撑又摧毁着她日渐虚弱的病体。发烧、咳嗽，从不停歇。

可是，即便如此，她依然要强，连药也不肯轻易吃。仿佛吃了药就承认了自己肉身的脆弱一般，令她心中不安。但病总是要治的。再次住进玛丽医院的时候，萧红心中惶恐。这惶恐，远重于她肉身所承受之痛。她害怕自己不能继续写作。

1940年9月，在上海结识的美国记者史沫特莱为治疗痼疾胆囊炎来到香港。当时，史沫特莱是个非常敏感的人物，也是被日方高度关注的自由人士。因而，她在香港尽可能低调行事。入香港玛丽医院接受治疗后，住在一座乡间别墅，叫玫瑰谷。

1941年3月，文协香港分会等文化团体，在香港思豪酒店举办茶会欢迎史沫特莱等人来港。史沫特莱重逢萧红，得知萧红患有肺病，她便建议萧红去她暂居的玫瑰谷别墅住一段时间，调养身体。萧红在玫瑰谷住了月余。在玫瑰谷时，史沫特莱见萧红病况不轻，就建议她速去玛丽医院治疗。

病床上的萧红，似刹那间，枯萎起来。

直到住进玛丽医院，萧红方才知道，病朽的身体是无法痊愈了。玛丽医院靠海，环境极好，只是病气重了些，医院总是如此。因这缘故，萧红不愿意在医院里多待，想要回家。她始终努力避免孤独。养病，在家也是一样的，她想。

是年5月初，美国驻香港总领事将史沫特莱列入战乱第一批转移的美国公民名单。5月下旬，史沫特莱买了返回美国的船票。她临行之前，留下了自己的十篇短篇小说。因为史沫特莱是当时的敏感人物，许多报刊都拒载她的文章，所以她将这十篇短篇小说的打印稿留给了萧红和端木蕻良。

史沫特莱也带走了萧红、端木蕻良的一些作品，准备在美国发表。萧红托其将一册《生死场》代送给美国作家辛克莱。5 月 30 日，《呼兰河传》由上海杂志公司出版，列入“每月文库”第二辑第六册。6 月，她又提笔写下了《小城三月》，发表在了香港《时代文学》第一卷第二期上。

不久，胡风也到了香港。萧红虽与他疏远了，但知道萧红病重，他仍然放心不下，前来看她。再见萧红，她比从前愈加苍白消瘦了。身体仿佛纸片一般，一触就碎。倒是精神尚好。她始终逼迫自己呈现给旁人一种坚毅的样子。可终究，她还是提到了萧军。

她说，他若是来，定还是要帮她的。

可是，她不愿当真写信去说。那只是一个念想，一个不小心脱口而出惊到自己的念想。她是要怎样小心翼翼，方才能将那些波澜往事掩埋不提呢？她不知道。她也曾以为自己做得很好，但其实仍是悬崖边的畸零人。稍有疏忽，就万劫不复。

是年 7 月，萧红病情反复得厉害，情况糟糕，重又住进玛丽医院。此时，萧红已经开始失眠。夜夜与不可知看不清的阴霾共枕天地。一颗心，好沉重。可记忆又好清晰，旧事历历在目，往日经历在她脑中四处回旋。在玛丽医院的时候，萧红被确诊为肺结核，并且情况严重。

是年 9 月，萧红除了先后在香港《时代文学》上发表《给流亡异地的东北同胞书》、在香港《大公报》第一一八六期《文艺》副刊上发表《“九一八”致弟弟书》之外，也在美国的《亚细亚》月刊上发表了英译版《马房之夜》。文字被翻译成外语，算是萧红病重中的一件喜事。

是年10月初，端木蕻良接到一个内地青年作家的求助电话。该作家为避战乱，逃至香港，却没有谋到出路，被困在寄居的旅店内。境况一如当年的萧红。这个青年，便是和端木蕻良一起陪伴萧红走过生命最后时光的——骆宾基。

因为骆宾基与萧红、端木蕻良都是东北人，又很是敬仰萧红与端木蕻良，更重要的一点是，他与萧红的胞弟张秀珂是朋友，端木蕻良没有理由不去帮助。几经斡旋，骆宾基得以离开旅馆。端木蕻良又为他在各大报刊争取版面发表文章，挣稿酬谋生。

萧红与端木蕻良对骆宾基是有恩的。因而，在日后萧红病况恶化的日子里，骆宾基不离不弃，陪在身旁。骆宾基也因此成为除端木蕻良之外，唯一完整见证了萧红病中苦难的人。

在玛丽医院里，萧红依然是那样躁烈的脾气。治疗肺结核，是必须打空气针的。这令萧红非常痛苦。可又因条件所限，萧红是三等病房的病人，医护人员照料得并不细心。11月，萧红坚持出院回家将养。病情也因此更加恶化。

萧红病重时期，医药费用是一笔巨大的开销。仅凭她与端木蕻良的稿酬是难以支付的，幸得香港《时代批判》的主办人周鲸文眷顾，为之分担了绝大部分花销，萧红也才得以数次往返当时医疗条件先进的玛丽医院。

也是在这时候，与端木蕻良结识于“鲁迅先生逝世五周年纪念会”的柳亚子，与萧红结识。只是遗憾，此时的萧红在家中卧病在床。昔日风采不能尽显。柳亚子欣赏萧红，初次相见，后为萧红、端木蕻良夫妻写了一首诗，题为《再赠蕻良一首，并呈萧红女士》：

谔谔曹郎奠万哗，温馨更爱女郎花。
文坛驰骋联双璧，病榻殷勤伺一茶。
长白山头期杀贼，黑龙江畔漫思家。
云扬风起非无日，玉体还应惜鬓华。

是年12月8日，太平洋战争爆发。是日，日军开始轰炸香港。忽然之间，天也不是那天，地也不是那地了。香港乱了。逃的逃，撤的撤，跑的跑。而萧红已经行动不便，只能与端木蕻良在硝烟之中四处藏躲，寻找、等待渺茫的生机。

幸好还有骆宾基。

骆宾基也是打算走的，但端木蕻良请求他顾念萧红，便留下了。单凭端木蕻良一人，怕是无法带着卧床不起的萧红躲躲藏藏的。连最后的一点儿安稳，老天也吝于赐予萧红。他们住在思豪酒店，住在周鲸文家，住在裁缝铺，住在告罗士打酒店，住在时代书局的库房里，住在养和医院。

他们似流浪的乞儿一般，踉跄在香港枪林弹雨的街头。日光穿过厚重的阴霾和尘埃落在他们身上，像一道刺眼的伤口。那是在与人间告别吗？还是为萧红哀伤呢？而那一支她以为至死也不会放下的笔，如今却已不知遗落在哪里了。

满目疮痍的，既是这座城。

也是，萧红破碎的一生。

是年 12 月 25 日，香港沦陷。

05 丨南方

在《呼兰河传》里，萧红写：

花开了，就像花睡醒了似的。鸟飞了，就像鸟上天了似的。虫子叫了，就像虫子在说话似的。一切都活了。都有无限的本领，要做什么，就做什么。要怎么样，就怎么样。都是自由的。

萧红，她自由吗？

大概是自由的。可是，自由又让她痛，又让她流离，又让她孤独，又让她一颗纯洁的心上遍布疮痍。大概临终前，她或许还是想抽上一支烟，写上几页文章的吧。她哪里放得下。世上仅有的、独属于她的、永无法被侵犯的，就是她的写作了吧。

1942 年，1 月 12 日。萧红在前身是疗养院的养和医院被误诊为“气管结瘤”，并于次日进行手术。手术自然失败。这条命本是贵重的，却终究还是被人轻贱至如此地步了。端木蕻良呢？他能做的，也是一一做尽了。恨不能替代她。替她受难，替她朽坏，替她死。可即便是到了这样的地步，他仍是不能放弃她的。

是年1月18日。

当时，凡有汽车的都被日本人征为军用。要用汽车，只能从日本人那里借。端木蕻良冒着生命危险从一名日本记者手中求得一辆车，将萧红送至玛丽医院。当日下午，她便窒息昏迷，随即咽喉处被插入呼吸铜管进行抢救，不能开口言说。午夜，她让骆宾基拿来纸笔，写下这样的话："我将与蓝天碧水永处；留得半部'红楼'给别人写了。……半生尽遭白眼冷遇，……身先死，不甘，不甘！……"

她是想要活的。

想要活下去，活得久一些。

然而却不能。

三日后，玛丽医院被日军接管，病人被赶出。萧红被送至一家法国医院。其后，法国医院亦被军管。随即，萧红又被送至法国医生在圣士提反女校设立的临时救护站。当日六时许，萧红陷入深度昏迷。四小时后，萧红逝世。民国一代才女，自此永诀这波谲云诡之人世，去往极乐净土处。

终年三十一岁。

生前，萧红想到了一个人——她与汪恩甲的女儿——她在这人世间唯一的血脉。希望端木蕻良日后能找到她。还有墓。她跟端木蕻良说，死后想要葬于鲁迅先生墓旁。她是如斯顾念鲁迅先生，深知此生不遇鲁迅先生，也将没有那一支与她共生共死的不朽的笔。只是，她也知道，现下这件事是办不到了。她又说，眼下，能先将她葬在海边，也就够了。

海是什么？

是安住灵魂最好的家。

烈火中死去，大海里重生。萧红的遗体于 1 月 24 日，在香港跑马地背后的日本火葬场火化。端木蕻良将骨灰分装两处。一处葬在浅水湾丽都酒店前的花坛里（于 1957 年 8 月 15 日，迁葬于广州的银河公墓），萧红要看海。另一处葬在圣士提反女校后院土山坡下。而这一处，仿佛有所寓意般至今未被人发现。

人生，不论旁人赞赏或是叹息，总还是要一步一步走到底的，且行且珍惜。她只管一心一意地演完一生一世这出戏，然后告别一身华衣，转身沉睡在泥土里。那时候，她发现，黑色夜空始终都是繁星熠熠，它们一直都在照耀自己。而她这一辈子不为人知的惊奇，也将变成世人永远无法猜出的谜底。

也好。

留一点儿悬念，让整个世界记住你。

“锦瑟无端五十弦，一弦一柱思华年。庄生晓梦迷蝴蝶，望帝春心托杜鹃。沧海月明珠有泪，蓝田日暖玉生烟。此情可待成追忆，只是当时已惘然。”七十余年。你已离开那么久、那么久。久到少年已苍老，久到时光已陈旧，久到日月星辉一点点暗淡。

而今。

萧军不在了。端木蕻良不在了。鲁迅先生不在了。舒群不在了。丁玲不在了。白朗不在了。胡风不在了。聂绀弩不在了。柳亚子不在了。许广平不在了。连那年声声唤你“萧姑姑”的周海婴也都已不在了。岁月，还剩下点儿什么呢？几册书，还是几道背影？又或者，只有一声叹息？

一切都是命运
一切都是烟云
一切都是没有结局的开始
一切都是稍纵即逝的追寻
一切欢乐都没有微笑
一切苦难都没有泪痕
一切语言都是重复
一切交往都是初逢
一切爱情都在心里
一切往事都在梦中
一切希望都带着注释
一切信仰都带着呻吟

一切爆发都有片刻的宁静
一切死亡都有冗长的回声

借北岛先生的《一切》。

献给，热烈、激昂、勇敢、纯真的，萧红女士。

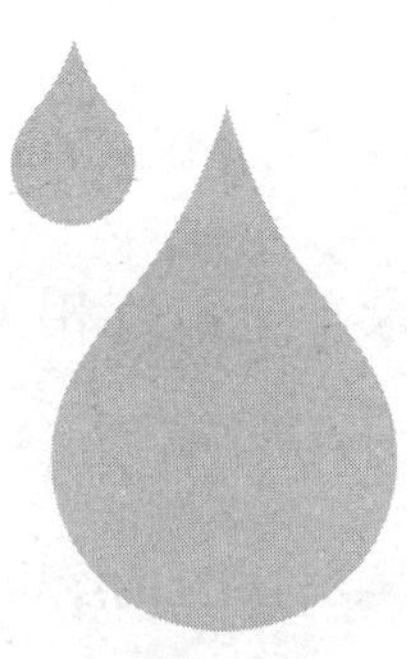

附录／与萧红有关

附录 1 | 萧红相关文录

我与萧红的缘聚缘散（节选）/ 萧军

自从 1938 年我们最后宣布“诀别”以后，凡属遇到的故人、老友……他们首先要问及我和萧红为什么分开。在他们意念中，我们的“结婚”是不平凡的，经过的贫困艰难也是不平凡的，又有相同的文学事业为基础，无论从哪一角度来观照，似乎全没有可以分离的理由和条件。事实上在我们结合以后，彼此也没想到会有中途分手的一天，默默中也全是以“白头偕老”这一“默契”作为人生行程最后归宿为目标的。

除开故人、老友的关心和惋惜以外，还有若干具有善意的读者，也提出了这一问题……这使我如何和怎样回答呢？

在我们行经的生活历程上，也并非尽属康庄大道，或者是“水波不兴”。正如一般青年男女一样，彼此之间也发生过猜疑，发生过误解，发生过“外力”的干扰……但是经过彼此真诚坦率的说明，所谓猜疑和误解最终总是能够烟消雾散，冰释云分；而所谓“外力”的“干扰”，经过彼此同心坚决的排除……最后也还要以胜利而告终。原来的两颗赤诚的心，坚贞的心，彼此爱怜的心仍然是血肉无间地结合起来共同跳动着、呼吸着……

但是人间的事情终归是人间的事情，总要有所变化。一旦主观、客观条件有所变化，时间、空间有所变化，共同基础有所变化，相应的人的思想、感情、理想……也必然要有所变化。由思想到行动，如果再遇到相应的偶然的契机，由渐变也就可能导致突变。如果我们能够明白这一简单的道理，任何事物的发生、发展……总是有它的一定规律可循的，因此对于我们之间的“诀别”，也就无足稀奇了。

我的主导思想是喜爱“恃强”，她的主导思想是过度“自尊”。

因此，在我是不能具有托尔斯泰那样“基督教”式的谦卑，说“一切都是我不好”；我也不能责备或诬枉已死者，说“一切都是她不好”，这是有悖于一个作为人的动物起码品质和道德的。

因此对于这一问题，不管是对于故人、老友以至于善意的读者们，我只能采取外交官们的通行例语：“无可奉告。”这倒并非是我有什么“内怀愧怍”，不敢暴露自己的恶德；也并非“存心忠厚”，对于已死者“葆其令名”，真正的原因只有以下两条：

一、回忆、复述、分析、综括……这类事，对于我来说并不是一件愉快的事，它并不比唱一支愉快、美丽的歌那样会使你感到一种愉快的、美的享受！每谈一次这类问题，就相同虐待自己一次，我是不愿意虐待自己……而满足于别人的“好奇心”或可感谢的“同情心”的。至于某些居心不良，别有目的的人，想从我们个人生活中间寻找一个罅洞，敲开一道缺口……搜集一点“材料”，对于已死者可以假冒为善表示狐狸式的仁慈；对于尚存在者，可以施行豺狼式的袭击……我没有兴趣，也没有义务来满足它们这颗下贱的、贪婪的心！

二、不算历史人口，仅就今天世界现存的40亿人口来观照，人与人之间的离合聚散……的事件，不独每天要发生，恐怕每一个小时、每分钟……全会发生的。我们也仅是这40亿中的一分子，应属无足稀奇。同时我以为凡属个人私生活中的任何事件，如果它不是牵涉广大人民的利害，不是有损于广大人民的利益……是可以不必过多注意、关心它们的。可能由于我和萧红全是从事文学写作的人，发表过文章，出过书……所谓“名人”。人对于有些“名气”的人们私生活方面的琐事常是怀有一种近乎天真的“好奇心”，这也是可以理解的。记得鲁迅先生曾经说过类似这样的话：任何伟大的人，如果就其吃喝拉撒睡……的方面来观察……他和普通人并无不同的……（大意如此）。

最近在东北，似乎兴起了一阵研究萧红的热潮，其中也有我的老朋友。他们向我这里来征集材料，听取意见……我给他们的建议是这样：

“对于这样一位作家，仅仅从事文学生涯只有十年的历史，为我国文学事业——无论质或量，社会意义，艺术造诣——留下了不能抹杀、不可磨灭的业绩，我们是应该进行一次严肃的认真的研究和探讨工作，我是赞成的。但是对一个作家的评价是应该从他或她的具体作品效果和意义而衡量、而产生的，而不是别的什么‘属性’。因此我建议你们对她的作品本身多做具体的突入，全面的分析，全面的综合……而获得一个相应的结论，为启示读者，教育读者……对于她生活方面的一些琐事，不必过多注意，过多探求……否则将会遇到一些难于通过的‘死角’，这是无益而浪费精力的事……”

1946 年秋，我又回到了我认为是“第二故乡”的哈尔滨。从 1934 年夏初我同萧红离开哈尔滨出走到青岛，后来到上海，而后又辗转漂流到各地……到 1946 年秋，大致时经 12 年。当时我曾写下过一首诗：

金风急故垒，游子赋还乡。
景物依稀是，亲朋半死亡。
白云红叶暮，秋水远山苍。
十二年如昨，杯酒热衷肠。

这是写出了我当时真实的一种凄怆的心境！

在哈尔滨我曾做过群众巡回性的 50 天左右的讲演。大约出场了百次上下，解答了千数个各项问题。

其中有一项问题，每到一个场合总要遇到的，这就是：

“你和萧红为什么，和怎样分开的？”我当时只能回避开，也只能用“无可奉告”这句话来回答那些热情的、善意的听众。因为哈尔滨和整个东北当时正处于被国民党分路进攻的政治、军事紧迫的情况下，我更不宜于谈论这类属于个人性质的问题，因此就一概加以回避和拒绝了。这倒并非我“态度骄傲”或“故作神秘”，凡事我们总应该先分清主要、次要，按缓、急、轻、重……来对待的。

在今天，在这里，我以为简括地把这“诀别”的问题略谈一下，可能是适宜的。

1938年初夏，在延安我计划要去“五台”，当时不能成行，就随同丁玲、聂绀弩一道到了西安“西北战地服务团”。这时萧红也正寄居在该团。

正当我洗除头脸上沾满的尘土，萧红在一边微笑着向我说：

“三郎——我们永远分开吧！”

“好。”我一面擦洗头脸，一面平静地回答她说。接着很快她就走出去了……

这时屋子里，似乎另外还有几个什么人，但当时的气氛是很宁静的，没有说一句话。

我们永远“诀别”就是这样平凡而了当地，并没有任何废话和纠纷地确定下来了。

这一喜剧的“闭幕式”，由延安到西安的路上我就准备了的。但还没想到会落得这样快！这“快”的原因，据我估计可能是萧红自己的决定，也可能是某人所主张，因为他们的“关系”既然已经确定了，就应该和我划清界限，采取主动先在我们之间筑起一道墙，他们就可完全公开而自由，免得会引起某种纠纷……其实她或他估计错了，我不会、不屑……制造这类纠纷的。

早在从临汾和萧红分手的当时，我和她就说出了这一“约定”，我说：

“……我们分别以后，万一我不死，我们还有再见的一天，那时候你如果没有别人，我也没有别人，如果双方同意，我们还可以共同生活下去……如果不是这样，就各走各的路吧！”

尽管当时我也和聂绀弩说过这样的话：

“别大惊小怪！我说过，我爱她，就是说我可以迁就。不过这是痛苦的，她也会痛苦。但是如果她不先说和我分手，我们还永远是夫妇，我决不先抛弃她！”

既然有了原先的“约定”，她已经有了“别人”，而且又是她首先和我提出了“永远诀别”，这既合乎“约定”的原则，也合乎事实发展的逻辑，我当然不会再有什么废话可说。

我对于两性之间的关系原则是这样：

如果我还爱着她，而对方不再爱我，或不需要我了，我一定请她爱她所要爱的去、需要她所需要的去，决不加以纠缠或阻拦；如果我不爱她了，不需要她了，她也可以去爱她所要爱的去……不管她此后把自己的身体和灵魂交给“天使”或“魔鬼”，这完全是她自己的事情了……

对于夫妻、对于朋友……我谨守中国这句“君子交绝，不出息声”的古老格言。我现在还有着几十年历史的老朋友，也有中途“绝交”的，但我是尊重、珍惜……历史的，我不愿意它们被玷污，尽管我不是什么“君子”，但作为一个“人”，他们是应该有这一点尊严感的。

作为一个六年文学上的伙伴和战友，我怀念她；作为一个有才能、有成绩、有影响……的作家，不幸短命而死，我惋惜她；如果从“妻子”意义来衡量，她离开我，我并没有什么“遗憾”之情！

鲁迅先生曾说过，女人只有母性、女性，而没有“妻性”。所谓“妻性”完全是后天，社会制度造成的（大意如此）。

萧红就是个没有“妻性”的人，我也从来没向她要求过这一“妻性”。

她反对她的家庭为她所定的“亲事”，因而逃向了北平。可是她的未婚夫——是她所卑视的、憎恶的人——竟也赶到了北平。她终于在他无耻的、狡猾的纠缠下而使自己降伏了，而且有了身孕，竟被作为“人质”……几乎被陷进可怕的、可耻的、黑色的……无底深渊中！

可以这样说，在客观上她的一生是被她所卑视、所憎恶……的社会制度；所卑视、所憎恶的“人”……而毁灭了！

也可以这样说：在文学事业上，她是个胜利者！

在个人生活意志上，她是软弱者、失败者、悲剧者……

尽管在她临终之前，她曾说过这样的话："假如萧军得知我在这里，他会把我拯救出去的……"（大意如此，见骆宾基著《萧红小传》）。但是，即使我得知了，我又有什么办法呢？那时她在香港，我却在延安……

以上就是我和萧红六年来由相识、相结到诀别的简要过程。

1978年9月28日·海北楼

（选自《生死场》，花城出版社，2009年）

我和萧红在香港 / 端木蕻良

1939年，重庆被日机轰炸得越来越频繁，尤其北碚，据说那里有个军库，日本人总轰炸那里，萧红受不了了。另外又出一个隧道大惨案，这样，我想萧红在这儿要活不长了，因此决定离开重庆。我的原意是要到桂林，那里已有不少朋友在，如艾青他们都在，而香港朋友少，海外情况又不了解。但萧红说，到桂林，然后再轰炸，我也受不了，这样就准备到香港。我事先跟华岗谈，当时他是《新华日报》副总编。他跟复旦文摘社的人谈过，其他人基本没有通知，因为怕一传开国民党政府不让走。飞机票是托中央银行职员袁东义买的，他现在是天津政协委员。

到香港后，后来艾青告诉我，我们去香港，胡风就给艾青写信，说随着汪精卫去香港，端木也去香港了。后来胡风发表的信中，说端木在香港安下一个"香寓"，这是何居心？当时作家的生活是疲于奔命，我们在香港还能建立一个"香寓"？所以后来就和胡风不大来往了。

到香港，我们工作量就大起来了。萧红对于创作有一种宗教感情，她认为一切都要服从创作，既然到了香港，环境安定了，避开了轰炸，免去了负担。我们都年轻，都希望拼命写东西，但是香港的气候不利于肺病。开始，我们并不知道肺病应在干燥气候下，在西安，那是高原地带，她的病就减轻了，而香港正适合肺病发展，这个，我们开始没有估计到，但也不能再回重庆，因此她肺病加重了。当时并没有注意到这些，因为肺病不像别的病，没有太多症状。萧红身体本来就较虚弱，原来还喜欢喝酒、抽烟，和我结婚后，不抽烟喝酒了，身体稍微恢复过来。在香港，创作紧，我在写《大时代》长篇，又写了很多稿子，供《大公报》《星岛日报》，萧红也写东西，我又编《时代文学》，那时编刊物很费力的。柳亚子给我们介绍了几位大夫，一个叫李国基，很有名，但肺病不是几服药就能好的；另一个叫黄大维，也有名，也吃过他的药。他们都说主要是休息。中国人都是拖着病来干活，外国人眼光就不同了。史沫特莱后说："哎呀，你都这样了，还不到医院去赶快治。"她觉得我们住房条件、环境条件都很不相称，因此把萧红接到玫瑰谷。萧红和她在一起，精神也比较愉快，有时我也去看看。但史沫特莱只是在香港等船。她说太平洋战争要爆发，劝我们也离开香港好，这样一是回重庆，二是到南洋。我们愿去南洋，史沫特莱给南洋朋友写了信，还介绍一位女士来过我们家，名字记不得了。对史氏的安排，我们也同意，但我们不知道太平洋战争会在珍珠港爆发。

史沫特莱在玫瑰谷就要萧红去玛丽医院治病，那是香港最大的医院。医院当时治肺病是打一种空气针，萧红对此非常不耐烦，一是对这种方法没有信心，二是对医疗方法很不喜欢。玛丽医院靠海，有一个大平台，上放着病床，病人为吸新鲜空气，就等于露宿了。这时医疗费由周鲸文支付，他的负担由毅夫来担负。萧红几次说要回家来住。她这观念和外国人不一样，家里条件虽然不好，但仍愿意回家来住。我就跟朋友商量，认为要照顾病人情绪，于是就接回来了。但不久病情发展，仍要住院，于是又回玛丽医院。

一天夜里，玛丽医院打电话说萧红病危。那天正是十二级台风，夜里就我一个人过海，这时的心情是可以理解的。我当时奇怪，怎么会病危？前几天我还天天过海看过她。结果到医院，萧红在睡觉。她说：这么晚，你怎么来了？外面还刮台风呀。我找到护士，护士说打错了电话，当时我很生气，医院对这个问题还搞错了？同时我也感到了一种不祥预兆。萧红看见我很高兴。

史沫特莱来港，她带来了新四军里的材料。有欢送她的诗歌和壁报、歌曲等，她准备带回美国作为书写的材料。我问过她在美国的通信地址，她说她在美国的家族已分散，就一个姐姐是洗衣服的，多年不见了，还要回美国后联系。另外，当时好多报纸、杂志都不登她的文章，好像只有一家德国报纸《法兰克福报》登她的东西。因此她走时留下十篇短篇小说，都是打字稿，我在《时代文学》发表了几篇。

史沫特莱回国不久，太平洋战争爆发，香港很快失陷，我们都无认真的思想准备，这时更感到史沫特莱有远见。南洋当然去不成了，跟史氏也断了联系。

史沫特莱把萧红的小说带给斯诺夫人，就是发表了那篇（是小说《手》——成按），还带给《石太因》的作者辛克莱，他寄来一本书。他是搞和平运动的，那本书有他亲笔题名。我当时还未来得及细看，那封面是丝绒的，还有一个袋，他是在佛罗里达州竞选州长。斯诺夫人为《亚细亚》给我们来信约稿，还给萧红邮来二百港币稿费，未取出来呢，香港就失陷了。

战争一爆发，我和萧红就想趁日本人还未到香港，从九龙到深圳回内陆。当时《时代文学》有我一个助理编辑叫袁大顿（他现在仍在香港，前不久来过北京），他家在东莞，我们计划出九龙到东莞，万一出不去，可住他那儿。可是当时他已回家结婚（袁大顿是在12月6日，战争爆发前一天离港回家的——成按），原以为他会很快回来，所以也没留下地址。我们不说广东话，脸型、习惯也不像广东人，若去找他，万一找不到，就暴露在外，这是很危险的。另外，日本人行动很快，没等我们动身，东莞已经失陷，我们就困在九龙，涧上水乐道18号，现在是凯悦大酒店。先住在思豪大酒店，那是张学良弟弟张学明在那儿开的长期房间。当时空着，我们就住在那儿。不久，思豪大酒店中弹，人家都跑到地下防空洞，但萧红走不动，整个楼里只有我们两人。这样又得搬家，搬到哥罗斯达（即告罗士打）大酒店，但日本人一上岸，就把它接管了。这样，我们又搬了几次，等到25日圣诞节，港英政府投降与日本人签订占领条约，我就上街找医院，但都不营业。当时香港的港币、美金都不能用了，只有日本的叫军票，我们哪有军票？当时大街上到处都是兑军票的，一块钱最通用，十块钱就不行，香港叫税值。我找到养和医院，这是私营里最好的医院，玛丽医院是公家最好的医院。医院最好的大夫叫李树魁，只有他还在开业，我接触的是他弟弟李树培，现在大概不在了。这个人，后来我估计他就是要骗钱。因为当时最需要军票，因此他说，我可以给你介绍一个房间，但不要美金港币，只要军票。当时我哪有军票？即使找朋友能借到军票，银行也冻结了。我连斯诺夫人邮寄来的稿费都取不出来。我得把这些钱都准备好，人家才允许萧红住院。特别是护士费，昼夜一个夜班要加二十五块。养和医院多半是外国护士，看护萧红的可能是个波兰人。

经检查，李树培说萧红肺气管里有瘤，要开刀，我知道有肺病的人开刀不易封口，我二哥他患有脊椎结核，在协和医院开刀，结果在医院躺了八年，还是孟继想开的刀。因此在这种情况下，我不同意开刀，但李树培说，是听我的，还是听你的！我们当然也要听大夫的。萧红说我：你不要婆婆妈妈的，开刀有什么了不起。但我有这个经验，我二哥那时还未起来床呢。可是萧红性格很倔强，她自己签了字。她一签字，医院就不理我了。手术很快做好，我看手术流血不多，手术还是很利落的，就比较放心了，萧红被送进病房很快就恢复了，当时还很高兴，认为麻醉技术也高。但萧红对我说，她声音很低："我胸疼，是不是我的胸？"我说："对……"这时，我又想起二哥的病，都是结核，但二哥还可以在北京协和的西山安静修养，可香港现在没有这个条件，大夫又……到最后，医院说，我们束手无策了。这时你跟他们交涉也没有用，一没时间，二没精力，我又找到玛丽医院，因为已经熟了，他们答应收留萧红。香港这时交通已断绝，从玛丽医院到城里来回八十里路，有汽车是很方便，可当时就靠我一个人走路，萧红怎么送过去？我想找辆车。那时汽车都被日本人征用，要找汽车只有找日本人去。日本人也分两种，一种是军阀武士道，一种可能还有人道主义思想，如记者，万一有肯帮助我们的。我看到两个日本记者在用英语交谈，我就上前用英语说我是端木蕻良，不想他们知道，了解我的要求后，他们说好，于是一位把我带到他的办公室。他戴记者臂章，记不清是什么社了（这次南下，杜宣说是朝日新闻社的），反正是随军记者。他找来车，把萧红送到玛丽医院。玛丽医院很快就被军管，我又送萧红到法国医院，法国医院大夫非常好，我以前还记得他名字。后医院又被军管，法国大夫在圣士提反教会女校，设立个临时救护站，我问他萧红还有希望吗？他说："在这个情况下，我很难说这个话，假使在正常的情况下，她是有希望的，我可以保证这点，现在这个情况，我一点办法也没有，只能维持现状。我尽量把现有的好药都拿出来，使出我最大本事。"

这样使萧红维持了一段时间。

这期间，那位日本记者表现很不错，我就问他名字，叫小椋，在萧红最后的时际，他也去看过萧红。他也说，看萧红这样，希望不大了。我说都是养和医院开刀缩短了她的寿命。他说，不开刀，也活不长。我想至少能维持几年，他这么说无非想减少战争的罪恶。但他本人还是帮了一些忙。萧红一死，我就把那个日本记者甩掉了。

萧红临死有这样一个遗言：要葬在鲁迅墓旁。但当时情况做不到，我说只有将来办到了。她说：那你把我埋在一个风景区，要面向大海。这样我选定了香港风景最好的浅水湾。骆宾基根本不了解这情形。当时日本人军管，死人很多，都是乱七八糟地埋在一个公墓，我当然不能让萧红埋在那里，将来根本无法辨认，成万人坑了，日本人就搞这种万人坑嘛。我去找管理的人，他也是高级知识分子，懂英文，我用英文跟他说，他很高兴，他问葬在哪儿，我说葬在浅水湾，他也不知浅水湾是哪里，因为那里根本不能葬人，但他批准了。我当时没有用他的车子，要甩开他们，我是抱着骨灰瓶走去的。

我想立墓碑，在当时没有条件，就找了一个木板，写了“萧红之墓”。当时连锹都没有，是用手或拿石头挖的，那是人家的一个花坛（在当时的丽都酒店前方——成按），面向大海，路上一个人也没有。埋她，我心里很不放心，我知道香港是一定要收回的，但这个墓会不会保存呢？将来英国人是不会保存这个墓的，因为这不是埋人的地方。因此处理骨灰时，装了两个骨灰瓶。那时候，买不到骨灰盒，是敲开古玩店的门，买的古玩瓶，一个埋在浅水湾，一个后来埋在圣士提反女校中。

浅水湾埋了萧红后，我住到香港大学马纪明（香港大学教授——成按）家里，他对我很好，劝我在他那儿住，恢复一下。他家住半山，我把另一只骨灰瓶也带去了，在中国来讲，这是犯忌讳的。我想这个骨灰瓶要找一个不同于浅水湾的地方，这样毁了一个，还能保存一个，因此把它埋在圣士提反女校。

在战争前，我和萧红都不认识骆宾基，一天，忽然一个电话，说他是骆宾基要见我，我看过他的《边陲线上》，知道这个名字，就到旅馆看他。他说，他在香港没着落，要我安排他。我就安排他到周鲸文的《时代批评》社里。有了吃住的地方，我又问他有无稿子，我给他发表，好拿稿费维持生活，他拿一个《人与土地》，这样他的生活解决了。战争中，他想回内陆，我想此时找一个人照顾萧红很困难，水电交通都断绝了，旁边没有一个帮手，很困难，当时他住香港，我住九龙。他打电话与我告别，我就请他留下帮忙。这以前是我带他到我九龙的家，他才第一次见到萧红。萧红死后，我们一起回的澳门，而不是像他说的，你先走了，他后走了（当时还有于毅夫留下的王福时同志陪端木他们一齐走的——成按）。我们坐的日本船“白银丸”号，我们买的票是去广州湾，但那儿已被日本人控制。澳门有画家黄新坡，我南开中学的老师田聪，我们在香港见过面，所以是从澳门下船，辗转回到内地。

（选自《端木蕻良文集》第七卷，北京出版社，2009 年 6 月）

忆萧红 / 许广平

我们在上海定居之后，最初安稳地度过了一些时，后来被环境所迫，不得不度着隐晦的生活，朋友来的已经不多，女的更是少有。我虽然有不少本家之流住在近旁，也断绝了往来。可以说，除了理家，除了和鲁迅先生对谈，此外我自己是非常孤寂的。不时在鲁迅先生出外赴什么约会的时候，冷清清的独自镇守在家里，幻想之中，像是想驾一叶扁舟来压下心里汹涌的洪涛，又生怕这波涛会把鲁迅先生卷去，而我还在船上毫无警觉。这时，总时常会萌发一些希冀，企望户外声音的到来。

大约一九三四年的某天，阴霾的天空吹送着冷寂的歌调，在一个咖啡室里我们初次会着两个北方来的不甘做奴隶者。他们爽朗的话声把阴霾吹散了，生之执着，战，喜悦，时常写在脸面和音响中，是那么自然，随便，毫不费力，像用手轻轻拉开窗幔，接受可爱的阳光进来。

从此我们多了两个朋友：萧红和萧军。

流亡到来的两颗倔强的心，生疏，落漠，用作欢迎。热情，希望，换不来宿食。这境遇，如果延长得过久，是可怕地必然会消蚀了他们的。因此，为了给他们介绍可以接谈的朋友，在鲁迅先生邀请的一个宴会里，我们又相见了。

亲手赶做出来，用方格子布缝就的直襟短衣穿在萧军先生身上，天真无邪的喜悦夸示着式样。——那哥萨克式，在哈尔滨见惯的——穿的和缝的都感到骄傲，满足，而欢欣。我们看见的也感到他们应该骄傲，满足，欢欣。

我看见两只核桃，那是不知经过多少年代用手滚弄的了，醉红色的，光滑滑的在闪动，好像是两只眼睛在招呼着每一个人，而自己却用色和光介绍了它在世的年代。

“这是我祖父留传下来的。”萧红女士说：

“还有一对小棒槌，也是我带来在身边的玩艺，这是捣衣用的小模型，通通送给你。”萧红女士在宴席上交给了海婴。把这些患难中的随身伴侣，或传家宝见赠了。

中等身材，白皙，相当健康的体格，具有满洲姑娘特殊的稍稍扁平的后脑，爱笑，无邪的天真，是她的特色。但她自己不承认，她说我太率直，她没有我的坦白。也许是的吧，她的身世，经过，从不大谈起的，祇简略的知道是从家庭奋斗出来，这更坚强了我们的友谊。何必多问，不相称的过早的白发衬着年青的面庞，不用说就想到其中一定还有许多曲折的生的旅程。

我们用接待自己兄弟一样的感情招待了他们，公开了住处，任他们随时可以到来。

鲁迅先生不时在病，不能多见客人。他们搬到北四川路离我们不远的地方来住下。据萧军先生说："靠近些，为的可以方便，多帮忙。"

但每天来一两次的不是他，而是萧红女士，因此我不得不用最大的努力留出时间在楼下客厅陪萧红女士长谈。她有时谈得很开心，更多的是勉强谈话而强烈的哀愁，时常侵袭上来，像用纸包着水，总没法不叫它渗出来。自然萧红女士也常用力克制，却转像加热在水壶上，反而在壶外面满都是水点，一些也遮不住。

终于她到日本去了。直至鲁迅先生死后才回到上海来。

在鲁迅先生死后第五天，她曾给萧军先生信（见《鲁迅先生纪念集》），说：

"可怕的是许女士的悲痛，想个法子，好好的安慰着她，最好是使她不要静下来，多多的和她来往。"这个动议大约是被采用了。所以鲁迅先生死了之后，萧军和黄源等先生来了，其他如聂绀弩夫妇，张天翼夫妇，更有胡风夫妇等许多人都时常来了。有一次，萧军和黄源等半劝半迫的叫我去看电影，没法子跟着去了，在开映的时候利用光线，我一直在暗中流泪。十年来，在上海每次踏入电影院都是和鲁迅先生一道的，看到会心的时候会彼此用臂膀推动一下，这生动的情境在电影院中更增加我的伤痛，但我怎能辜负他们的好意呢？他们那里会想到发生相反的结果呢？

战争的火焰烧蚀了无数有作为的人，萧红女士也是其中之一个。当我刚刚跳出监狱的虎口，相信活下来的时候，到家里不几天意外地收到端木蕻良先生的简单噩耗，大意说，萧红女士于某月日死了，葬于香港某花园的某处，并且叫我托内山完造先生设法保护。末了又说，他预备离去，但到甚么地方还不大能够决定。

鲁迅先生逝世后，萧红女士想到叫人设法安慰我，但是她死了，我向甚么地方去安慰呢？不但没法安慰，连这一封值得纪念的信也毁了，因为我不敢存留任何人的信。而且连她死的月日地点都在我脑中毁了，这不能推说“不敢存留”，祇可承认是我的脑子的确不行了，是我的无可挽救的过失。更其对不住端木蕻良先生的是，我并没有把他的意思转向内山先生请求。因为我觉得萧红女士和上海人初次见面的礼物是：《生死场》。她是东北作家，而又是抗日份子，想来内山先生不会不清楚的。请他“保护”，也许非其权力所及。或者能设法了，也于他不便。在我这方面，也不甘于为此乞求他援助，我把这句话吞没了，直至现在才公开出来，算是自承不忠于友。

自责两句不就算完了良心的呵谴。我不知道萧红女士在香港埋葬的地方有没有变动，我也没法子去看望一下。我们往来见面了差不多三四年，她死了到现在也差不多三四年了，不能相抵，却是相成，在世界上少了一个友朋，在我的生命的记录簿上就多加几页黑纸。

乌黑的一片。久视了，眼珠子会有许多血红的火星在飘浮，我愿意这火星加多，增长，结成大红火球，把我包没，把我周围一切包没。

（选自《大公报·文艺》，署名景宋，1945年11月28日）

风雨中忆萧红 / 丁玲

当萧红和我认识的时候，是在春初，那时山西还很冷，很久生活在军旅之中，习惯于粗犷的我，骤睹着她的苍白的脸，紧紧闭着的嘴唇，敏捷的动作和神经质的笑声，使我觉得很特别，而唤起许多回忆，但她的说话是很自然而真率的。我很奇怪作为一个作家的她，为什么会那样少于世故，大概女人都容易保有纯洁和幻想，或者也就同时显得有些稚嫩和软弱的原故吧。但我们却很亲切，彼此并不感觉到有什么孤僻的性格。我们都尽情的在一块儿唱歌，每夜谈到很晚才睡觉。当然我们之中在思想上，在情感上，在性格上都不是没有差异，然而彼此都能理解，并不会因为不同意见或不同嗜好而争吵，而揶揄。接着是她随同我们一道去西安，我们在西安住完了一个春天，我们也痛饮过，我们也同度过风雨之夕。我们也互相倾诉，然而现在想来，我们谈得是多么的少呵！我们似乎从没有一次谈到过自己，尤其是我。然而我却以为她从没有一句话是失去了自己的，因为我们实在都太真实太爱在朋友的面前赤裸自己的精神，因为我们又实在觉得是很亲近的。但我仍会觉得我们是谈得太少的，因为，象这样的能无妨嫌，无拘束，不须要警惕着谈话的对手是太少了呵！

那时候很希望她能来延安，平静的住一时期之后而致全力于著作，抗战后短时期的劳累奔波似乎使她感到不知在什么地方能安排生活，她或许比我适于幽美平静，延安虽不够做为一个写作的百年长计之处，然在抗战中，的确可以使一个人少顾虑于日常琐碎，而策划于较远大的。并且这里有一种朝气，或者会使她能更健康些。但萧红却南去了，至今我还很后悔那时我对于她生活方式所参予的意见是太少了，这或许由于我们相交太浅，和我的生活方式离她太远的原故，但徒劳的热情虽然常常于事无补，然在个人仍可得到一种心安。

我们分手后，就从没有通过一封信，端木曾来过几封信，在最后的一封信上（香港失陷约一星期前收到）告诉我，萧红因病始由皇后医院迁出。不知为什么我就有一种预感。觉得有种可怕的东西会来似的，有一次我同白朗说："萧红决不会长寿的。"当我说这话的时候，我是曾把眼睛扫遍了中国我所认识的或知道的女性朋友，而感到一种无言的寂寞，能够耐苦的，不依赖于别的力量，有才智有气节而从事于写作的女友，是如此寥寥呵！

不幸的是我的杞忧竟成了预言，当我昂头望着天的那边，或低首细数脚底的泥沙，我都不能压制我丧去一个真实的同伴的叹息，在这样的世界中生活下去，多一个真实的同伴，便多一分力量，我们的责任还不只于打开局面，指示光明，而还是创造光明和美丽；人的灵魂假如只能拘拘于个体的偏狭之中，便只能陶醉于自我的小小成就。我们要使所有的人，连仇敌也在内都能有崇高的享受，和为这享受而有的伟大的牺牲。

只要我活着，朋友的死耗一定将陆续的压住我沉闷的呼吸。尤其是在这风雨的日子里，我会更感到我的重荷，我的工作已经够消磨我的一生，何况再加上你们的屈死，和你们未完的事业，但我一定可以支持下去的，我要借这风雨，寄语你们，死去的，未死的朋友们，我将压榨我生命所有的余剩，为着你们的安慰和光荣。那怕就仅仅为着你们也好，因为你们是受苦难的劳动者，你们的理想就是真理。

风雨已停，朦胧的月亮浮在西边的山头上，明天将有一个晴的天，我为着明天的胜利而微笑。为着永生而休息。我吹熄了灯。平静的躺到床上。

一九四二年四月二十五日

遥祭 / 白朗

人（不管是青年或是老年）之需要友情的慰藉，正像一个孩子之需要母亲的温暖一样；两个知心的朋友，有时会胜过一对恩爱的夫妻。我常常想：一个人也许不一定要有异性的体贴，却不能没有朋友的情爱，这样的说法我觉得并不过火。

当你没有朋友的时候，你不感觉寂寞吗？

当你寂寞的时候，你能不怀念起久别的故人吗？

前年春天（那时我在重庆）住在九龙的红来信里，曾经有过这样的寄语：

“不知为什么，莉，我的心情永久是如此的抑郁，这里的一切景物都是多么恬静和优美，有山，有树，有漫山漫野的鲜花和婉声的鸟语，更有澎湃泛白的浪潮，面对着碧澄的海水，常会使人神醉的。这一切，不都正是我往日所梦想的写作的佳境吗？然而呵，如今我却只感到寂寞！在这里我没有交往，因为没有推心置腹的朋友。因此，常常使我想到你，莉，我将尽可能在冬天回去……”

冬天，她没有回来，冬天过了，我也就离开了重庆。从此，不要说是聚首，就连音讯竟也隔绝了。想不到，离别了故人的红那寂寞的心声，竟已变成她对我的最后的倾诉了。

生活在自由的土地上，却偏偏痛感到友情的淡漠，越得不到友情的温暖，也越感到友情的可珍。近几月来，也许是为了寂寞的缘故吧，对于还在南海的红，有着一种殷切的怀念，也正有着和红同样的心情。因之，香港沦陷的消息传来，较之居留在那里的文化界的朋友，我更关心红的安全，总在默祈她脱离险境，更期待着一个重相聚首的机会。三个月当中，幸灾乐祸的人们，如同一群讨厌的猫头鹰，在不断地鼓噪着不祥，那让人悲愤，也让人灰心的不怀好意的挽歌，早使我的期待淡漠下去了。幸而，“香港文化界百余人，已安抵自由祖国”的喜讯，封闭了猫头鹰的嘴巴。它正如一阵愉快的春风，吹开了我郁锁的心扉，欢欣的激动使我的心失常地跳动起来；而我的期待更炽烈地复燃了。在这迫切的期待之下，我常常自慰似的默默下着结论：

“红一定脱险了，而且我相信，她一定会来延安的。”

然而，我的期待只不过是一个渺茫的希望，当我正在企盼着一个更确切的喜讯的时候，蔽天的黄风却挟来了那样击人欲昏的沙砾：我那时年的挚友能够闪躲了敌人的刀锋，而竟未能拒绝死的召唤，“生于贫病，死于贫病”，这难道是为革命的事业而呕心沥血的红应得的报酬吗？

听到这噩耗，不仅作为挚友的我感到深沉的悲痛；我想，但是读过她的作品的人都会同声哀悼的。当时，我曾经对敌人起着切齿的痛恨，可是，当悲愤之余，我仔细玩味的时候，却又不能把红的死完全归罪于我们的敌人了。虽然“战时奔走避难，以致病势转剧”，但，我觉得，那只能促她速死，而不是使她夭亡的主因。因为，她的病，我要说是忧郁的累积。

写到这里，在我的脑中又展开了一些片段的回忆；虽然我对红的感情的变化理解得也许不完全正确，为了纪念生平唯一的知友，我愿意真诚坦白地倾吐出我的衷曲。

我和红的相识是在她和军结缡未久、还是初恋的时候。每当我走进那不见阳光的小屋，就会感到一种幸福的和谐，只能看到他们啃嚼着干了的面包，却从未看到过那因过分贫困的迫压而显露的愁眉苦脸。精神是生命的支柱，他们虽说“吃的是草”而“挤的是牛奶”，还是显得那样愉快健康。在互相砥砺之下，不断地写、严肃地写，不管是溽暑或严冬，他们流着汗或是痉挛着冻僵的手，在消耗那无以补充的脑汁。那时我不过刚刚和文艺结缘，还不能理解一个写作者的心情，我常常以一个世俗者的心理，去衡量他们的处境，我想，他们为什么甘愿受着贫困的玩弄，而不去寻求一个职业呢？有时真想向他们进一点忠告，可是，当我一看见那两张愉快的无忧的孩子般的脸，便把进谏的意念打消，不知觉地混搅在他们愉快的洪流之中，再不会感到他们会有什么贫困的苦痛了。即使在他们怄气的时候，你也不能不承认那是幸福的争吵。不奇怪吗？这一切，像谜一样地迷惑我单纯的心。慢慢地，我才得到了结论：他们的幸福、快乐是建筑在共同的事业和真挚的情爱上，绝不是贫困的手所可左右的。

这种给朋友以安慰、以钦羡的和谐，一直持续到他们离开哈尔滨的时候。朋友们是以恋别的眼，看着他们捧着注满的幸福之杯踏上流亡征途的。这一时期，一直被命运苛待的红要算是真真品尝到人生之乐了。

别后，红远在祖国的海边，获得了足以报偿她的努力的成就，而我却还留在沦陷了两年的东北，压抑着火样的热情和理想，忍受着敌人的迫害，因而一年当中，我们间的消息几乎完全断绝了。

一年之后，我们侥幸地又在沪滨相逢，而且有机会生活在一起。一切仿佛都没有变样，他们的生活仍不因为那成就而变好，贫穷永远在尾随着他们。他们依然是那样达观地以冷眼对着贫穷，表现着极强的生命力从事于写作。

这时的红呢，面色是苍白的、病态的，精神也不似以往那样愉快，仿佛有一株忧郁之苗在她的心上发芽了。在两个月的共同生活中，我只感觉到红那只注满的幸福之杯仿佛已在开始倾泻了。

红是一个神经质的聪明人，她有着超人的才气，我尤其敬爱她那种既温柔又爽朗的性格，和那颗忠于事业、忠于爱情的心；但我不大喜欢她那不能忍让的“美德”，这也许正是她的弱点：她的真挚的、爱人的热情没有得到真挚的答报，相反，常常遭到无情的挫伤；她的温柔和忍让没有换来体贴和恩爱，在强暴者面前只显得无能和懦弱。

几年来，大家都在到处流亡，我和红也还能到处相遇，每次看见她，在我们的促膝密语中，我总感觉到她内心的忧郁逐渐深沉了，好像有一个不幸的未来在那里等待着她。

预料的不幸终于发生，幸福之杯粉碎了，红和军决然地分开，据传说，红竟爱上了一个她并不喜欢的人。

此后，她的感情的突变是非常显著的。久别之后，在重庆一个小镇上，我们有幸又在一起生活了一个较长的时期。虽然整天住在一个房子里，红却从不向我谈起和军分开以后的生活和情绪，一切她都隐藏在她自己的心里，对着一向推心置腹的故友也竟不肯吐露真情了，似乎有着不愿告人的隐痛在折磨着她的感情，不然，为什么连她的欢笑也总使人感到是一种忧郁的伪善呢？

她变得是那样暴躁易怒，有两三次，为了一点小事竟例外地跟我发起脾气，直到她理智恢复，发觉我不是报复的对象时，才慢慢沉默下去。

有一次，她竟这样对我说：

“贫穷的生活我厌倦了，我将尽量地去追求享乐。”

这一切，在我看来都是反常的。我奇怪，为什么她对一切都像是怀着报复的心理呢？也许，她的新生活并不美满吧？那么，无疑地，她和军的分开该是她无可医治的创痛了。

她不愿意讲，我也不忍去触她的隐痛，直到我们最后握别时，她才凄然地对我说：

“莉，我愿你永久幸福。”

“我也愿你永久幸福。”

“我吗？”她惊问着，接着是一声苦笑，“我会幸福吗？莉，未来的远景已经摆在我的面前了，我将孤寂忧悒以众生！”

这句话到现在还幽凄地响在我的耳边，它留给我以悲哀的记忆。如今，红已安息在地下了，当她与生诀别时，是否如她的语言一样呢？我无由得知，更欲问无从了！

一九四二年四月十日

蓝家坪

忆萧红 / 胡风

萧红死去已四十余年了，今年又逢她七十岁诞辰。国内外的有心人士都在研究她，纪念她，发表了很多纪念文章，内中定有许多卓越的见解。可惜我不能亲自阅读。

回想起（20 世纪）30 年代初，萧氏夫妇初到上海的情况，仍清晰在目。

第一次鲁迅先生为我们安排了会见，在四马路小花园弄的梁园（河南菜馆）请客，目的是介绍我和别的朋友们与他们见面。可惜约我们赴约的信，被我的小姨子耽误了，她第二天才送来。这使我失去了与他们见面畅谈的机会，还让他们失望久等，我现在想起还感到对不起当时鲁迅先生的一片精心安排，他是要我带着妻子和初生的婴儿一同赴宴的。

不久我们在别的情况下，见面了。这一对在遭敌人侵略的土地上用笔参加了民族革命斗争的青年夫妇，是令我高兴的。尤其是当时叫悄吟的后来的萧红，我觉得她很坦率真诚，还未脱女学生气，头上扎两条小辫，穿着很朴素，脚上还穿的球鞋呢，没有那时上海滩上姑娘们的那种装腔作势之态。因此虽是初次见面，我对他们就不讲客套，可以说是一见如故了。

后来，她将她的中篇小说给我看了，还告诉我它还没有名字，又希望我能为它写序，我当时谢辞了，要他们请鲁迅先生写。但是鲁迅先生和我闲谈时，也叫我写，说他一人写两本书的序不太好，也实在没什么好说的，你来一篇吧。我就答应了写一篇读后记。

读了这个中篇，我吃惊于作者对她所写的人物的敏锐感觉，用字的大胆和特殊的风格，这是有着发光的才华的未来女作家，我在后记里这样写了：

这是用钢戟向晴空一挥似的笔触，发着颤响，飘着光带，在男性作家里面不能不说是创见了。

然而，我并不是说作者没有她的短处或弱点。第一，对于题材的组织力不够，全篇显得是一些散漫的素描，感不到向着中心的发展，不能使读者得到应该能够得到的紧张的迫力。第二，在人物描写里面，综合的想象的加工非常不够。个别地看来，她的人物是活的，但每个人物的性格都不凸出，不大普遍，不能够明确地跳跃在读者的前面。第三，语法句法太特别了，有的是由于作者所要表现的新鲜的意境，有的是由于被采用的方言，但多数只是因为对于修辞的锤炼不够。我想，如果没有这几个弱点，这一篇不是以精致见长的史诗就会使读者感到更大的亲密，受到更强的感动罢。

当时我这样写，并不是苛求。因为她是有能力克服这些短处和弱点的，作为一个朋友，我应尽的责任，就是向她说心里的真话。这在今天萧红热的浪潮中，当然不合时宜了。

他们的两本书《八月的乡村》和《生死场》，为民族解放斗争增加了力量，也为我们左翼文艺工作带来了新的气息。由于是自费印的，发行很困难。我曾从鲁迅先生那里，十本二十本地拿去，由当时的左联工人文艺小组代为推销，将它们直接送到工人同志们的手里。说老实话，那时带着这么一大包不合法的书，如果遇上了巡捕（上海租界的警察）抄靶子（搜身），是有被捉将官里去的危险的。

萧红后来又写了许多短篇小说和散文，有些实在写得好，看得出在文字修辞和对人物性格的刻画方面，有很大的进步。我常常忍不住在萧军面前夸萧红。我说："她在创作才能上可比你高，她写的人物是从生活里提炼出来的，活生生的，不管是悲是喜都能使我们产生共鸣，好像我们都很熟悉似的。而你可能写得比她深刻，但常常是没有她的动人。你是以用功和刻苦，达到艺术的高度，而她可是凭个人感受和天才在创作……"一向非常骄傲专横的萧军，在这方面他是完全承认了的，只不好意思地笑笑说："我也是重视她的创作才能的，但她可少不了我的帮助……"这时萧红多半很委屈地撇撇嘴。

这两本书出来后，销售很好，他们就成了名作家了。卖稿不成问题，还有人拉拢捧场。这时生活好了，不用发愁了，同时也滋生高傲情绪。尤其是在他们夫妇之间，我感到反而没有患难与共时那么融洽那么相爱了。

"八一三"上海沦陷后，我们相继到了武汉。当时我创办了《七月》文艺半月刊，他们很乐意帮助我，成为同仁之一。不过在这种火热的抗日斗争时期，他们一下子还无法投入进去似的，未能写出反映这一斗争的令人满意的作品。他们自己可能也感到了，就答应到山西临汾民族革命大学去教书和参加抗日救亡工作。我当时是十分希望并祝愿他们能获得双丰收，为革命文艺和抗日战争贡献出力量!

第二年初夏她回武汉了。而伴同她回来的可是和她并不相投、还很看不起的 T。当她告诉我已和萧军分离了，我不吃惊，认为她这样做是迟早的问题。我向她说:“作为一个女人，你在精神上受了屈辱，你有权这样做，这是你坚强的表现。我们做朋友的为你能摆脱精神上的痛苦是感到高兴的。但又何必这样快？你冷静一下不更好吗？”

我坦率地说出了我的意见，可能伤了她的自尊心，尤其使那个 T 不高兴。这样我们就显得疏远了。

在重庆我们又再见，她还常来看我们，如果是她一个人来，我们谈得很好，如果遇见的是他们两个人，就显得无话可说似的。可能是我不愿说，她不敢随便说。

有一次她一个人来家看我，我不在。我妻子将萧军新近寄来的新婚照片给她看了。她看后好半天没有说话，看来这在感情上对她是一个不小的打击。她没有等我，就匆匆走了。后来我们虽同住在北碚乡下，我只听靳以告诉我她在生活方面的一些不愉快的情况，但她一直未来看过我。可能与这照片有关，她把我看作是萧军同党了吧。

她忽然没有告诉任何人，随 T 乘飞机去香港了。她为什么要离开当时抗日的大后方？她为什么要离开许多熟悉的朋友和人民群众，而要到一个她不熟悉的、陌生的、言语不通的地方去？我不知道，我想也没有人能知道他们的目的和打算吧？这样她就和内地远离了，她的情况我们也无法知道了。

在西安 / 聂绀弩

何人绘得萧红影，
望断青天一缕霞。
——西青散记

“飞吧，萧红！你要象一只大鹏金翅鸟，飞得高，飞得远，在天空翱翔，自在，谁也捉不住你。你不是人间笼子里的食客，而且，你已经飞过了。”当你在黄昏的雪的市街上，缩瑟地走着的时候，你的弟弟跟在后面喊：

“姐姐，回去吧，这外面多么冷呵！”

“哦，你别送我了！”你说。

“是回去的时候了，家里人都在盼望你的音讯咧！”

“弟弟，你的学校要关门了！”

不管弟弟，不管家人，你飞过了！今天，你还要飞，要飞得更高、更远……

“你知道吗？我是个女性。女性的天空是低的，羽翼是稀薄的，而身边的累赘又是笨重的！而且多么讨厌呵，女性有着过多的自我牺牲精神。这不是勇敢，倒是怯懦，是在长期的无助的牺牲状态中养成的自甘牺牲的惰性。

我知道，可是我还免不了想：我算什么呢？屈辱算什么呢？灾难算什么呢？甚至死算什么呢？我不明白，我究竟是一个人还是两个；是这样想的是我呢？还是那样想的是。不错，我要飞，但同时觉得……我会掉下来。”

朦胧的月色布满西安的正北路，萧红，穿着酱色的旧棉袄，外披着黑色小外套，毡帽歪在一边，夜风吹动帽外的长发。她一面走，一面说，一面用手里的小竹棍儿敲那路过的电线杆子和街树。她心里不宁静，说话似乎心不在焉的样子；走路也一跳一跳地。脸白得跟月色一样。她对我讲了许多话，她说：

“我爱萧军，今天还爱，他是个优秀的小说家，在思想上是个同志，又一同在患难中挣扎过来的！可是做他的妻子却太痛苦了！我不知道你们男子为什么那么大的脾气，为什么要拿自己的妻子做出气包，为什么要对自己的妻子不忠实！忍受屈辱，已经太久了……”

接着又谈和萧军共同生活的一些实况，谈萧军在上海和别人恋爱的经过……这些，我虽一麟片爪地早有所闻，却没有问过他们，今天她谈起，在我，还大半是新闻。

在临汾分手的时候，我不知道他们之间谈过一些什么话；表面上，都当作一种暂别，我们本来都说是到运城去玩玩的，萧军的兴趣不高，就让他留下了。一个夜晚，萧军送我、萧红、丁玲、塞克、D.M.到车站，快开车的时候，萧军和我单独在月台上踱了好一会。

“时局紧张得很，”他说，“临汾是守不住的，你们这回一去，大概不会回来了。爽兴就跟丁玲一道过河去吧！这学校（民大）太乱七八糟了，值不得留恋。”

“那么你呢？”

“我不要紧，我的身体比你们好，苦也吃得，仗也打得。我要到五台去。但是不要告诉萧红。”

“那么萧红呢？”

“哦，萧红和你最好，你要照顾她，她在处世方面，简直什么也不懂，很容易吃亏上当的。”

“以后你们……”

“她单纯、淳厚、倔强、有才能，我爱她。但她不是妻子，尤其不是我的！”

“怎么，你们要……”

“别大惊小怪！我说过，我爱她；就是说我可以迁就。不过还是痛苦的，她也会痛苦，但是如果她不先说和我分手，我们还永远是夫妻，我决不先抛弃她！”

我听了为之怃然了好久，我至少是希望他们的生活美满的。当时，还以为只有萧军蓄有离意；今天听见萧红诉述她的屈辱，才知道她也跟萧军一样，临汾之别，大概彼此都明白是永久的了。

我们在马路上来回地走，随意的谈。她说的多，我说的少。最后，她说：

“我有一件事要拜托你！”

随即举起手里的小竹棍儿给我看：“这，你以为好玩么？”那是一根二尺多长，二十几节的软棍儿，只有小指头那么粗。她说过，是在杭州买的，带着已经一两年了。“今天，D.M. 要我送给他，我答应明天再讲。明天，我打算放在箱子里，却对他说是送给你了，如果他问起，你就承认有这回事行么？”

我不假思索地答应了她。我知道她是讨厌 D.M. 的，她常说他是胆小鬼，势利鬼，马屁鬼，一天到晚在那里装腔作势的。可是马上想到，这几天，D.M. 似乎没有放松每一个接近她的机会，莫非他在向她进攻么？我想起萧军的嘱托。我说：

“飞吧，萧红！记得爱罗先诃童话里的几句话么：‘不要往下看，下面是奴隶的死所！’……”

她的答话，似乎没有完全懂得我的意思。当然，也许是我没有完全懂得她的意思。

在西安过的日子太久了，什么事都没有，完全是空白的日子！日寇占领了风陵渡，随时有过河的可能，又经常隔河用炮轰潼关，陇海路的交通断绝了，我们没有法子回武汉。这时候，丁玲约我同她到延安去打转。反正闲着无聊，就到延安去看看吧。一连几天都和丁玲在一块接洽关于车子的事情。没有机会与萧红谈什么。

临行的前一天傍晚，在马路上碰见萧红。

“你吃过晚饭没有？”她问。

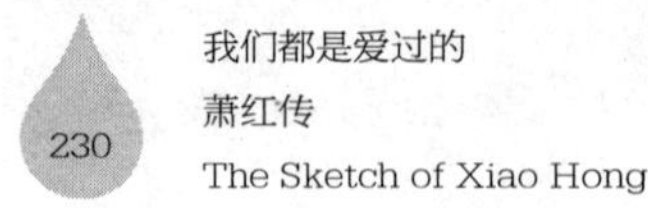

“没有。正想去吃。你呢？”

“我吃过了。但是我请客。”

“你又何必呢？”

“我要请你，今晚，我一定要请！”

进饭馆后，她替我要两样菜，都是我爱吃的。并且要了酒。她不吃，也不喝，隔着桌子望着我。

“萧红，一同到延安去吧！”

“我不想去。”

“为什么？说不定会在哪里碰见萧军。”

“不会的。他的性格不会去，我猜他到别的什么地方打游击去了。”

吃饭的时候，我没有说话，她也不说话，只默默地望着，目不转睛地望着，好像窥伺她的久别了的兄弟姐妹是不是还和旧时一样健饭似的，在我的记忆里，这是她最后一次含情地望着我。我记得清清楚楚，好像她现在还那样望着我似的。我吃了满满三碗饭。

“要是我有事情对不住你，你肯原谅我么？”出了馆子后，她说。

“你怎么会有事对不住我呢？”

“我是说你肯么？”

“没有你的事，我不肯原谅的。”

“那个小竹棍儿的事，D.M. 没有问你吧？”

“没有。”

“刚才，我已经送给他了。”

“怎么，送给他了！”我感到一个不好的预兆，“你没有说已先送给我了么？”

“说过，他坏，他晓得我说谎。”

沉默了一会儿，我说：“那小棍儿只是一根小棍儿，它不象征着旁的什么吧？”

“你想到哪里去了？”她把头望着别处，“早告诉过你，我怎样讨厌谁？”

“你说过，你有自我牺牲精神！”
“怎么谈得上呢？那是在谈萧军的时候。”
“萧军说你没有处事经验。”
“在要紧的事上我有！”

但是那声音在发颤。

“萧红，你是《生死场》的作者，是《商市街》的作者，你要想到自己文学上的地位，你要向上飞，飞得越高越远越好……”

第二天启行，在人丛中，我向萧红做着飞的姿势，又用手指天空，她会心地笑着点头。

半月后，我和丁玲从延安转来，当中多了一个萧军。他在到五台山去的中途折到延安，我们碰着了。一到 ×× 中（我们的住处）的院子里，就有丁玲的团员喊："主任回来了！"萧红和 D.M. 一同从丁玲的房里出来，一看见萧军，两人都愣住了一下。D.M. 就赶来和萧军拥抱，但神色一望而知，含着畏惧，惭愧，"啊，这一下可糟了！"等复杂的意义。我刚走进我的房，D.M. 连忙赶过来，拿起刷子跟我刷衣服上的尘土。他低着头说："辛苦了！"我听见的却是："如果闹什么事，你要帮帮忙！"我知道，比看见一切还要清楚地知道：那大鹏金翅鸟，被她的自我牺牲精神所累，从天空，一个觔斗，栽到"奴隶的死所"上了！

一九四六年一月二十日・渝

（选自重庆《新华日报》，1946 年 1 月 22 日）

记萧红女士 / 柳亚子

作家萧红女士，真姓名为张乃莹，龙江世家女也。愤东北沦陷，弃家内渡，初至上海，为鲁迅先生所器重。抗战军兴，曾北入秦晋，东巡汉皋，西窥巴渝，寻复南游香岛，止焉。以病肺入玛利医院，久乃益剧，遂退院，养疴九龙之乐道。余初未识女士，但耳其名：一日，访端木蕻良于所居，则女士已由医院归来矣。虽偃卧病榻，不能强起，而握手殷勤，有如夙昔相稔者。嗣后暇辄往诣，每娓娓清谈，不以为累。尝倚枕为余题诗册子，喟然叹曰："安得病愈，偕观电影，更就酒楼小饮，则其乐靡穷矣。"今日与端木言之，未尝不有余悲也。太平洋战争爆发，女士嘱端木以笺招余，至则惊怖甚，谓："病体不支，闻飞机声心悸弗可止。"余强颜慰藉之，悄然别去。明晨，余渡海止西摩道，则闻女士已在思豪酒店矣。尝亲以电话邀余语，叠叠不休，余恐损病体，未敢多流连也。孰意即此为永诀，后遂不复能闻其謦欬耶！香岛既陷，余间关返故国，途次曲江，初闻女士病殁噩耗，犹弗忍置信。及抵桂林，重晤端木君，始知事有不可掩覆者。嗟夫，天地不仁，万物刍狗：以女士掀天之意气，盖世之才华，而疾病困之，忧患中之，致令奄然长往，一瞑不视，甯非人世之大哀欤！兴言及此，叹息弥殷已。

编者按：1941 年底，萧红已重病不起，柳亚子时去病院安慰萧红。日寇发动太平洋战争，占领香港。柳亚子准备返回内地之时，闻萧红逝世，作七绝以悼："杜陵兄妹缘何浅，香岛云山梦已空。公爱私情两愁绝，賸挥残泪哭萧红。"

（选自柳亚子《怀旧集》，耕耘出版社，1946年）

怀萧红 / 袁大顿

纪念她的六年祭

到今天，萧红的逝去，又是六年祭了。

前些天我又来到浅水之滨，拜扫她的墓地，然而当我伫立在这寒荒的墓地之前，墓地尽让荒草野卉丛生着，坟的周围，堆砌上一圈子的白麻石，中间只站立着一块木板，写上四个磷峋的字："萧红之墓"（这四个字还是端木蕻良用血泪写就的）。我的眼前仿佛一片黑，凄楚的泪水汩汩的涌上来，这哀思无可寄托，在悲痛中我噬碎了自己的心。

人世间还有比这更惨痛的么？八年的离别，而今天面对着的却是这么一个荒凉的坟头。萧红死了吗？她最喜爱穿的那件盘着金边的枣红色的绒长旗袍，不是分明还在我的眼前摇幌？还有那一双明亮的眸子；那额际的一撒低垂的流海；脑后的左右两根小辫打成钉锤形样式，还是那么一闪一闪地，在我眼底活跃呢？然而这一切都和欢乐的回忆，在一起成了我的心上暗影了。

我初认识萧红，是一九四零年的秋天（那时她偕着端木自重庆来港），在大东酒店的文协欢迎会上。但没有留下很深的印象。直到后来大家在时代批评社搞《时代文学》的时候，我们见面和谈话的机缘才频数起来。很快，我们之间便建立了一种强然的友情。

萧红开始为《时代批评》写文章，那是一个长篇《马伯乐》的后半部，故事正发展至马伯乐一家人流亡到沪滨，笔调是那么的细腻，柔和，而又哀伤的。我很喜爱，当时我还特地找了一个精致的标题头花，去编排这个长篇。然而发刊了不够半年，她便病倒了。

不久，她就进入玛丽医院去疗养。

出于《时代文学》编务的关系，差不多我每天就要去九龙会端木蕻良，那时端木的腿部也正患着风湿瘫痪症，行动很迟钝，有好多次，我就是陪伴着他去探访萧红。萧红的病榻是在玛丽医院四楼院的前方走廊上，正面临环围着的半面海，看着那浩瀚的海，那大块的万里长空，吸着旷野的新鲜空气，这时萧红的心境，还是很愉快的。在寂寥中她把一本《圣经》读完了，见到我们来，总嚷着太寂寞，要我们下次带点新书给她看，但医生老是不许，我们没办法，只得送给她一些画报，她笑了，她说我们把她当成儿童来看待。

在十一月中，有一次，因为她早先健康时写就的《马伯乐》的一部分积稿，发表到第九章（这时马伯乐已再流徙至华中了）时，已发表完了，看来这故事的发展还很长邈，我于是又到玛丽医院去探候她，并告诉她《马伯乐》的积稿已刊完了，续稿怎么办，这一问，她怔住了说：

“大顿，这我可不能写了，你就在刊物上说我有病，算完了吧。我很可惜，还没有把那忧伤的马伯乐，提出一个光明的交代。”我看出她当时神情好像很愁沉似的，这时我也难过极了。跟着她又说，语气却变了：

“年青人要多用功……年青人有着生命的欢欣，身体壮实的爱好，美的欣慕，打扮的留恋，智识的吸取；我们要使他们能发掘生命的幽微隐秘，寻出被拘囚被捶楚得体无完肤了的人类的真理！”这番话，到今天还记得很清楚，是的，那时我还不过是一个二十岁的少年人，萧红在那时正是我的一个好教师。

然而，《马伯乐》就有如她的“红楼”一样，又成为一件未竟的著作了。

到了十一月底，萧红因为厌倦于医院的生活，又迁回尖沙咀乐道的寓所里来了。但这时萧红的病象却越发深沉了，这时端木因为要陪侍着她的《时代文学》的编务，我因之便愈形繁起来，我到九龙城的机会便愈频数起来。因为端木走不开，所以那时他和她的好些事情，我都替他俩来搞。

这时，来探候萧红的友人真多，比如茅盾，巴人，骆宾基，杨刚等都常来，我于是也替他俩来招待客人，有时，她神志不怎安，需要休憩了，我也替她权充挡驾来访的人的“门人”。

由于在家医疗的不便，萧红的病一天比一天更糟了。白天她睡得也很不宁、卧榻常常要南移又要北转，端木和我就像给她摆动摇篮一样地去把她的床摆东又摆西。她喉头的痰越来越多了，我替她买痰盂，买药品一天有时得跑上几趟，她是很自信的，她要常常知道自己病态的变化。有一次，她要我替她到屈臣氏药房买一支试体温的摄氏水银管，因为不在行，给买了一支华氏的回来，于是她笑了（在这时她的笑靥是难得见的），笑后，却温顺地给我解释了一套体温管的使用法。萧红真挚的心魂的大门，在苦难临头时也为人打开的。

十二月六日，我因事离开香港，想不到八日太平洋战争就发生了，而萧红就终于在一九四二年一月二十二日，离开了人间。

萧红于一九三四年，从遥远的中国北方出走，在孤独的生活着；却给中国的文学带来了春天的一道阳光，这一道阳光照射到哈尔滨附近的贫苦村庄，照射到羔羊，母鸡和老马，以及《生死场》中每个褴褛的农夫农妇的身上。

这一道阳光，花开三月的阳光，也照射到呼兰河，县城，县城里的大泥坑，札彩铺，卖麻花的，卖豆腐的——以及自尊心很强的有二伯。他遇到小孩子每每喜欢说："你看天空飞个家雀"，而趁那孩子往天空一望的工夫，就伸手取下孩子的帽子，放在长衫下又说："家雀衔走了你的帽子。"

这一道阳光，又于一九四二年一月廿二日消失了，在宇宙间，永远消失了。留下来的，只是存在爱读她的作品的读者们心上那一线不灭的温暖。

（选自香港《星岛日报》，1948 年 1 月 22 日）

萧红的城市 / 阿成

而今，先前的呼兰县也归入哈尔滨的版图了，成为哈尔滨的一个区。萧红就出生在呼兰。我的老父亲讲，呼兰，原本叫呼达兰。但是，究竟是地名还是人名，他没说，便是他说了，可他老人家的说法准确吗？老父亲说，先前，从呼兰到哈尔滨只有一辆私人的公共汽车，那是一辆长鼻子的老式日本通河车。由父子俩开的，如果是父亲开车，就由儿子收钱，如果儿子开车，就由父亲收钱。至于收多少钱，他老人家没说。相信也不会太贵的吧。从呼兰到哈尔滨，半个小时的路程就够了。那么，这辆长鼻子的通河车从哪儿过江呢？因为从呼兰到哈尔滨中间还隔着一条松花江呢。摆渡过江吗？还是绕到太平区，从那个老江桥上过去？这些，萧红在她的文章里没说——我想，或许车到了江边就会停下来，客人下车，然后再坐船过江的吧。

先前，呼兰是一个微型的小县城，或者因为与哈尔滨隔江相望，才有了城市模样的小繁荣。倘若从哈尔滨方向进入呼兰，还要过那条清凌凌的呼兰河。呼兰河的下游流向哪里我不知道，单是呼兰河上游段的朗乡我是去过的，去那里至少要坐五六个小时的火车呢。

我每每过这条河的时候，都明显地感到萧红的魂魄一直在这条几近干涸的河边游荡着。

萧红写道：

“七月十五盂兰会，呼兰河上放河灯了。

“河灯有白草灯，西瓜灯，还有莲花灯。和尚、道士吹着笙、箫、笛，穿着拼金大红缎子的褊衫。在河沿上打起场子来做道场。那乐器的声音离开河沿二里路就听到了……大家一齐等候着，等候着月亮高起来，河灯就要从水上放下来了。”（《呼兰河传》）

可谁在这个日子里为萧红招魂呢？

记得在一次座谈会上，我问与会的几个外国朋友，是否知道呼兰，他们一律摇头，他们摇头也就罢了，但另一位当地的旅游官员在一边却小声地嘟哝说，他们怎么会知道，这都是文人小圈子里的事。我对那几个洋人说，如果你们到哈尔滨不知道萧红，就像到法国不知道雨果、巴尔扎克，到意大利不知道卜加丘，到荷兰不知道伦布朗，到法兰克福不知道席勒一样，至少你们对这座城市缺少三分之一的了解。那几个洋人听了以后非常震惊，也很尴尬。

萧红的家在呼兰龙王庙前的英顺胡同。而今已改为萧红路，但依旧是一条清静至极的短街。先前，青砖黑瓦的大宅院是很大的。临街处有一个不大的木门，吱呀一声推开门，小心地走进去，那宅子的模样是一幢很纯粹的中式建筑，灿烂的阳光下依旧的清静。已没有人住了，萧红一家人大部分都过世了。后人和当地政府为了纪念她，极力地保护了这幢宅子，并开了一较大的广场。进到屋里，依旧是过去的陈设，灶房、火炕、桌椅、炕琴——萧红的家在这里，虽然你看不见她，但能感觉到她就在这儿，或在后花园，或在磨房里。

萧红在这个小城念的书，1925年，十四岁的萧红，念到高小二年级便随着人流上街游行，声援上海学生反帝爱国斗争了。十六岁的时候，她坐上那辆长鼻子的日产通河车，过了清凌凌的、鸦阵如云的呼兰河，穿过那条几乎能将通河车淹没的蜡色芦苇和紫色荻花的土道，再乘船横渡松花江，来到哈尔滨东北特别区区立第一女子中学读书。

萧红的字写得很清秀。字是心灵的窗子，若论是书法艺术也毫不为过。从她的娟秀逸美的小字，走进她的文章，似乎进入了一个至圣至洁的天地。萧红的这种天籁的品性，融入了她的每一篇文章——她是呼兰小城的化身，呼兰河的化身，她是呼兰城的守护神，呼兰因萧红而不朽。

萧红将她在哈尔滨的生活写成一篇篇不大的小文章，在纯净之夜重读这些文字，《商市街》《欧罗巴旅馆》《最末一块木柈》《他去追求职业》等等，让你震惊的是，她将一个人的痛苦、困境、贫穷、饥饿、颓废拼叠出一枝枝蓝色的小花，轻轻地放在你的面前，让你有不尽的感慨。

哈尔滨的中央大街，商市街，因萧红走过，陡然增加了几十倍的中国式的自尊与优雅的风度。

萧红是抛弃了富贵来到这座城市的，与那些到这座城市里淘金的商人是永远的两路人：

“我们吃什么饭呢？吃面或是饭？”

“居然我们有米有酒了，这和去年不同，忽然那些回想牵住了我……借到两角钱或一角钱……空着手他跑回来……抱着新棉袍去进当铺。”（《又是冬天》）

这座城市自从萧红出现的那一天，就对她有无比的敬意和永恒的爱。后来，萧红从哈尔滨乘火车去了上海，鲁迅先生很赏识这个和他一样背叛家庭的年轻女性。

萧红曾经为呼兰河写过《呼兰河传》，也为呼兰小城做过传（《小城三月》《生死场》），还为哈尔滨这座城市写了几十篇文字——听说，这座城市要为萧红塑一座像，我为这座城市感到无比自豪。

（选自《文艺报》，2010年9月8日）

附录 2 | 萧红年表

1911 年 / 出生

6 月 2 日（农历五月初六）。出生于黑龙江省呼兰县（现哈尔滨市呼兰区）城内龙王庙路南的张家大院。乳名荣华，学名张秀环。

1916 年 / 五岁

二弟连贵（张秀珂）出生。萧红学名改为：张迺莹。

1917 年 / 六岁

7 月 9 日。祖母范氏病故。其后，萧红搬到祖父房间，祖父开始口授《千家诗》。

1919 年 / 八岁

8 月 26 日（农历闰七月初二）。母亲姜玉兰不幸染上霍乱，三天后病故。12 月 5 日（农历十月十四），父亲张廷举续娶梁亚兰。婚后生三子（张秀、张秀琢、张秀琬）二女（张秀玲、张秀珑）。

1920 年 / 九岁

秋，萧红入呼兰县乙种农业学校女生班，上小学一年级。该校俗称龙王庙小学，后改称第二十国民小学、南关小学，现为萧红小学。

1921 年 / 十岁

秋，升入小学二年级。三弟连富感染霍乱夭亡。

1922 年 / 十一岁

秋，升入小学三年级。

1923 年 / 十二岁

秋，升入小学四年级。弟弟张秀珂入龙王庙小学读一年级。

1924 年 / 十三岁

夏，小学毕业。

秋，入北关初高两级小学校女生部，读高小一年级（即小学五年级）。学校位于城北二道街祖师庙院内，后曾称为道文小学、第二初高级完全小学校、胜利小学校等。不久，张廷举出任该校校长。

1925年 / 十四岁

秋，转入呼兰县第一女子初高两级小学校（即后来县立第一初高两级小学校的女生部，该校校址在今呼兰县第一中学院内），插班高小二年级。

1926年 / 十五岁

6月末，高小二年级毕业，到哈尔滨继续上中学的愿望遭父亲、继母反对。萧红以与家长冷战的方式进行抗争。

1927年 / 十六岁

夏，因抗争无果，扬言效仿田慎如到天主教堂当修女，张廷举终于妥协，同意萧红继续读书。

秋，入哈尔滨“东省特别区区立第一女子中学校”就读，该校前身为私立“从德女子中学”，现名为萧红中学。

1929年 / 十八岁

3月15日（农历二月初五），祖父张维祯八十寿诞。黑龙江省“剿匪”

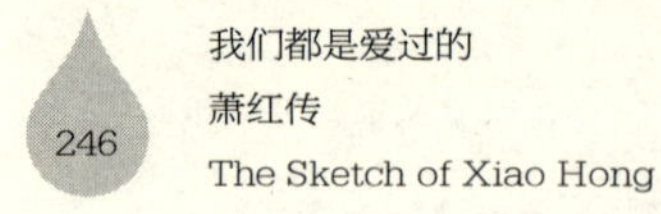

总司令、东北陆军第十七师第五旅旅长马占山等人前来祝寿。

是年，6 月 7 日（农历五月初一）。祖父病故，回家奔丧。

11 月 9 日，“哈尔滨市学生维持路权联合会”发起反日护路游行示威活动，史称“一一·九”运动。萧红参加游行。

是年，1 月。由六叔张廷献（张廷举的异母弟）保媒，萧红父将其许配给哈尔滨顾乡屯汪恩甲，两人正式订婚。

1930 年 / 十九岁

夏，初中毕业。父亲和继母主张萧红与汪恩甲完婚。在同学徐淑娟等的鼓动下，萧红准备抗婚求学。

秋，假意同意与汪恩甲结婚，从家里骗出一笔钱，出走北平，入女师大附属中学读高中一年级。

1931 年 / 二十岁

1 月。回呼兰，遭软禁，内心极度痛苦。

2 月。返回北平。汪恩甲随后找到萧红。

3 月。返回呼兰。

4 月。搬到阿城福昌号屯，开始长达六个月的软禁生活。

10 月 3 日。离开福昌号屯逃至阿城，乘火车逃至哈尔滨。

10 月上旬。开始在哈尔滨街头流浪，生活困苦不堪，再次与汪恩甲交往。

1932 年 / 21 岁

3 月间住进在东北特别市第二女子中学就读的堂妹张秀珉宿舍，经张秀珉、张秀琴姐妹斡旋，在该校高中一年级插班。后与汪恩甲住进道外东兴顺旅馆。

5 月中。汪恩甲离开东兴顺旅馆，被家庭扣下。萧红不满汪恩甲之兄汪大澄代弟解除婚约，状告其“代弟休妻”。因汪恩甲在法庭上为其兄开脱，官司败诉。

6 月中。因欠旅馆食宿费四百余元，萧红被扣为人质，陷于被卖到低等妓院的困境。

7 月 9 日。萧红向《国际协报》文艺副刊主编裴馨园发信求助。裴馨园随即带人到旅馆探访，并与友人商讨营救方案，未果。

7 月 13 日。萧军受裴馨园之托到东兴顺旅馆探访。二人初见。次日，萧军再来旅馆，两人迅速陷入热恋。

8 月 7 日。松花江决堤，整个道外区顷刻一片汪洋，街可行船。

8 月 9 日。搭搜救船离开东兴顺旅馆，住进裴馨园家，不久，与裴家人产生隔阂。

8 月底。在哈尔滨市公立第一医院（现哈尔滨市儿童医院）产下一名女婴，旋即送人。

9 月下旬。被接回裴家。几天后，又与萧军一起搬出，住进欧罗巴旅馆。

11 月中旬。萧红和萧军从欧罗巴旅馆搬出，安家于商市街 25 号。经金剑啸介绍，参加“牵牛坊”的活动。

1933 年 / 二十二岁

4 月 18 日。完成长篇纪实散文《弃儿》。该文连载于 5 月 6 日至 17 日《大同报》文艺副刊《大同俱乐部》。此后，陆续创作了小说《腿上的绷带》《太太与西瓜》《看风筝》等。

6 月间，参加“星星剧团”活动，排演《小偷》《娘姨》等剧目。

10 月 3 日，与萧军的小说、诗歌、散文合集《跋涉》自费在哈尔滨

《五日画报》印刷社出版，引起东北文坛注意，作者被誉为黑暗现实中两颗闪闪发亮的明星，奠定了萧红和萧军在东北文坛的地位。

12 月，《跋涉》因有“反满抗日”倾向遭查禁，萧红和萧军在哈处境日艰。年底，与萧军计划离开哈尔滨。

1934 年 / 二十三岁

3 月。舒群来信，约萧红和萧军去青岛。

4 月 20 日。小说《麦场》（即《生死场》前两章《麦场》《菜圃》）连载于《国际协报》副刊《国际公园》。

5 月间。因病在萧军乡下居住十多日调养身体。

6 月 12 日。与萧军悄然离开哈尔滨。

6 月 15 日。与萧军经大连抵达青岛。端午节后搬进观象一路一号。不久，舒群、倪青华夫妇搬来同住。

9 月 9 日。完成《麦场》的创作。

10 月，萧红和萧军以萧军的名义给鲁迅写信。不久，鲁迅回信，萧红和萧军备受鼓舞。

11 月 1 日，萧红和萧军与作家张梅林乘坐“共同丸”离开青岛，次日抵达上海。与萧军住进拉都路上的一个亭子间。次日，给鲁迅去信。

11 月 4 日，得鲁迅回信，从此开始与鲁迅先生的书信往来。

11 月 30 日，萧红和萧军与鲁迅全家在一家咖啡馆见面。

12 月 19 日，萧红和萧军赴鲁迅全家的宴请，结识茅盾、叶紫、聂绀弩夫妇等人。

1935 年 / 二十四岁

3 月 5 日。在鲁迅推荐下，小说《小六》发表于《太白》第一卷第十二期。

3 月中。开始写作《商市街》系列散文。

5 月 15 日。完成系列散文《商市街》。

6 月 1 日。散文《饿》在《文学》第四卷第六号上发表。

6 月中。搬到萨坡赛路 190 号唐豪律师家。

10 月，因《麦场》公开出版无望，决定自费印行。《麦场》改名《生死场》。

11 月 6 日。与萧军第一次赴鲁迅家宴。

11 月 14 日。鲁迅为《生死场》作序。

12 月中，《生死场》作为“奴隶丛书”之三假托“荣光书局”自费印行，作者署名“萧红”。该书收鲁迅《序言》、胡风《读后记》。

1936 年 / 二十五岁

1 月 20 日，与萧军、聂绀弩等人共同编辑的《海燕》创刊，当日售完两千册，鲁迅夫妇携海婴在梁园设宴庆贺。《海燕》创刊号载萧红散文《访问》。

是年，3 月 1 日。散文《广告员的梦想》载《中学生》第六十三期。此后，《同命运的小鱼》《春意挂上了树梢》《公园》《夏夜》等多篇散文先后在《中学生》杂志发表。

3 月中，与萧军搬至北四川路“永乐坊”。

3 月 23 日，在鲁迅先生家结识美国作家史沫特莱。

4 月 15 日，《作家》创刊号载萧红小说《手》。

5 月 16 日，鲁迅病重。月底，连续多日前往鲁寓。

7 月中，决定东渡日本，并期待与在日本留学的弟弟张秀珂会面。

7 月 15 日，鲁迅夫妇设家宴为之饯行。黄源、萧军均在席上，饭后与萧军、黄源到照相馆拍合影一张。

7 月 16 日，乘船赴日。

7 月 21 日，抵达东京，在黄源妻子许粤华的帮助下，开始旅日生活。

7 月 26 日，给萧军去信，告知弟弟张秀珂已于 7 月 16 日回国。

8 月中，散文集《商市街》作为由巴金主编的“文学丛刊”第二集第十二册，由上海文化生活出版社出版，内收散文 41 篇。

9 月初，为《大沪晚报》写作纪念九一八事变的散文《长白山的血迹》。

9 月 12 日，遭日本便衣警察盘查。

9 月 14 日，进入“东亚补习学校”学习日语。

9 月中，散文集《商市街》再版。

10 月 19 日，鲁迅病逝，三日后，萧红获悉死讯，极度哀伤。后致萧军信（10 月 24 日）以《海外的悲悼》为题载《中流》第一卷第五期。

11 月，散文与短篇小说作品集《桥》作为巴金主编的“文学丛刊”第三集第十二册，由上海文化生活出版社出版。

1937 年 / 二十六岁

1 月 9 日，接萧军信，中断在日本的日语学习和创作，乘“秩父丸”回国。1 月 13 日，回到上海，住法租界吕班路。

4 月，与萧军关系恶化，离家出走，到一家犹太人开办的寄宿画院准备学画，旋即被萧军朋友找回。

4 月 23 日，离开上海到北平访友、散心。在北平期间与李洁吾、舒群有较多接触。

5 月中旬，短篇小说集《牛车上》由上海文化生活出版社出版，为巴金主编“文学丛刊”第五集第五册。

5 月下旬，返回上海。参加《鲁迅先生纪念集》的资料收集和整理工作。与萧军关系持续恶化中。

6 月 15 日，组诗《沙粒》载《文丛》第一卷第一期，将与萧军间的情感危机公之于众。

7 月 7 日，卢沟桥事变爆发，中国开始全面抗战。19 日收到北平李洁吾的来信，记叙事变后北平现状。后将来信发表于《中流》第二卷第十期。

8 月 13 日，“淞沪会战”爆发，不避危险鼎力帮助日本友人鹿地亘、池田幸子夫妇。

8 月底，胡风出面邀请萧红、萧军、曹白、艾青、彭柏山、端木蕻良等作家商议筹办新的文学杂志。萧红提议将即将创刊的新杂志命名为《七月》，得到大家赞同。此次集会上，与端木蕻良第一次见面。

9 月下旬，萧红和萧军离开上海抵达汉口，通过于浣非结识诗人蒋锡金，旋即搬进蒋锡金位于武昌水陆前街小金龙巷 21 号的住处。

10 月中旬，写回忆鲁迅的散文《万年青》《逝者已矣！》。《万年青》载武汉《战斗旬刊》第一卷第四期“鲁迅先生周年祭特辑”，该文后改篇名《鲁迅先生记》(一)收入重庆大时代书局初版的《萧红散文》;《逝者已矣！》载 10 月 20 日汉口《大公报·战线》第二十九号。

10 月下旬，端木蕻良应胡风、萧军之邀前来武汉，随后也搬进小金龙巷与萧红和萧军住在一起。到武汉安顿之后，萧红开始长篇小说《呼兰河传》的创作。

12 月 10 日，与萧军、端木蕻良突遭当局逮捕。次日，在胡风托人斡旋下，三人获释。

年底。萧红和萧军搬进冯乃超位于武昌紫阳湖畔寓所。

1938年/二十七岁

1月16日。参加《七月》杂志的座谈会。

1月27日。与萧军、聂绀弩、艾青、田间、端木蕻良等人离开武汉，前往山西临汾民族革命大学任教。

2月6日。抵达临汾，与丁玲率领的“西北战地服务团”相遇，结识丁玲，并建立深厚友谊。

2月下旬。因日军逼近临汾，随“西北战地服务团”转移运城，萧军执意留下打游击，二人在临汾分手。

3月初。抵达西安，住进八路军驻西安办事处。与端木蕻良等人共同创作三幕话剧剧本《突击》。发现自己怀孕，欲堕胎，未果。

3月16日，《突击》在西安隆重公演，一连三天七场，场场爆满，轰动西安城。萧红与其他主创人员受到周恩来等领导人的接见。

4月初，萧军随丁玲、聂绀弩来到八路军驻西安办事处。向萧军正式提出分手，其后明确与端木蕻良的恋爱关系。

4月下旬，与端木蕻良一起回到武汉，再次入住小金龙巷。

4 月 29 日，出席由胡风召集的文艺座谈会，主题是“现时文艺活动与《七月》”。会上，表达了自己的创作观。

5 月下旬，与端木蕻良在汉口大同酒家举行婚礼，胡风、艾青、池田幸子等人出席。

8 月上旬，因武汉形势危急，端木蕻良离开武汉前往重庆。

8 月中旬，搬至位于汉口三教街的“中华全国文艺界抗敌协会”总部，与孔罗荪、蒋锡金等人住在一起，等候买船票入川。

9 月中旬，与冯乃超夫人李声韵结伴去重庆。行至宜昌李声韵不幸大咯血，萧红手足无措，幸得同船《武汉日报》副刊《鹦鹉洲》编辑段公爽帮助，将她送进当地医院。两天后，一个人到达重庆。

11 月，在江津一家私人小妇产医院产下一名男婴。产后第四天，平静地告知白朗，孩子头天夜里抽风而死。几天后，离开江津返回重庆。

12 月，与池田幸子、绿川英子共住在米花街小胡同池田寓所。

12 月 22 日，在塔斯社重庆分社，接受苏联记者罗果夫的采访。

1939 年 / 二十八岁

春。蛰居歌乐山潜心创作，完成了散文《滑竿》《林小二》《长安寺》，短篇小说《山下》《莲花池》等作品。

4月5日，致许广平信（3月14日）以《离乱中的作家书简》为题，载《鲁迅风》第十二期。

4月17日，香港《星岛日报》副刊《星座》连载小说《旷野的呼喊》。

5月，与端木蕻良搬至嘉陵江畔的黄桷树镇，住进苗圃。

9月22日，整理完成《鲁迅先生生活散记——为纪念鲁迅先生三周年祭而作》，后载《中苏文化》第四卷第三期。此后，发表多篇回忆鲁迅的文字。

10月下旬，将整理好的有关回忆鲁迅的文字结集为一本小册子，取名《回忆鲁迅先生》。

秋。与端木蕻良搬进名叫“秉庄”的一座二层小楼。

11月。与端木应邀参加苏联大使馆在枇杷山举行的十月革命纪念节的庆祝活动。

12月中旬。重庆北碚不断遭到轰炸，因不能忍受惊扰，与端木蕻良商量离开重庆，参考友人华岗的意见，最终决定前往香港。

1940年/二十九岁

1月17日。与端木蕻良离开重庆，乘飞机抵达香港，入住九龙尖沙咀金巴利道诺士佛台3号。

2月5日，文协香港分会在大东酒店举行全体会员聚餐会，热烈欢迎萧红、端木蕻良来港。次日，《立报》报道了该欢迎会的消息。

3月3日，参加在坚道养中女子中学举行的座谈会，讨论题目是《女学生与三八妇女节》。

3月，短篇小说集《旷野的呼喊》由上海杂志公司出版，列入郑伯奇主编的"每月文库"第一辑之十。

4月，以"中华全国文艺界抗敌协会"会员身份，登记成为文协香港分会会员。

5月11日，与端木蕻良应岭南大学艺文社之邀参加该校学生组织的文艺座谈会。

5月12日，与端木蕻良一起参加由香港文协与中国文化协进会共同举办的"黄自纪念音乐欣赏会"。

6月，《萧红散文》由重庆大时代书局出版。

7 月,《回忆鲁迅先生》由重庆生活书店出版。

8 月 3 日，香港各界“纪念鲁迅先生六十生诞纪念会”在加路连山孔圣堂举行。会上，萧红报告鲁迅先生生平事迹。晚上，在孔圣堂举行晚会，上演萧红编写的哑剧《民族魂鲁迅》。

9 月 1 日。《呼兰河传》开始在《星岛日报》副刊《星座》连载。12 月 20 日,《呼兰河传》完稿，至 12 月 27 日连载完毕。

1941 年 / 三十岁

1 月。《马伯乐》第一部由重庆大时代书局出版，5 个月后再版。

2 月 1 日。长篇小说《马伯乐》第二部在香港《时代批评》杂志第六十四期开始连载。

2 月初，与端木蕻良搬家至九龙乐道 8 号二楼。

3 月，文协香港分会等文化团体在思豪酒店举办茶会欢迎史沫特莱、宋之的、夏衍、范长江等人来港。茶会由萧红主持，史沫特莱发表演讲。

3 月初，史沫特莱前来乐道八号看望。见萧红居住环境非常糟糕，执意邀请她到玫瑰谷别墅与自己同住，两人共度了近一个月时光。

5 月初，史沫特莱返回美国，行前带走了萧红、端木蕻良的一些作品，准备在美国发表。萧红托其将一册《生死场》代送给美国作家辛克莱。

5 月 30 日，《呼兰河传》单行本作为“每月文库”第二辑之六，由桂林上海杂志公司出版。

7 月 1 日，小说《小城三月》载香港《时代文学》第一卷第二期。

7 月间，常常失眠，咳嗽加剧，再次住进玛丽医院。

9 月中，美国女作家海伦·福斯特与他人合作将萧红《马房之夜》译出，发表在自己主编的《亚细亚》月刊九月号上。

11 月初，出院回家，骆宾基、胡风等友人先后前来探望。

11 月上旬，诗人柳亚子前来拜访端木蕻良，与萧红相识。

11 月中旬，再次住进玛丽医院。因不满医生护士的冷遇，急于出院。

12 月 8 日，太平洋战争爆发。日军开始轰炸香港。骆宾基向端木蕻良辞行，在端木蕻良的挽留下，应允留下帮助照料萧红。是夜，从九龙转移至香港。

12 月 9 日，住进思豪酒店。

12 月 18 日，被迫转移至周鲸文家，后又转移到告罗士打酒店。在日军占领酒店前，端木蕻良、骆宾基又将萧红转移出来，最后安置在中环一家裁缝铺里。

12 月 24 日，转至斯丹利街时代书店的书库安顿下来。

1942 年 / 三十一岁

1 月 10 日。住进养和医院，次日手术，术后发现医生误诊。

1 月 18 日中午，转至玛丽医院。下午 2 时，安装了喉口呼吸铜管。因没有气流经过声带，不能说话。

1 月 19 日夜 12 时，写下“我将与蓝天碧水永处；留得半部‘红楼’给别人写了。……半生尽遭白眼冷遇，……身先死，不甘，不甘！……”

1 月 22 日，玛丽医院被日军接管，病人一律赶出。萧红被转至一家法国医院。其后，法国医院亦被军管。随即又被送至法国医生在圣士提反女校设立的临时救护站。6 时许陷入深度昏迷。

1 月 22 日上午 11 时，萧红在法国医院设在圣士提反女校的临时救护站逝世。终年，31 岁。

1 月 24 日。遗体在香港跑马地背后的日本火葬场火化。

1 月 25 日，部分骨灰安葬在浅水湾丽都酒店前花坛里（1957 年 8 月 15 日，迁葬广州银河公墓）。

1 月 26 日，剩余骨灰安葬在圣士提反女校后院土山坡下。至今未被发现。

黄金时代

目录

/
/
/ **小说**

/
/
/ **散文**

/ 小说

呼兰河传

第一章

一

严冬一封锁了大地的时候，则大地满地裂着口。从南到北，从东到西，几尺长的，一丈长的，还有好几丈长的，它们毫无方向地，便随时随地，只要严冬一到，大地就裂开口了。

严寒把大地冻裂了。

年老的人，一进屋用扫帚扫着胡子上的冰溜，一面说：

“今天好冷啊！地冻裂了。”

赶车的车夫，顶着三星，绕着大鞭子走了六七十里，天刚一蒙亮，进了大车店，第一句话就向客栈掌柜的说：

“好厉害的天啊！小刀子一样。”

等进了栈房，摘下狗皮帽子来，抽一袋烟之后，伸手去拿热馒头的时候，那伸出来的手在手背上有无数的裂口。

人的手被冻裂了。

卖豆腐的人清早起来沿着人家去叫卖，偶一不慎，就把盛豆腐的方木盘贴在地上拿不起来了。被冻在地上了。

卖馒头的老头，背着木箱子，里边装着热馒头，太阳一出来，就在街上叫唤。他刚一从家里出来的时候，他走的快，他喊的声音也大。可是过不了一会，他的脚上挂了掌子了，在脚心上好像踏着一个鸡蛋似的，圆滚滚的。原来冰雪封满了他的脚底了。他走起来十分的不得力，若不是十分的加着小心，他就要跌倒了。就是这样，也还是跌倒的。跌倒了是不很好的，把馒头箱子跌翻了，馒头从箱底一个一个的滚了出来。旁边若有人看见，趁着这机会，趁着老头子倒下一时还爬不起来的时候，就拾了几个一边吃着就走了。等老头子挣扎起来，连馒头带冰雪一起拣到箱子去，一数，不对数。他明白了。他向着那走不太远的吃他馒头的人说：

“好冷的天，地皮冻裂了，吞了我的馒头了。”

行路人听了这话都笑了。他背起箱子来再往前走，那脚下的冰溜，似乎是越结越高，使他越走越困难，于是背上出了汗，眼睛上了霜，胡子上的冰溜越挂越多，而且因为呼吸的关系，把破皮帽子的帽耳朵和帽前遮都挂了霜了。这老头越走越慢，担心受怕，颤颤惊惊，好像初次穿上滑冰鞋，被朋友推上了溜冰场似的。

小狗冻得夜夜的叫唤，哽哽的，好像它的脚爪被火烧着一样。

天再冷下去：

水缸被冻裂了；

井被冻住了；

大风雪的夜里，竟会把人家的房子封住，睡了一夜，早晨起来，一推门，竟推不开门了。

大地一到了这严寒的季节，一切都变了样，天空是灰色的，好像刮了大风之后，呈着一种混沌沌的气象，而且整天飞着清雪。人们走起路来是快的，嘴里边的呼吸，一遇到了严寒好像冒着烟似的。七匹马拉着一辆大车，在旷野上成串的一辆挨着一辆地跑，打着灯笼，甩着大鞭子，天空挂着三星。跑了两里路之后，马就冒汗了。再跑下去，这一批人马在冰天雪地里边竟热气腾腾的了。一直到太阳出来，进了栈房，那些马才停止了出汗。但是一停止了出汗，马毛立刻就上了霜。

人和马吃饱了之后，他们再跑。这寒带的地方，人家很少，不像南方，走了一村，不远又来了一村，过了一镇，不远又来了一镇。这里是什么也看不见，远望出去是一片白。从这一村到那一村，根本是看不见的。只有凭了认路的人的记忆才知道是走向了什么方向。拉着粮食的七匹马的大车，是到他们附近的城里去。载来大豆的卖了大豆，载来高粱的卖了高粱。等回去的时候，他们带了油、盐和布匹。

呼兰河就是这样的小城，这小城并不怎样繁华，只有两条大街，一条从南到北，一条从东到西，而最有名的算是十字街了。十字街口集中了全城的精华。十字街上有金银首饰店、布庄、油盐店、茶庄、药店，也有拔牙的洋医生。那医生的门前，挂着很大的招牌，那招牌上画着特别大的有量米的斗那么大的一排牙齿。这广告在这小城里边无乃太不相当，使人们看了竟不知道那是什么东西，因为油店、布店和盐店，他们都没有什么广告，也不过是盐店门前写个“盐”字，布店门前挂了两张怕是自古亦有之的两张布幌子。其余的如药店的招牌，也不过是：把那戴着花镜的伸出手去在小枕头上号着妇女们的脉管的医生的名字挂在门外就是了。比方那医生的名字叫李永春，那药店也就叫“李永春”。人们凭着记忆，哪怕就是李永春摘掉了他的招牌，人们也都知李永春是在那里。不但城里的人这样，就是从乡下来的人也多少都把这城里的街道，和街道上尽是些什么都记熟了。用不着什么广告，用不着什么招引的方式，要买的比如油盐、布匹之类，自己走进去就会买。不需要的，你就是挂了多大的牌子，人们也是不去买。那牙医生就是一个例子，那从乡下来的人们看了这么大的牙齿，真是觉得希奇古怪，所以那大牌子前边，停了许多人在看，看也看不出是什么道理来。假若他是正在牙痛，他也绝对的不去让那用洋法子的医生给他拔掉，也还是走到李永春药店去，买二两黄连，回家去含着算了吧！因为那牌子上的牙齿太大了，有点莫明其妙，怪害怕的。

所以那牙医生，挂了两三年招牌，到那里去拔牙的却是寥寥无几。

后来那女医生没有办法，大概是生活没法维持，她兼做了收生婆。

城里除了十字街之外，还有两条街，一条叫做东二道街，一条叫做西二道街。这两条街是从南到北的，大概五六里长。这两条街上没有什么好记载的，有几座庙，有几家烧饼铺，有几家粮栈。

东二道街上有一家火磨，那火磨的院子很大，用红色的好砖砌起来的大烟筒是非常高的，听说那火磨里边进去不得，那里边的消信可多了，是碰不得的。一碰就会把人用火烧死，不然为什么叫火磨呢？就是因为有火，听说那里边不用马，或是毛驴拉磨，用的是火。一般人以为尽是用火，岂不把火磨烧着了吗？想来想去，想不明白，越想也就越糊涂。偏偏那火磨又是不准参观的。听说门口站着守卫。

东二道街上还有两家学堂，一个在南头，一个在北头。都是在庙里边，一个在龙王庙里，一个在祖师庙里。两个都是小学：

龙王庙里的那个学的是养蚕，叫做农业学校。祖师庙里的那个，是个普通的小学，还有高级班，所以又叫做高等小学。

这两个学校，名目上虽然不同，实际上是没有什么分别的。也不过那叫做农业学校的，到了秋天把蚕用油炒起来，教员们大吃几顿就是了。

那叫做高等小学的，没有蚕吃，那里边的学生的确比农业学校的学生长的高。农业学生开头是念“人、手、足、刀、尺”，顶大的也不过十六七岁。那高等小学的学生却不同了，吹着洋号，竟有二十四岁的，在乡下私学馆里已经教了四五年的书了，现在才来上高等小学。也有在粮栈里当了二年的管账先生的现在也来上学了。

这小学的学生写起家信来，竟有写到：“小秃子闹眼睛好了没有？”小秃子就是他的八岁的长公子的小名。次公子，女公子还都没有写上，若都写上怕是把信写得太长了。因为他已经子女成群，已经是一家之主了，写起信来总是多谈一些个家政：姓王的地户的地租送来没有？大豆卖了没有？行情如何之类。

这样的学生，在课堂里边也是极有地位的，教师也得尊敬他，一不留心，他这样的学生就站起来了，手里拿着《康熙字典》，常常会把先生指问住的。万里乾坤的“乾”和乾菜的“乾”，据这学生说是不同的。乾菜的“乾”应该这样写：“乾”，而不是那样写：“乾”。

西二道街上不但没有火磨，学堂也就只有一个。是个清真学校，设在城隍庙里边。

其余的也和东二道街一样，灰秃秃的，若有车马走过，则烟尘滚滚，下了雨满地是泥。而且东二道街上有大泥坑一个，五六尺深。不下雨那泥浆好像粥一样，下了雨，这泥坑就变成河了，附近的人家，就要吃它的苦头，冲了人家里满满是泥，等坑水一落了去，天一晴了，被太阳一晒，出来很多蚊子飞到附近的人家去。同时那泥坑也就越晒越纯净，好像在提炼什么似的，好像要从那泥坑里边提炼出点什么来似的。若是一个月以上不下雨，那大泥坑的质度更纯了，水分完全被蒸发走了，那里边的泥，又黏又黑，比粥锅湫糊，比糨糊还黏。好像炼胶的大锅似的，黑糊糊的，油亮亮的，哪怕苍蝇蚊子从那里一飞也要粘住的。

小燕子是很喜欢水的，有时误飞到这泥坑上来，用翅子点着水，看起来很危险，差一点没有被泥坑陷害了它，差一点没有被粘住，赶快地头也不回地飞跑了。

若是一匹马，那就不然了，非粘住不可。不仅仅是粘住，而且把它陷进去，马在那里边滚着，挣扎着，挣扎了一会，没有了力气那马就躺下了。一躺下那就很危险，很有致命的可能。但是这种时候不很多，很少有人牵着马或是拉着车子来冒这种险。

这大泥坑出乱子的时候，多半是在旱年，若两三个月不下雨这泥坑子才到了真正危险的时候。在表面上看来，似乎是越下雨越坏，一下了雨好像小河似的了，该多么危险，有一丈来深，人掉下去也要没顶的。其实不然，呼兰河这城里的人没有这么傻，他们都晓得这个坑是很厉害的，没有一个人敢有这样大的胆子牵着马从这泥坑上过。

可是若三个月不下雨，这泥坑子就一天一天地干下去，到后来也不过是二三尺深，有些勇敢者就试探着冒险的赶着车从上边过去了，还有些次勇敢者，看着别人过去，也就跟着过去了。一来二去的，这坑子的两岸，就压成车轮经过的车辙了。那再后来者，一看，前边已经有人走在先了，这懦怯者比之勇敢的人更勇敢，赶着车子走上去了。

谁知这泥坑子的底是高低不平的，人家过去了，可是他却翻了车了。

车夫从泥坑爬出来，弄得和个小鬼似的，满脸泥污，而后再从泥中往外挖掘他的马，不料那马已经倒在泥污之中了，这时候有些过路的人，也就走上前来，帮忙施救。

这过路的人分成两种，一种是穿着长袍短褂的，非常清洁。看那样子也伸不出手来，因为他的手也是很洁净的。不用说那就是绅士一流的人物了，他们是站在一旁参观的。

看那马要站起来了，他们就喝彩，“噢！噢！”地喊叫着，看那马又站不起来，又倒下去了，这时他们又是喝彩，“噢噢”地又叫了几声。不过这喝的是倒彩。

就这样的马要站起来，而又站不起来的闹了一阵之后，仍然没有站起来，仍是照原样可怜地躺在那里。这时候，那些看热闹的觉得也不过如此，也没有什么新花样了。于是星散开去，各自回家去了。

现在再来说那马还是在那里躺着，那些帮忙救马的过路人，都是些普通的老百姓，是这城里的担葱的、卖菜的、瓦匠、车夫之流。他们卷卷裤脚，脱了鞋子，看看没有什么办法，走下泥坑去，想用几个人的力量把那马抬起来。

结果抬不起来了，那马的呼吸不大多了。于是人们着了慌，赶快解了马套。从车子把马解下来，以为这回那马毫无担负的就可以站起来了。

不料那马还是站不起来。马的脑袋露在泥浆的外边，两个耳朵哆嗦着，眼睛闭着，鼻子往外喷着突突的气。

看了这样可怜的景象，附近的人们跑回家去，取了绳索，拿了绞锥。用绳子把马捆了起来，用绞锥从下边掘着。人们喊着号令，好像造房子或是架桥梁似的，把马抬出来了。

马是没有死，躺在道旁。人们给马浇了一些水，还给马洗了一个脸。

看热闹的也有来的，也有去的。

第二天大家都说：

“那大水泡子又淹死了一匹马。”

虽然马没有死，一哄起来就说马死了。若不这样说，觉得那大泥坑也太没有什么威严了。

在这大泥坑上翻车的事情不知有多少。一年除了被冬天冻住的季节之外，其余的时间，这大泥坑子像它被付给生命了似的，它是活的。水涨了，水落了，过些日子大了，过些日子又小了。大家对它都起着无限的关切。

水大的时间，不但阻碍了车马，且也阻碍了行人，老头走在泥坑子的沿上，两条腿打颤，小孩子在泥坑子的沿上吓得狼哭鬼叫。

一下起雨来这大泥坑子白亮亮地涨得溜溜地满，涨到两边的人家的墙根上去了，把人家的墙根给淹没了。来往过路的人，一走到这里，就像在人生的路上碰到了打击，是要奋斗的，卷起袖子来，咬紧了牙根，全身的精力集中起来，手抓着人家的板墙，心脏扑通扑通地跳，头不要晕，眼睛不要花，要沉着迎战。

偏偏那人家的板墙造得又非常地平滑整齐，好像有意在危难的时候不帮人家的忙似的，使那行路人不管怎样巧妙地伸出手来，也得不到那板墙的怜悯，东抓抓不着什么，西摸也摸不到什么，平滑得连一个疤拉节子也没有，这可不知道是什么山上长的木头，长得这样完好无缺。

挣扎了五六分钟之后，总算是过去了。弄得满头流汗，满身发烧，那都不说。再说那后来的人，依法炮制，那花样也不多，也只是东抓抓，西摸摸。弄了五六分钟之后，又过去了。

一过去了可就精神饱满，哈哈大笑着，回头向那后来的人，向那正在艰苦阶段上奋斗着的人说：

“这算什么，一辈子不走几回险路那不算英雄。”

可也不然，也不一定都是精神饱满的，而大半是被吓得脸色发白。有的虽然已经过去了多时，还是不能够很快地抬起腿来走路，因为那腿还在打颤。

这一类胆小的人，虽然是险路已经过去了，但是心里边无由地生起来一种感伤的情绪，心里颤抖抖的，好像被这大泥坑子所感动了似的，总要回过头来望一望，打量一会，似乎要有些话说。终于也没有说什么，还是走了。

有一天，下大雨的时候，一个小孩子掉下去，让一个卖豆腐的救了上来。

救上来一看，那孩子是农业学校校长的儿子。

于是议论纷纷了，有的说是因为农业学堂设在庙里边，冲了龙王爷了，龙王爷要降大雨淹死这孩子。

有的说不然，完全不是这样，都是因为这孩子的父亲的关系，他父亲在讲堂上指手画脚的讲，讲给学生们说，说这天下雨不是在天的龙王爷下的雨，他说没有龙王爷。你看这不把龙王爷活活地气死，他这口气那能不出呢？所以就抓住了他的儿子来实行因果报应了。

有的说，那学堂里的学生也太不像样了，有的爬上了老龙王的头顶，给老龙王去戴了一个草帽。这是什么年头，一个毛孩子就敢惹这么大的祸，老龙王怎么会不报应呢？看着吧，这还不能算了事，你想龙王爷并不是白人呵！你若惹了他，他可能够饶了你？那不像对付一个拉车的、卖菜的，随便的踢他们一脚就让他们去。那是龙王爷呀！龙王爷还是惹得的吗？

有的说，那学堂的学生都太不像样了，他说他亲眼看见过，学生们拿了蚕放在大殿上老龙王的手上。你想老龙王那能够受得了。

有的说，现在的学堂太不好了，有孩子是千万上不得学堂的。一上了学堂就天地人鬼神不分了。

有的说他要到学堂把他的儿子领回来，不让他念书了。

有的说孩子在学堂里念书，是越念越坏，比方吓掉了魂，他娘给他叫魂的时候，你听他说什么？他说这叫迷信。你说再念下去那还了得吗？

说来说去，越说越远了。

过了几天，大泥坑子又落下去了，泥坑两岸的行人通行无阻。

再过些日子不下雨，泥坑子就又有点像要干了。这时候，又有车马开始在上面走，又有车子翻在上面，又有马倒在泥中打滚，又是绳索棍棒之类的，往外抬马，被抬出去的赶着车子走了，后来的，陷进去，再抬。

一年之中抬车抬马，在这泥坑子上不知抬了多少次，可没有一个人说把泥坑子用土填起来不就好了吗？没有一个。

有一次一个老绅士在泥坑涨水时掉在里边了。一爬出来，他就说：

“这街道太窄了，去了这水泡子连走路的地方都没有了。这两边的院子，怎么不把院墙拆了让出一块来？”

他正说着，板墙里边，就是那院中的老太太搭了言。她说院墙是拆不得的，她说最好种树，若是沿着墙根种上一排树，下起雨来人就可以攀着树过去了。

说拆墙的有，说种树的有，若说用土把泥坑来填平的，一个人也没有。

这泥坑子里边淹死过小猪，用泥浆闷死过狗，闷死过猫，鸡和鸭也常常死在这泥坑里边。

原因是这泥坑上边结了一层硬壳，动物们不认识那硬壳下面就是陷阱，等晓得了可也就晚了。它们跑着或是飞着，等往那硬壳上一落可就再也站不起来了。白天还好，或者有人又要来施救。夜晚可就没有办法了。它们自己挣扎，挣扎到没有力量的时候就很自然的沉下去了，其实也或者越挣扎越沉下去的快。有时至死也还不沉下去的事也有。若是那泥浆的密度过高的时候，就有这样的事。

比方肉上市，忽然卖便宜猪肉了，于是大家就想起那泥坑子来了，说：

“可不是那泥坑子里边又淹死了猪了？”

说着若是腿快的，就赶快跑到邻人的家去，告诉邻居：

“快去买便宜肉吧，快去吧，快去吧，一会没有了。”

等买回家来才细看一番，似乎有点不大对，怎么这肉又紫又青的！可不要是瘟猪肉。

但是又一想，哪能是瘟猪肉呢，一定是那泥坑子淹死的。

于是煎、炒、蒸、煮，家家吃起便宜猪肉来。虽然吃起来了，但就总觉得不大香，怕还是瘟猪肉。

可是又一想，瘟猪肉怎么可以吃得，那么还是泥坑子淹死的吧！

本来这泥坑子一年只淹死一两只猪，或两三口猪，有几年还连一个猪也没有淹死。至于居民们常吃淹死的猪肉，这可不知是怎么一回事，真是龙王爷晓得。

虽然吃的自己说是泥坑子淹死的猪肉，但也有吃了病的，那吃病了的就大发议论说：

“就是淹死的猪肉也不应该抬到市上去卖，死猪肉终究是不新鲜的，税局子是干什么的，让大街上，在光天化日之下就卖起死猪肉来？”

那也是吃了死猪肉的，但是尚且没有病的人说：

“话可也不能是那么说，一定是你疑心，你三心二意的吃下去还会好。你看我们也一样的吃了，可怎么没病？”

间或也有小孩子太不知时务，他说他妈不让他吃，说那是瘟猪肉。

这样的孩子，大家都不喜欢。大家都用眼睛瞪着他，说他：

“瞎说，瞎说！”

有一次一个孩子说那猪肉一定是瘟猪肉，并且是当着母亲的面向邻人说的。

那邻人听了倒并没有坚决的表示什么，可是他的母亲的脸立刻就红了。伸出手去就打了那孩子。

那孩子很固执，仍是说：

“是瘟猪肉吗！是瘟猪肉吗！”

母亲实在难为情起来，就拾起门旁的烧火的叉子，向着那孩子的肩膀就打了过去。于是孩子一边哭着一边跑回家里去了。

一进门，炕沿上坐着外祖母，那孩子一边哭着一边扑到外祖母的怀里说：

“姥姥，你吃的不是瘟猪肉吗？我妈打我。”

外祖母对这打得可怜的孩子本想安慰一番，但是一抬头看见了同院的老李家的奶妈站在门口往里看。

于是外祖母就掀起孩子后衣襟来，用力地在孩子的屁股上哐哐地打起来，嘴里还说着：

“谁让你这么一点你就胡说八道！”

一直打到李家的奶妈抱着孩子走了才算完事。

那孩子哭得一塌糊涂，什么“瘟猪肉”不“瘟猪肉”的，哭得也说不清了。

总共这泥坑子施给当地居民的福利有两条：

第一条：常常抬车抬马，淹鸡淹鸭，闹得非常热闹，可使居民说长道短，得以消遣。

第二条就是这猪肉的问题了，若没有这泥坑子，可怎么吃瘟猪肉呢？吃是可以吃的，但是可怎么说法呢？真正说是吃的瘟猪肉，岂不太不讲卫生了吗？有这泥坑子可就好办，可以使瘟猪变成淹猪，居民们买起肉来，第一经济，第二也不算什么不卫生。

二

东二道街除了大泥坑子这番盛举之外，再就没有什么了。也不过是几家碾磨房，几家豆腐店，也有一两家机房，也许有一两家染布匹的染缸房，这个也不过是自己默默地在那里做着自己的工作，没有什么可以使别人开心的，也不能招来什么议论。那里边的人都是天黑了就睡觉，天亮了就起来工作。一年四季，春暖花开、秋雨、冬雪，也不过是随着季节穿起棉衣来，脱下单衣去地过着。生老病死也都是一声不响地默默地办理。

比方就是东二道街南头，那卖豆芽菜的王寡妇吧：她在房脊上插了一个很高的杆子，杆子头上挑着一个破筐。因为那杆子很高，差不多和龙王庙的铁马铃子一般高了。来了风，庙上的铃子格棱格棱地响。王寡妇的破筐子虽是它不会响，但是它也会东摇西摆地作着态。

就这样一年一年地过去，王寡妇一年一年地卖着豆芽菜，平静无事，过着安详的日子，忽然有一年夏天，她的独子到河边去洗澡，掉河淹死了。

这事情似乎轰动了一时，家传户晓，可是不久也就平静下去了。不但邻人、街坊，就是她的亲戚朋友也都把这回事情忘记了。

再说那王寡妇，虽然她从此以后就疯了，但她到底还晓得卖豆芽菜，她仍还是静静地活着，虽然偶尔她的菜被偷了，在大街上或是在庙台上狂哭一场，但一哭过了之后，她还是平平静静地活着。

至于邻人街坊们，或是过路人看见了她在庙台上哭，也会引起一点恻隐之心来的，不过为时甚短吧了。

还有人们常常喜欢把一些不幸者归划在一起，比如疯子傻子之类，都一律去看待。

哪个乡、哪个县、哪个村都有些个不幸者，瘸子啦、瞎子啦、疯子或是傻子。

呼兰河这城里，就有许多这一类的人。人们关于他们都似乎听得多、看得多，也就不以为奇了。偶尔在庙台上或是大门洞里不幸遇到了一个，刚想多少加一点恻隐之心在那人身上，但是一转念，人间这样的人多着哩！于是转过眼睛去，三步两步地就走过去了。即或有人停下来，也不过是和那些毫没有记性的小孩子似的向那疯子投一个石子，或是做着把瞎子故意领到水沟里边去的事情。

一切不幸者，就都是叫化子，至少在呼兰河这城里边是这样。

人们对待叫化子们是很平凡的。

门前聚了一群狗在咬，主人问：

“咬什么？”

仆人答：

“咬一个讨饭的。”

说完了也就完了。

可见这讨饭人的活着是一钱不值了。

卖豆芽菜的女疯子，虽然她疯了还忘不了自己的悲哀，隔三差五的还到庙台上去哭一场，但是一哭完了，仍是得回家去吃饭、睡觉、卖豆芽菜。

她仍是平平静静地活着。

三

再说那染缸房里边，也发生过不幸，两个年青的学徒，为了争一个街头上的妇人，其中的一个把另一个按进染缸子给淹死了。死了的不说，就说那活着的也下了监狱，判了个无期徒刑。

但这也是不声不响地把事就解决了，过了三年二载，若有人提起那件事来，差不多就像人们讲着岳飞、秦桧似的，久远得不知多少年前的事情似的。

同时发生这件事情的染缸房，仍旧是在原址，甚或连那淹死人的大缸也许至今还在那儿使用着。从那染缸房发卖出来的布匹，仍旧是远近的乡镇都流通着。蓝色的布匹男人们做起棉裤棉袄，冬天穿它来抵御严寒。红色的布匹，则做成大红袍子，给十八九岁的姑娘穿上，让她去做新娘子。

总之，除了染缸房子在某年某月某日死了一个人外，其余的世界，并没有因此而改动了一点。

再说那豆腐房里边也发生过不幸：两个伙计打仗，竟把拉磨的小驴的腿打断了。

因为它是驴子，不谈它也就罢了。只因为这驴子哭瞎了一个妇人的眼睛，（即打了驴子那人的母亲）所以不能不记上。

再说那造纸的纸房里边，把一个私生子活活饿死了。因为他是一个初生的孩子，算不了什么。也就不说他了。

四

其余的东二道街上，还有几家扎彩铺。这是为死人而预备的。

人死了，魂灵就要到地狱里边去，地狱里边怕是他没有房子住、没有衣裳穿、没有马骑，活着的人就为他做了这么一套，用火烧了，据说是到阴间就样样都有了。

大至喷钱兽、聚宝盆、大金山、大银山，小至丫鬟使女、厨房里的厨子、喂猪的猪官，再小至花盆、茶壶茶杯、鸡鸭鹅犬，以至窗前的鹦鹉。

看起来真是万分的好看，大院子也有院墙，墙头上是金色的琉璃瓦。一进了院，正房五间，厢房三间，一律是青红砖瓦房，窗明几净，空气特别新鲜。花盆一盆一盆的摆在花架子上，石柱子、全百合、马蛇菜、九月菊都一齐的开了。看起使人不知道是什么季节，是夏天还是秋天，居然那马蛇菜也和菊花同时站在一起。也许阴间是不分什么春夏秋冬的。这且不说。

再说那厨房里的厨子，真是活神活现，比真的厨子真是干净到一千倍，头戴白帽子、身扎白围裙，手里边在做拉面条。似乎午饭的时候就要到了，煮了面就要开饭了似的。

院子里的牵马童，站在一匹大白马的旁边，那马好像是阿拉伯马，特别高大，英姿挺立，假若有人骑上，看样子一定比火车跑得更快。就是呼兰河这城里的将军，相信他也没有骑过这样的马。

小车子、大骡子，都排在一边。骡子是油黑的、闪亮的，用鸡蛋壳做的眼睛，所以眼珠是不会转的。

大骡子旁边还站着一匹小骡子，那小骡子是特别好看，眼珠是和大骡子一般的大。

小车子装潢得特别漂亮，车轮子都是银色的。车前边的帘子是半掩半卷的，使人得以看到里边去。车里边是红堂堂地铺着大红的褥子。赶车的坐在车沿上，满脸是笑，得意洋洋，装饰得特别漂亮，扎着紫色的腰带，穿着蓝色花丝葛的大袍，黑缎鞋，雪白的鞋底。大概穿起这鞋来还没有走路就赶过车来了。他头上戴着黑帽头，红帽顶，把脸扬着，他蔑视着一切，越看他越不像一个车夫，好像一位新郎。

公鸡三两只，母鸡七八只，都是在院子里边静静地啄食，一声不响，鸭子也并不呱呱地直叫，叫得烦人。狗蹲在上房的门旁，非常的守职，一动不动。

看热闹的人，人人说好，个个称赞。穷人们看了这个竟觉得活着还没有死了好。

正房里，窗帘、被格、桌椅板凳，一切齐全。

还有一个管家的，手里拿着一个算盘在打着，旁边还摆着一个账本，上边写着：

“北烧锅欠酒二十二斤
东乡老王家昨借米二十担
白旗屯泥人子昨送地租四百三十吊
白旗屯二个子共欠地租两千吊”

这以下写了个：

四月二十八日

以上的是四月二十七日的流水账，大概二十八日的还没有写吧！

看这账目也就知道阴间欠了账也是马虎不得的，也设了专门人才，即管账先生一流的人物来管。同时也可以看出来，这大宅子的主人不用说就是个地主了。

这院子里边，一切齐全，一切都好，就是看不见这院子的主人在什么地方，未免地使人疑心这么好的院子而没有主人了。这一点似乎使人感到空虚，无着无落的。

再一回头看，就觉得这院子终归是有点两样，怎么丫鬟、使女、车夫、马童的胸前都挂着一张纸条，那纸条上写着他们每个人的名字：

那漂亮得和新郎似的车夫的名字叫：

“长鞭。”

马童的名字叫：

“快腿。”

左手拿着水烟袋，右手抡着花手巾的小丫鬟叫：

“德顺。”

另外一个叫：

“顺平。”

管账的先生叫：

“妙算。”

提着喷壶在浇花的使女叫：

“花姐。”

再一细看才知道那匹大白马也是有名字的，那名字是贴在马屁股上的，叫：

“千里驹。”

其余的如骡子、狗、鸡、鸭之类没有名字。

那在厨房里拉着面条的“老王”，他身上写着他名字的纸条，来风一吹，还忽咧忽咧地跳着。

这可真有点奇怪，自家的仆人，自己都不认识了，还要挂上个名签。

这一点未免地使人迷离恍惚，似乎阴间究竟没有阳间好。

虽然这么说，羡慕这座宅子的人还是不知多少。因为的确这座宅子是好：清悠、闲静，鸦雀无声，一切规整，绝不紊乱。丫鬟、使女，照着阳间的一样，鸡犬猪马，也都和阳间一样，阳间有什么，到了阴间也有，阳间吃面条，到了阴间也吃面条，阳间有车子坐，到了阴间也一样的有车子坐，阴间是完全和阳间一样，一模一样的。

只不过没有东二道街上那大泥坑子就是了。是凡好的一律都有，坏的不必有。

五

东二道街上的扎彩铺，就扎的是这一些。一摆起来又威风、又好看，但那作坊里边是乱七八糟的，满地碎纸，球杆棍子一大堆，破盒子、乱罐子、颜料瓶子、浆糊盆、细麻绳、粗麻绳……走起路来，会使人跌倒。那里边砍的砍、绑的绑，苍蝇也来回地飞着。

要做人，先做一个脸孔，糊好了，挂在墙上，男的女的，到用的时候，摘下一个来就用。给一个用球杆捆好的人架子，穿上衣服，装上一个头就像人了。把一个瘦骨伶仃的用纸糊好的马架子，上边贴上用纸剪成的白毛，那就是一匹很漂亮的马了。

做这样的活计的，也不过是几个极粗糙极丑陋的人，他们虽懂得怎样打扮一个马童或是打扮一个车夫，怎样打扮一个妇人女子，但他们对他们自己是毫不加修饰的，长头发的、毛头发的、歪嘴的、歪眼的、赤足裸膝的，似乎使人不能相信，这么漂亮煊眼耀目，好像要活了的人似的，是出于他们之手。

他们吃的是粗菜、粗饭，穿的是破烂的衣服，睡觉则睡在车马、人、头之中。

他们这种生活，似乎也很苦的。但是一天一天的，也就糊里糊涂地过去了，也就过着春夏秋冬，脱下单衣去，穿起棉衣来的过去了。

生、老、病、死，都没有什么表示。生了就任其自然的长去；长大就长大，长不大也就算了。

老，老了也没有什么关系，眼花了，就不看；耳聋了，就不听；牙掉了，就整吞；走不动了，就瘫着。这有什么办法，谁老谁活该。

病，人吃五谷杂粮，谁不生病呢?

死，这回可是悲哀的事情了，父亲死了儿子哭；儿子死了母亲哭；哥哥死了一家全哭；嫂子死了，她的娘家人来哭。

哭了一朝或是三日，就总得到城外去，挖一个坑把这人埋起来。

埋了之后，那活着的仍旧得回家照旧地过着日子。该吃饭，吃饭。该睡觉，睡觉。外人绝对看不出来是他家已经没有了父亲或是失掉了哥哥，就连他们自己也不是关起门来，每天哭上一场。他们心中的悲哀，也不过是随着当地的风俗的大流逢年过节的到坟上去观望一回。二月过清明，家家户户都提着香火去上坟茔，有的坟头上塌了一块土，有的坟头上陷了几个洞，相观之下，感慨唏嘘，烧香点酒。若有近亲的人如子女父母之类，往往且哭上一场；那哭的语句，数数落落，无异是在做一篇文章或者是在诵一篇长诗。歌诵完了之后，站起来拍拍屁股上的土，也就随着上坟的人们回城的大流，回城去了。

回到城中的家里，又得照旧的过着日子，一年柴米油盐，浆洗缝补。从早晨到晚上忙了个不休。夜里疲乏之极，躺在炕上就睡了。在夜梦中并梦不到什么悲哀的或是欣喜的景况，只不过咬着牙、打着哼，一夜一夜地就都这样地过去了。

假若有人问他们，人生是为了什么？他们并不会茫然无所对答的，他们会直截了当地不加思索地说了出来："人活着是为吃饭穿衣。"

再问他，人死了呢？他们会说："人死了就完了。"

所以没有人看见过做扎彩匠的活着的时候为他自己糊一座阴宅，大概他不怎么相信阴间。假如有了阴间，到那时候他再开扎彩铺，怕又要租人家的房子了。

六

呼兰河城里，除了东二道街、西二道街、十字街之外，再就都是些个小胡同了。

小胡同里边更没有什么了，就连打烧饼麻花的店铺也不大有，就连卖红绿糖球的小床子，也都是摆在街口上去，很少有摆在小胡同里边的。那些住在小街上的人家，一天到晚看不见多少闲散杂人。耳听的眼看的，都比较的少，所以整天寂寂寞寞的，关起门来在过着生活。破草房有上半间，买上二斗豆子，煮一点盐豆下饭吃，就是一年。

在小街上住着，又冷清、又寂寞。

一个提篮子卖烧饼的，从胡同的东头喊，胡同向西头都听到了。虽然不买，若走谁家的门口，谁家的人都是把头探出来看看，间或有问一问价钱的，问一问糖麻花和油麻花现在是不是还卖着前些日子的价钱。

间或有人走过去掀开了筐子上盖着的那张布，好像要买似的，拿起一个来摸一摸是否还是热的。

摸完了也就放下了，卖麻花的也绝对的不生气。

于是又提到第二家的门口去。

第二家的老太婆也是在闲着，于是就又伸出手来，打开筐子，摸了一回。

摸完了也是没有买。

等到了第三家，这第三家可要买了。

一个三十多岁的女人，刚刚睡午觉起来，她的头顶上梳着一个卷，大概头发不怎样整齐，发卷上罩着一个用大黑珠线织的网子，网子上还插了不少的疙瘩针。可是因为这一睡觉，不但头发乱了，就是那些疙瘩针也都跳出来了，好像这女人的发卷上被射了不少的小箭头。

她一开门就很爽快，把门扇刮打的往两边一分，她就从门里闪出来了。随后就跟出来五个孩子。这五个孩子也都个个爽快。像一个小连队似的，一排就排好了。

第一个是女孩子，十二三岁，伸出手来就拿了一个五吊钱一只的一竹筷子长的大麻花。她的眼光很迅速，这麻花在这筐子里的确是最大的，而且就只有这一个。

第二个是男孩子，拿了一个两吊钱一只的。

第三个也是拿了个两吊钱一只的。也是个男孩子。

第四个看了看，没有办法，也只得拿了一个两吊钱的。也是个男孩子。

轮到第五个了，这个可分不出来是男孩子，还是女孩子。头是秃的，一只耳朵上挂着钳子，瘦得好像个干柳条，肚子可特别大。看样子也不过五岁。

一伸手，他的手就比其余的四个的都黑得更厉害。其余的四个，虽然他们的手也黑得够厉害的，但总还认得出来那是手，而不是别的什么，唯有他的手是连认也认不出来了，说是手吗，说是什么呢，说什么都行。完全起着黑的灰的、深的浅的，各种的云层。看上去，好像看隔山照似的，有无穷的趣味。

他就用这手在筐子里边挑选，几乎是每个都让他摸过了，不一会工夫，全个的筐子都让他翻遍了。本来这筐子虽大，麻花也并没有几只。除了一个顶大的之外，其余小的也不过十来只，经了他这一翻，可就完全遍了。弄了他满手是油，把那小黑手染得油亮油亮的，黑亮黑亮的。

而后他说：

“我要大的。”

于是就在门口打了起来。

他跑得非常之快，他去追着他的姐姐。他的第二个哥哥，他的第三个哥哥，也都跑了上去，都比他跑得更快。再说他的大姐，那个拿着大麻花的女孩，她跑得更快到不能想象了。已经找到一块墙的缺口的地方，跳了出去，后边的也就跟着一溜烟地跳过去。等他们刚一追着跳过去，那大孩子又跳回来了，在院子里跑成了一阵旋风。

那个最小的，不知是男孩子还是女孩子的，早已追不上了。落在后边，在号啕大哭。间或也想拣一点便宜，那就是当他的两个哥哥，把他的姐姐已经扭住的时候，他就趁机会想要从中抢他姐姐手里的麻花。可是几次都没有做到，于是又落在后边号啕大哭。

他们的母亲，虽然是很有威风的样子，但是不动手是招呼不住他们的。母亲看了这样子也还没有个完了，就进屋去，拿起烧火的铁叉子来，向着她的孩子就奔去了。不料院子里有一个小泥坑，是猪在里打腻的地方。她恰好就跌在泥坑那儿了，把叉子跌出去五尺多远。

于是这场戏才算达到了高潮，看热闹的人没有不笑的，没有不称心愉快的。

就连那卖麻花的人也看出神了，当那女人坐到泥坑中把泥花四边溅起来的时候，那卖麻花的差一点没把筐子掉了地下。他高兴极了，他早已经忘了他手里的筐子了。

至于那几个孩子，则早就不见了。

等母亲起来去把他们追回来的时候，那做母亲的这回可发了威风，让他们一个一个的向着太阳跪下。在院子里排起一小队来，把麻花一律的解除。

顶大的孩子的麻花没有多少了，完全被撞碎了。

第三个孩子的已经吃完了。

第二个的还剩了一点点。

只有第四个的还拿在手上没有动。

第五个，不用说，根本没有拿在手里。

闹到结果，卖麻花的和那女人吵了一阵之后提着筐子又到另一家去叫卖去了。他和那女人所吵的是关于那第四个孩子手上拿了半天的麻花又退回了的问题，卖麻花的坚持着不让退，那女人又非退回不可。结果是付了三个麻花的钱，就把那提篮子的人赶了出来了。

为着麻花而下跪的五个孩子不提了。再说那一进胡同口就被挨家摸索过来的麻花，被提到另外的胡同里去，到底也卖掉了。

一个已经脱完了牙齿的老太太买了其中的一个，用纸裹着拿到屋子去了。她一边走着一边说：

“这麻花真干净，油亮亮的。”

而后招呼了她的小孙子，快来吧。

那卖麻花的人看了老太太很喜欢这麻花，于是就又说：

“是刚出锅的，还热乎着哩！”

七

过去了卖麻花的，后半天，也许又来了卖凉粉的，也是一在胡同口的这头喊，那头就听到了。

要买的拿着小瓦盆出去了。不买的坐在屋子一听这卖凉粉的一招呼，就知道是应烧晚饭的时候了。因为这凉粉一个整个的夏天都是在太阳偏西，他就来的，来得那么准，就像时钟一样，到了四五点钟他必来的。就像他卖凉粉专门到这一条胡同来卖似的。似乎在别的胡同里就没有为着多卖几家而耽误了这一定的时间。

卖凉粉的一过去了，一天也就快黑了。

打着拨浪鼓的货郎，一到太阳偏西，就再不进到小巷子里来，就连僻静的街他也不去了，他担着担子从大街口走回家去。

卖瓦盆的，也早都收市了。

拣绳头的，换破烂的也都回家去了。

只有卖豆腐的则又出来了。

晚饭时节，吃了小葱蘸大酱就已经很可口了，若外加上一块豆腐，那真是锦上添花，一定要多浪费两碗包米大云豆粥的。一吃就吃多了，那是很自然的，豆腐加上点辣椒油，再拌上点大酱，那是多么可口的东西；用筷子触了一点点豆腐，就能够吃下去半碗饭，再到豆腐上去触了一下，一碗饭就完了。因为豆腐而多吃两碗饭，并不算吃得多，没有吃过的人，不能够晓得其中的滋味的。

所以卖豆腐的人来了，男女老幼，全都欢迎。打开门来，笑盈盈的，虽然不说什么，但是彼此有一种融洽的感情，默默生了起来。

似乎卖豆腐的在说：

“我的豆腐真好！”

似乎买豆腐的回答：

“你的豆腐果然不错。”

买不起豆腐的人对那卖豆腐的，就非常的羡慕，一听了那从街口越招呼越近的声音就特别地感到诱惑，假若能吃一块豆腐可不错，切上一点青辣椒，拌上一点小葱子。

但是天天这样想，天天就没有买成，卖豆腐的一来，就把这等人白白地引诱一场。于是那被诱惑的人，仍然逗不起决心，就多吃几口辣椒，辣得满头是汗。他想假若一个人开了一个豆腐房可不错，那就可以自由随便地吃豆腐了。

果然，他的儿子长到五岁的时候，问他：

"你长大了干什么？"

五岁的孩子说：

"开豆腐房。"

这显然要继承他父亲未遂的志愿。

关于豆腐这美妙的一盘菜的爱好，竟还有甚于此的，竟有想要倾家荡产的。传说上，有这样的一个家长，他下了决心，他说：

"不过了，买一块豆腐吃去！"这"不过了"的三个字，用旧的语言来翻译，就是毁家纾难的意思；用现代的话来说，就是："我破产了！"

八

卖豆腐的一收了市，一天的事情都完了。

家家户户都把晚饭吃过了。吃过了晚饭，看晚霞的看晚霞，不看晚霞的躺到炕上去睡觉的也有。

这地方的晚霞是很好看的，有一个土名，叫火烧云。说"晚霞"人们不懂，若一说"火烧云"就连三岁的孩子也会呀呀地往西天空里指给你看。

晚饭一过，火烧云就上来了。照得小孩子的脸是红的。把大白狗变成红色的狗了。红公鸡就变成金的了。黑母鸡变成紫檀色的了。喂猪的老头子，往墙根上靠，他笑盈盈地看着他的两匹小白猪，变成小金猪了，他刚想说：

“他妈的，你们也变了……”

他的旁边走来了一个乘凉的人，那人说：

“你老人家必要高寿，你老是金胡子了。”

天空的云，从西边一直烧到东边，红堂堂的，好像是天着了火。

这地方的火烧云变化极多，一会红堂堂的了，一会金洞洞的了，一会半紫半黄的，一会半灰半百合色。葡萄灰、大黄梨、紫茄子，这些颜色天空上边都有。还有些说也说不出来的，见也未曾见过的，诸多种的颜色。

五秒钟之内，天空里有一匹马，马头向南，马尾向西，那马是跪着的，像是在等着有人骑到它的背上，它才站起来。再过一秒钟，没有什么变化。再过两三秒钟，那匹马加大了，马腿也伸开了，马脖子也长了，但是一条马尾巴却不见了。

看的人，正在寻找马尾巴的时候，那马就变靡了。

忽然又来了一条大狗，这条狗十分凶猛，它在前边跑着，它的后面似乎还跟了好几条小狗仔。跑着跑着，小狗就不知跑到哪里去了，大狗也不见了。

又找到了一个大狮子，和娘娘庙门前的大石头狮子一模一样的，也是那么大，也是那样的蹲着，很威武的，很镇静地蹲着，它表示着蔑视一切的样子，似乎眼睛连什么也不睬，看着看着地，一不谨慎，同时又看到了别一个什么。这时候，可就麻烦了，人的眼睛不能同时又看东，又看西。这样子会活活把那个大狮子糟蹋了。一转眼，一低头，那天空的东西就变了。若是再找，怕是看瞎了眼睛也找不到了。

大狮子既然找不到，另外的那什么，比方就是一个猴子吧，猴子虽不如大狮子，可同时也没有了。

一时恍恍惚惚的，满天空里又像这个，又像那个，其实是什么也不像，什么也没有了。

必须是低下头去，把眼睛揉一揉，或者是沉静一会再来看。

可是天空偏偏又不常常等待着那些爱好它的孩子。一会工夫火烧云下去了。

于是孩子们困倦了，回屋去睡觉了。竟有还没能来得及进屋的，就靠在姐姐的腿上，或者是依在祖母的怀里就睡着了。

祖母的手里，拿着白马鬃的蝇甩子，就用蝇甩子给他驱逐着蚊虫。

祖母还不知道这孩子是已经睡了，还以为他在那里玩着呢！

“下去玩一会去吧！把奶奶的腿压麻了。”

用手一推，这孩子已经睡得摇摇晃晃的了。

这时候，火烧云已经完全下去了。

于是家家户户都进屋去睡觉，关起窗门来。

呼兰河这地方，就是在六月里也是不十分热的，夜里总要盖着薄棉被睡觉。

等黄昏之后的乌鸦飞过时，只能够隔着窗子听到那很少的尚未睡的孩子在嚷叫：

“乌鸦乌鸦你打场，
给你二斗粮……
…………”

那漫天盖地的一群黑乌鸦，呱呱地大叫着，在整个的县城的头顶上飞过去了。

据说飞过了呼兰河的南岸，就在一个大树林子里边住下了。明天早晨起来再飞。

夏秋之间每夜要过乌鸦，究竟这些成百成千的乌鸦过到哪里去，孩子们是不大晓得的，大人们也不大讲给他们听。

只晓得念这套歌，“乌鸦乌鸦你打场，给你二斗粮”。

究竟给乌鸦二斗粮做什么，似乎不大有道理。

九

乌鸦一飞过，这一天才真正地过去了。

因为大昴星升起来了，大昴星好像铜球似的亮晶晶的了。

天河和月亮也都上来了。

蝙蝠也飞起来了。

是凡跟着太阳一起来的，现在都回去了。人睡了，猪、马、牛、羊也都睡了，燕子和蝴蝶也都不飞了。就连房根底下的牵牛花，也一朵没有开的。含苞的含苞，卷缩的卷缩。含苞的准备着欢迎那早晨又要来的太阳，那卷缩的，因为它已经在昨天欢迎过了，它要落去了。

随着月亮上来的星夜，大昴星也不过是月亮的一个马前卒，让它先跑到一步就是了。

夜一来蛤蟆就叫，在河沟里叫，在洼地里叫。虫子也叫，在院心草棵子里，在城外的大田上，有的叫在人家的花盆里，有的叫在人家的坟头上。

夏夜若无风无雨就这样地过去了，一夜又一夜。

很快地夏天就过完了，秋天就来了。秋天和夏天的分别不太大，也不过天凉了，夜里非盖着被子睡觉不可。种田的人白天忙着收割，夜里多做几个割高粱的梦就是了。

女人一到了八月也不过就是浆衣裳，拆被子，捶棒硾，捶得街街巷巷早晚地叮叮哨哨地乱响。

“棒硾”一捶完，做起被子来，就是冬天。

冬天下雪了。

人们四季里，风、霜、雨、雪的过着，霜打了，雨淋了。大风来时是飞沙走石，似乎是很了不起的样子。冬天，大地被冻裂了，江河被冻住了。再冷起来，江河也被冻得锵锵地响着裂开了纹。冬天，冻掉了人的耳朵，……破了人的鼻子……裂了人的手和脚。

但这是大自然的威风，与小民们无关。

呼兰河的人们就是这样，冬天来了就穿棉衣裳，夏天来了就穿单衣裳。就好像太阳出来了就起来，太阳落了就睡觉似的。

被冬天冻裂了手指的，到了夏天也自然就好了。好不了的，“李永春”药铺，去买二两红花，泡一点红花酒来擦一擦，擦得手指通红也不见消，也许就越来越肿起来。那么再到“李永春”药铺去，这回可不买红花了，是买了一贴膏药来。回到家里，用火一烤，黏黏糊糊地就贴在冻疮上了。这膏药是真好，贴上了一点也不碍事。该赶车的去赶车，该切菜的去切菜。黏黏糊糊地是真好，见了水也不掉，该洗衣裳的去洗衣裳去好了。就是掉了，拿在火上再一烤，就还贴得上的。一贴，贴了半个月。

呼兰河这地方的人，什么都讲结实、耐用，这膏药这样的耐用，实在是合乎这地方的人情。虽然是贴了半个月，手也还没有见好，但这膏药总算是耐用，没有白花钱。

于是再买一贴去，贴来贴去，这手可就越肿越大了。还有些买不起膏药的，就拣人家贴乏了的来贴。

到后来，那结果，谁晓得是怎样呢，反正一塌糊涂去了吧。

春夏秋冬，一年四季来回循环地走，那是自古也就这样的了。风霜雨雪，受得住的就过去了，受不住的，就寻求着自然的结果。那自然的结果不大好，把一个人默默地一声不响地就拉着离开了这人间的世界了。

至于那还没有被拉去的，就风霜雨雪，仍旧在人间被吹打着。

第二章

一

呼兰河除了这些卑琐平凡的实际生活之外，在精神上，也还有不少的盛举，如

跳大神；

唱秧歌；

放河灯；

野台子戏；

四月十八娘娘庙大会……

先说大神。大神是会治病的，她穿着奇怪的衣裳，那衣裳平常的人不穿；红的，是一张裙子，那裙子一围在她的腰上，她的人就变样了。开初，她并不打鼓，只是一围起那红花裙子就哆嗦。从头到脚，无处不哆嗦，哆嗦了一阵之后，又开始打颤。她闭着眼睛，嘴里边叽咕的。每一打颤，就

装出来要倒的样子。把四边的人都吓得一跳，可是她又坐住了。

大神坐的是凳子，她的对面摆着一块牌位，牌位上贴着红纸，写着黑字。那牌位越旧越好，好显得她一年之中跳神的次数不少，越跳多了就越好，她的信用就远近皆知。她的生意就会兴隆起来。那牌前，点着香，香烟慢慢地旋着。

那女大神多半在香点了一半的时候神就下来了。那神一下来，可就威风不同，好像有万马千军让她领导似的，她全身是劲，她站起来乱跳。

大神的旁边，还有一个二神，当二神的都是男人。他并不昏乱，他是清晰如常的，他赶快把一张圆鼓交到大神的手里。大神拿了这鼓，站起来就乱跳，先诉说那附在她身上的神灵的下山的经历，是乘着云，是随着风，或者是驾雾而来，说得非常之雄壮。二神站在一边，大神问他什么，他回答什么。好的二神是对答如流的，坏的二神，一不加小心说冲着了大神的一字，大神就要闹起来的。大神一闹起来的时候，她也没有别的办法，只是打着鼓，乱骂一阵，说这病人，不出今夜就必得死的，死了之后，还会游魂不散，家族、亲戚、乡里都要招灾的。这时吓得那请神的人家赶快烧香点酒，烧香点酒之后，若再不行，就得赶快送上红布来，把红布挂在牌位上，若再不行，就得杀鸡，若闹到了杀鸡这个阶段，就多半不能再闹了。因为再闹就没有什么想头了。

这鸡、这布，一律都归大神所有，跳过了神之后，她把鸡拿回家去自己煮上吃了。把红布用蓝靛染了之后，做起裤子穿了。

有的大神，一上手就百般的下不来神。请神的人家就得赶快的杀鸡来，若一杀慢了，等一会跳到半道就要骂的。谁家请神都是为了治病，请大神骂，是非常不吉利的。所以对大神是非常尊敬的，又非常怕。

跳大神，大半是天黑跳起，只要一打起鼓来，就男女老幼，都往这跳神的人家跑，若是夏天，就屋里屋外都挤满了人。还有些女人，拉着孩子，抱着孩子，哭天叫地地从墙头上跳过来，跳过来看跳神的。

跳到半夜时分，要送神归山了，那时候，那鼓打得分外地响，大神也唱得分外地好听；邻居左右，十家二十家的人家都听得到，使人听了起着一种悲凉的情绪，二神嘴里唱：

“大仙家回山了，要慢慢地走，要慢慢地行。”

大神说：

“我的二仙家，青龙山，白虎山……夜行三千里，乘着风儿不算难……”

这唱着的词调，混合着鼓声，从几十丈远的地方传来，实在是冷森森的，越听就越悲凉。听了这种鼓声，往往终夜而不能眠的人也有。

请神的人家为了治病，可不知那家的病人好了没有？却使邻居街坊感慨兴叹，终夜而不能已的也常常有。

满天星光，满屋月亮，人生何如，为什么这么悲凉。

过了十天半月的，又是跳神的鼓，咚咚地响。于是人们又都着了慌，爬墙的爬墙，登门的登门，看看这一家的大神，显的是什么本领，穿的是什么衣裳。听听她唱的是什么腔调，看看她的衣裳漂亮不漂亮。

跳到了夜静时分，又是送神回山。送神回山的鼓，个个都打得漂亮。

若赶上一个下雨的夜，就特别凄凉，寡妇可以落泪，鳏夫就要起来彷徨。

那鼓声就好像故意招惹那般不幸的人，打得有急有慢，好像一个迷路的人在夜里诉说着他的迷惘，又好像不幸的老人在回想着他幸福的短短的幼年。又好像慈爱的母亲送着她的儿子远行。又好像是生离死别，万分地难舍。

人生为了什么，才有这样凄凉的夜。

似乎下回再有打鼓的连听也不要听了。其实不然，鼓一响就又是上墙头的上墙头，侧着耳朵听的侧着耳朵在听，比西洋人赴音乐会更热心。

二

七月十五盂兰会，呼兰河上放河灯了。

河灯有白菜灯、西瓜灯，还有莲花灯。

和尚、道士吹着笙、管、笛、箫，穿着拼金大红缎子的褊衫，在河沿上打起场子来在做道场。那乐器的声音离开河沿二里路就听到了。

一到了黄昏，天还没有完全黑下来，奔着去看河灯的人就络绎不绝了。小街大巷，哪怕终年不出门的人，也要随着人群奔到河沿去。先到了河沿的就蹲在那里。沿着河岸蹲满了人，可是从大街小巷往外出发的人仍是不绝，瞎子、瘸子都来看河灯（这里说错了，唯独瞎子是不来看河灯的），把街道跑得冒了烟了。

姑娘、媳妇，三个一群，两个一伙，一出了大门，不用问，到哪里去。就都是看河灯去。

黄昏时候的七月，火烧云刚刚落下去，街道上发着显微的白光，嘁嘁喳喳，把往日的寂静都冲散了，个个街道都活了起来，好像这城里发生了大火，人们都赶去救火的样子。非常忙迫，踢踢踏踏地向前跑。

先跑到了河沿的就蹲在那里，后跑到的，也就挤上去蹲在那里。

大家一齐等候着，等候着月亮高起来，河灯就要从水上放下来了。

七月十五日是个鬼节，死了的冤魂怨鬼，不得脱生，缠绵在地狱里边是非常苦的，想脱生，又找不着路。这一天若是每个鬼托着一个河灯，就可得以脱生。大概从阴间到阳间的这一条路，非常之黑，若没有灯是看不见路的。所以放河灯这件事情是件善举。可见活着的正人君子们，对着那些已死的冤魂怨鬼还没有忘记。

但是这其间也有一个矛盾，就是七月十五这夜生的孩子，怕是都不大好，多半都是野鬼托着个莲花灯投生而来的。这个孩子长大了将不被父母所喜欢，长到结婚的年龄，男女两家必要先对过生日时辰，才能够结亲。若是女家生在七月十五，这女子就很难出嫁，必须改了生日，欺骗男家。若是男家七月十五的生日，也不大好，不过若是财产丰富的，也就没有多大关系，嫁是可以嫁过去的，虽然就是一个恶鬼，有了钱大概怕也不怎样恶了。但在女子这方面可就万万不可，绝对的不可以；若是有钱的寡妇的独养女，又当别论，因为娶了这姑娘可以有一份财产在那里晃来晃去，就是娶了而带不过财产来，先说那一份妆奁也是少不了的。假说女子就是一个恶鬼的化身，但那也不要紧。

平常的人说："有钱能使鬼推磨。"似乎人们相信鬼是假的，有点不十分真。

但是当河灯一放下来的时候，和尚为着庆祝鬼们更生，打着鼓，叮咚地响；念着经，好像紧急符咒似的，表示着，这一工夫可是千金一刻，且莫匆匆地让过，诸位男鬼女鬼，赶快托着灯去投生吧。

念完了经，就吹笙管笛箫，那声音实在好听，远近皆闻。

同时那河灯从上流拥拥挤挤，往下浮来了。浮得很慢，又镇静、又稳当，绝对的看不出来水里边会有鬼们来捉了它们去。

这灯一下来的时候，金呼呼的，亮通通的，又加上有千万人的观众，这举动实在是不小的。河灯之多，有数不过来的数目，大概是几千百只。两岸上的孩子们，拍手叫绝，跳脚欢迎。大人则都看出了神了，一声不响，陶醉在灯光河色之中。灯光照得河水幽幽地发亮。水上跳跃着天空的月亮。真是人生何世，会有这样好的景况。

一直闹到月亮来到了中天，大昴星、二昴星、三昴星都出齐了的时候，才算渐渐地从繁华的景况，走向了冷静的路去。

河灯从几里路长的上流，流了很久很久才流过来了。再流了很久很久才流过去了。在这过程中，有的流到半路就灭了。有的被冲到了岸边，在岸边生了野草的地方就被挂住了。还有每当河灯一流到了下流，就有些孩子拿着竿子去抓它，有些渔船也顺手取了一两只。到后来河灯越来越稀疏了。

到往下流去，就显出荒凉孤寂的样子来了。因为越流越少了。

流到极远处去的，似乎那里的河水也发了黑。而且是流着流着地就少了一个。

河灯从上流过来的时候，虽然路上也有许多落伍的，也有许多淹灭了的，但始终没有觉得河灯是被鬼们托着走了的感觉。

可是当这河灯，从上流的远处流来，人们是满心欢喜的，等流过了自己，也还没有什么，唯独到了最后，那河灯流到了极远的下流去的时候，使看河灯的人们，内心里无由地来了空虚。

“那河灯，到底是要漂到哪里去呢？”

多半的人们，看到了这样的景况，就抬起身来离开了河沿回家去了。

于是不但河里冷落，岸上也冷落了起来。

这时再往远处的下流看去，看着，看着，那灯就灭了一个。再看着看着，又灭了一个，还有两个一块灭的。于是就真像被鬼一个一个地托着走了。

打过了三更，河沿上一个人也没有了，河里边一个灯也没有了。

河水是寂静如常的，小风把河水皱着极细的波浪。月光在河水上边并不像在海水上边闪着一片一片的金光，而是月亮落到河底里去了。似乎那渔船上的人，伸手可以把月亮拿到船上来似的。

河的南岸，尽是柳条丛，河的北岸就是呼兰河城。

那看河灯回去的人们，也许都睡着了。不过月亮还是在河上照着。

三

野台子戏也是在河边上唱的。也是秋天，比方这一年秋收好，就要唱一台子戏，感谢天地。若是夏天大旱，人们戴起柳条圈来求雨，在街上几十人，跑了几天，唱着，打着鼓。求雨的人不准穿鞋，龙王爷可怜他们在太阳下边把脚烫得很痛，就因此下了雨了。一下了雨，到秋天就得唱戏的，因为求雨的时候许下了愿。许愿就得还愿，若是还愿的戏就更非唱不可了。

一唱就是三天。

在河岸的沙滩上搭起了台子来。这台子是用杆子绑起来的，上边搭上了席棚，下了一点小雨也不要紧，太阳则完全可以遮住的。

戏台搭好了之后，两边就搭看台。看台还有楼座。坐在那楼座上是很好的，又风凉，又可以远眺。不过，楼座是不大容易坐得到的，除非当地的官、绅，别人是不大坐得到的。既不卖票，哪怕你就有钱，也没有办法。

只搭戏台，就搭三五天。

台子的架一竖起来，城里的人就说：

“戏台竖起架子来了。”

一上了棚，人就说：

“戏台上棚了。”

戏台搭完了就搭看台，看台是顺着戏台的左边搭一排，右边搭一排，所以是两排平行而相对的。一搭要搭出十几丈远去。

眼看台子就要搭好了，这时候，接亲戚的接亲戚，唤朋友的唤朋友。

比方嫁了的女儿，回来住娘家，临走（回婆家）的时候，做母亲的送到大门外，摆着手还说：

“秋天唱戏的时候，再接你来看戏。”

坐着女儿的车子远了，母亲含着眼泪还说：

“看戏的时候接你回来。”

所以一到了唱戏的时候，可并不是简单地看戏，而是接姑娘唤女婿，热闹得很。

东家的女儿长大了，西家的男孩子也该成亲了，说媒的这个时候，就走上门来。约定两家的父母在戏台底下，第一天或是第二天，彼此相看。也有只通知男家而不通知女家的，这叫做“偷看”，这样的看法，成与不成，没有关系，比较的自由，反正那家的姑娘也不知道。

所以看戏去的姑娘，个个都打扮得漂亮。都穿了新衣裳，擦了胭脂涂了粉，刘海剪得并排齐。头辫梳得一丝不乱，扎了红辫根，绿辫梢。也有扎了水红的，也有扎了蛋青的。走起路来像客人，吃起瓜子来，头不歪眼不斜的，温文尔雅，都变成了大家闺秀。有的着蛋青市布长衫，有的穿了藕荷色的，有的银灰的。有的还把衣服的边上压了条，有的蛋青色的衣裳压了黑条，有的水红洋纱的衣裳压了蓝条，脚上穿了蓝缎鞋，或是黑缎绣花鞋。

鞋上有的绣着蝴蝶，有的绣着蜻蜓，有的绣着莲花，绣着牡丹的，各样的都有。

手里边拿着花手巾。耳朵上戴了长钳子，土名叫做“带穗钳子”。这带穗钳子有两种，一种是金的、翠的；一种是铜的、琉璃的。有钱一点的戴金的，稍微差一点的带琉璃的。反正都很好看，在耳朵上摇来晃去，黄忽忽，绿森森的。再加上满脸矜持的微笑，真不知这都是谁家的闺秀。

那些已嫁的妇女，也是照样地打扮起来，在戏台下边，东邻西舍的姊妹们相遇了，好互相的品评。

谁的模样俊，谁的鬓角黑。谁的手镯是福泰银楼的新花样，谁的压头簪又小巧又玲珑。谁的一双绛紫缎鞋，真是绣得漂亮。

老太太虽然不穿什么带颜色的衣裳，但也个个整齐，人人利落，手拿长烟袋，头上撇着大扁方。慈祥，温静。

戏还没有开台，呼兰河城就热闹不得了了，接姑娘的，唤女婿的，有一个很好的童谣：

“拉大锯，扯大锯，老爷（外公）门口唱大戏。接姑娘，唤女婿，小外孙也要去。……”

于是乎不但小外甥，三姨二姑也都聚在了一起。

每家如此，杀鸡买酒，笑语迎门，彼此谈着家常，说着趣事，每夜必到三更，灯油不知浪费了多少。

某村某村，婆婆虐待媳妇。哪家哪家的公公喝了酒就耍酒疯。又是谁家的姑娘出嫁了刚过一年就生了一对双生。又是谁的儿子十三岁就定了一家十八岁的姑娘做妻子。

烛火灯光之下，一谈谈个半夜，真是非常的温暖而亲切。

一家若有几个女儿，这几个女儿都出嫁了，亲姊妹，两三年不能相遇的也有。平常是一个住东，一个住西。不是隔水的就是离山，而且每人有一大群孩子，也各自有自己的家务，若想彼此过访，那是不可能的事情。

若是做母亲的同时把几个女儿都接来了，那她们的相遇，真仿佛已经隔了三十年了。相见之下，真是不知从何说起，羞羞惭惭，欲言又止，刚一开口又觉得不好意思，过了一刻工夫，耳脸都发起烧来，于是相对无语，心中又喜又悲。过了一袋烟的工夫，等那往上冲的血流落了下去，彼此都逃出了那种昏昏恍恍的境界，这才来找几句不相干的话来开头；或是——

“你多咱来的？”

或是：

“孩子们都带来了？”

关于别离了几年的事情，连一个字也不敢提。

从表面上看来，她们并不是像姊妹，丝毫没有亲热的表现。面面相对的，不知道她们两个人是什么关系，似乎连认识也不认识，似乎从前她们两个并没有见过，而今天是第一次的相见，所以异常的冷落。

但是这只是外表，她们的心里，就早已沟通着了。甚至于在十天或半月之前，她们的心里就早已开始很远地牵动起来，那就是当着她们彼此都接到了母亲的信的时候。

那信上写着迎接她们姊妹回来看戏的。

从那时候起，她们就把要送给姐姐或妹妹的礼物规定好了。

一双黑大绒的云子卷，是亲手做的。或者就在她们的本城和本乡里，有一个出名的染缸房，那染缸房会染出来很好的麻花布来。于是送了两匹白布去，嘱咐他好好地加细地染着。一匹是白地染蓝花，一匹是蓝地染白花。蓝地的染的是刘海戏金蟾，白地的染的是蝴蝶闹莲花。

一匹送给大姐姐，一匹送给三妹妹。

现在这东西，就都带在箱子里边。等过了一天二日的，寻个夜深人静的时候，轻轻地从自己的箱底把这等东西取出来，摆在姐姐的面前，说：

“这麻花布被面，你带回去吧！”

只说了这么一句，看样子并不像是送礼物，并不像今人似的，送一点礼物很怕邻居左右看不见，是大嚷大吵着的，说这东西是从什么山上，或是什么海里得来的，那怕是小河沟子的出品，也必要连那小河沟子的身份也提高，说河沟子是怎样地不凡，是怎样地与众不同，可不同别的河沟子。

这等乡下人，糊里糊涂的，要表现的，无法表现，什么也说不出来，只能把东西递过去就算了事。

至于那受了东西的，也是不会说什么，连声道谢也不说，就收下了。

也有的稍微推辞了一下，也就收下了。

“留着你自己用吧！”

当然那送礼物的是加以拒绝。一拒绝，也就收下了。

每个回娘家看戏的姑娘，都零零碎碎的带来一大批东西。

送父母的，送兄嫂的，送侄女的，送三亲六故的。带了东西最多的，是凡见了长辈或晚辈都多少有点东西拿得出来，那就是谁的人情最周到。

这一类的事情，等野台子唱完，拆了台子的时候，家家户户才慢慢的传诵。

每个从婆家回娘家的姑娘，也都带着很丰富的东西，这些都是人家送给她的礼品。东西丰富得很，不但有用的，也有吃的，母亲亲手装的咸肉，姐姐亲手晒的干鱼，哥哥上山打猎打了一只雁来腌上，至今还有一只雁大腿，这个也给看戏小姑娘带回去，带回去给公公去喝酒吧。

于是乌三八四的，离走的前一天晚上，真是忙了个不休，就要分散的姊妹们连说个话儿的工夫都没有了。大包小包一大堆。

再说在这看戏的时间，除了看亲戚，会朋友，还成了许多好事，那就是谁家的女儿和谁家公子订婚了，说是明年二月，或是三月就要娶亲。订婚酒，已经吃过了，眼前就要过“小礼”的，所谓“小礼”就是在法律上的订婚形式，一经过了这番手续，东家的女儿，终归就要成了西家的媳妇了。

也有男女两家都是外乡赶来看戏的，男家的公子也并不在，女家的小姐也并不在。只是两家的双亲有媒人从中媾通着，就把亲事给定了。也有的喝酒作乐的随便的把自己的女儿许给了人家。也有的男女两家的公子、小姐都还没有生出来，就给定下亲了。这叫做“指腹为亲”。这指腹为亲的，多半都是相当有点资财的人家才有这样的事。

两家都很有钱，一家是本地的烧锅掌柜的，一家是白旗屯的大窝堡，两家是一家种高粱，是一家开烧锅。开烧锅的需要高粱，种高粱的需要烧锅买他的高粱，烧锅非高粱不可，高粱非烧锅不行，恰巧又赶上这两家的妇人，都要将近生产，所以就“指腹为亲”了。

无管是谁家生了男孩子，谁家生了女孩子，只要是一男一女就规定他们是夫妇。假若两家都生了男孩，都就不能勉强规定了。两家都生了女孩也是不能够规定的。

但是这指腹为亲，好处不太多，坏处是很多的。半路上当中的一家穷了，不开烧锅了，或者没有窝堡了。其余的一家，就不愿意娶他家的姑娘，或是把女儿嫁给一家穷人。假若女家穷了，那还好办，若实在不娶，他也没有什么办法。若是男家穷了，男家就一定要娶，若一定不让娶，那姑娘的名誉就很坏，说她把谁家谁给“妨”穷了，又不嫁了。“妨”字在迷信上说就是因为她命硬，因为她某家某家穷了。以后她就不大容易找婆家，会给她起一个名叫做“望门妨”。无法，只得嫁过去，嫁过去之后，妯娌之间又要说她嫌贫爱富，百般地侮辱她。丈夫因此也不喜欢她了，公公婆婆也虐待她，她一个年轻的未出过家门的女子，受不住这许多攻击，回到娘家去，娘家也无甚办法，就是那当年指腹为亲的母亲说：

“这都是你的命（命运），你好好地耐着吧！”

年轻的女子，莫名其妙的，不知道自己为什么要有这样的命，于是往往演出悲剧来，跳井的跳井，上吊的上吊。

古语说，“女子上不了战场”。

其实不对的，这井多么深，平白地你问一个男子，问他这井敢跳不敢跳，怕他也不敢的。而一个年轻的女子竟敢了，上战场不一定死，也许回来闹个一官半职的。可是跳井就很难不死，一跳就多半跳死了。

那么节妇坊上为什么没写着赞美女子跳井跳得勇敢的赞词？那是修节妇坊的人故意给删去的。因为修节妇坊的，多半是男人。他家里也有一个女人。他怕是写上了，将来他打他女人的时候，他的女人也去跳井。女人也跳下井，留下来一大群孩子可怎么办？于是一律不写。只写，温文尔雅，孝顺公婆……

大戏还没有开台，就来了这许多事情。等大戏一开了台，那戏台下边，真是人山人海，拥挤不堪。搭戏台的人，也真是会搭，正选了一块平平坦坦的大沙滩，又光滑、又干净，使人就是倒在上边，也不会把衣裳沾一丝儿的土星。这沙滩有半里路长。

人们笑语连天，哪里是在看戏，闹得比锣鼓好像更响，那戏台上出来一个穿红的，进去一个穿绿的，只看见摇摇摆摆地走出走进，别的什么也不知道了，不用说唱得好不好，就连听也听不到。离着近的还看得见不挂胡子的戏子在张嘴，离得远的就连戏台那个穿红衣裳的究竟是一个坤角，还是一个男角也都不大看得清楚。简直是还不如看木偶戏。

但是若有一个唱木偶戏的这时候来在台下，唱起来，问他们看不看，那他们一定不看的，哪怕就连戏台子的边也看不见了，哪怕是站在二里路之外，他们也不看那木偶戏的。因为在大戏台底下，哪怕就是睡了一觉回去，也总算是从大戏台子底下回来的，而不是从什么别的地方回来的。

一年没有什么别的好看，就这一场大戏还能够轻易地放过吗？所以无论看不看，戏台底下是不能不来。

所以一些乡下的人也都来了，赶着几套马的大车，赶着老牛车，赶着花轮子，赶着小车子，小车子上边驾着大骡子。总之家里有什么车就驾了什么车来。也有的似乎他们家里并不养马，也不养别的牲口，就只用了一匹小毛驴，拉着一个花轮子也就来了。

来了之后，这些车马，就一齐停在沙滩上，马匹在草包上吃着草，骡子到河里去喝水。车子上都搭席棚，好像小看台似的，排列在戏台的远处。那车子带来了他们的全家，从祖母到孙子媳，老少三辈，他们离着戏台二三十丈远，听是什么也听不见的，看也很难看到什么，也不过是五红大绿的，在戏台上跑着圈子，头上戴着奇怪的帽子，身上穿着奇怪的衣裳。谁知道那些人都是干什么的，有的看了三天大戏子台，而连一场的戏名字也都叫不出来。回到乡下去，他也跟着人家说长道短的，偶尔人家问了他说的是哪出戏，他竟瞪了眼睛，说不出来了。

至于一些孩子们在戏台底下，就更什么也不知道了，只记住一个大胡子，一个花脸的，谁知道那些都是在做什么，比比划划，刀枪棍棒的乱闹一阵。

反正戏台底下有些卖凉粉的，有些卖糖球的，随便吃去好了。什么黏糕、油炸馒头、豆腐脑都有，这些东西吃了又不饱，吃了这样再去吃那样。卖西瓜的，卖香瓜的，戏台底下都有，招得苍蝇一大堆，嗡嗡地飞。

戏台下敲锣打鼓震天地响。

那唱戏的人，也似乎怕远处的人听不见，也在拚命地喊，喊破了喉咙也压不住台的。那在台下的早已忘记了是在看戏，都在那里说长道短，男男女女的谈起家常来。还有些个远亲，平常一年也看不到，今天在这里看到了，哪能不打招呼。所以三姨二婶子的，就在人多的地方大叫起来，假若是在看台的凉棚里坐着，忽然有一个老太太站了起来，大叫着说：

“他二舅母，你可多咱来的？”

于是那一方也就应声而起。原来坐在看台的楼座上的，离着戏台比较近，听唱是听得到的，所以那看台上比较安静。姑娘媳妇都吃着瓜子，喝着茶。对这大嚷大叫的人，别人虽然讨厌，但也不敢去禁止，你若让她小一点声讲话，她会骂了出来：

“这野台子戏，也不是你家的，你愿听戏，你请一台子到你家里去唱……”

另外的一个也说：

“哟哟，我没见过，看起戏来，都六亲不认了，说个话儿也不让……”

这还是比较好的，还有更不客气的，一开口就说：

“小养汉老婆……你奶奶，一辈子家里外头没受过谁的大声小气，今天来到戏台底下受你的管教来啦，你娘的……”

被骂的人若是不搭言，过一回也就了事了，若一搭言，自然也没有好听的。于是两边就打了起来啦，西瓜皮之类就飞了过去。

这来在戏台下看戏的，不料自己竟演起戏来，于是人们一窝蜂似的，都聚在这个真打真骂的活戏的方面来了。也有一些流氓混子之类，故意地叫着好，惹得全场的人哄哄大笑。假若打仗的还是个年轻的女子，那些讨厌的流氓们还会说着各样的俏皮话，使她火上加油越骂就越凶猛。

自然那老太太无理，她一开口就骂了人。但是一闹到后来，谁是谁非也就看不出来了。

幸而戏台上的戏子总算沉着，不为所动，还在那里阿拉阿拉地唱。过了一个时候，那打得热闹的也究竟平静了。

再说戏台下边也有一些个调情的，那都是南街豆腐房里的嫂嫂，或是碾磨房的碾官磨官的老婆。碾官的老婆看上了一个赶马车的车夫。或是豆腐匠看上了开粮米铺那家的小姑娘。有的是两方面都眉来眼去，有的是一方面殷勤，他一方面则表示要拒之千里之外。这样的多半是一边低，一边高，两方面的资财不对。

绅士之流，也有调情的，彼此都坐在看台之上，东张张，西望望。三亲六故，姐夫小姨之间，未免地就要多看几眼，何况又都打扮得漂亮，非常好看。

绅士们平常到别人家的客厅去拜访的时候，绝不能够看上了人家的小姐就不住地看，那该多么不绅士，那该多么不讲道德。那小姐若一告诉了她的父母，她的父母立刻就和这样的朋友绝交。绝交了，倒不要紧，要紧的是一传出去名誉该多坏。绅士是高雅的，哪能够不清不白的，哪能够不分长幼地去存心朋友的女儿，像那般下等人似的。

绅士彼此一拜访的时候，都是先让到客厅里去，端端庄庄地坐在那里，而后倒茶装烟。规矩礼法，彼此都尊为是上等人。朋友的妻子儿女，也都出来拜见，尊为长者。在这种时候，只能问问大少爷的书读了多少，或是又写了多少字了。连朋友的太太也不可以过多的谈话，何况朋友的女儿呢？那就连头也不能够抬的，哪里还敢细看。

现在在戏台上看看怕不要紧，假设有人问道，就说是东看西看，瞧一瞧是否有朋友在别的看台上。何况这地方又人多眼杂，也许没有人留意。

三看两看的，朋友的小姐倒没有看上，可看上了一个不知道在什么地方见到过的一位妇人。那妇人拿着小小的鹅翎扇子，从扇子梢上往这边转着眼珠，虽说是一位妇人，可是又年轻，又漂亮。

这时候，这绅士就应该站起来打着口哨，好表示他是开心的，可是我们中国上一辈的老绅士不会这一套。他另外也有一套，就是他的眼睛似睁非睁的迷离恍惚的望了出去，表示他对她有无限的情意。可惜离得太远，怕不会看得清楚，也许是枉费了心思了。

也有的在戏台下边，不听父母之命，不听媒妁之言，自己就结了终生不解之缘。这多半是表哥表妹等等，稍有点出身来历的公子小姐的行为。他们一言为定，终生合好。间或也有被父母所阻拦，生出来许多波折。但那波折都是非常美丽的，使人一讲起来，真是比看《红楼梦》更有趣味。来年再唱大戏的时候，姊妹们一讲起这佳话来，真是增添了不少的回想……

赶着车进城来看戏的乡下人，他们就在河边沙滩上，扎了营了。夜里大戏散了，人们都回家了，只有这等连车带马的，他们就在沙滩上过夜。好像出征的军人似的，露天为营。有的住了一夜，第二夜就回去了。有的住了三夜，一直到大戏唱完，才赶着车子回乡。不用说这沙滩上是很雄壮的，夜里，他们每家燃了火，煮茶的煮茶，谈天的谈天，但终归是人数太少，也不过二三十辆车子。所燃起来的火，也不会火光冲天，所以多少有一些凄凉之感。夜深了，住在河边上，被河水吸着又特别的凉，人家睡起觉来都觉得冷森森的。尤其是车夫马倌之类，他们不能够睡觉，怕是有土匪来抢劫他们马匹，所以就坐以待旦。

于是在纸灯笼下边，三个两个的赌钱。赌到天色发白了，该牵着马到河边去饮水去了。在河上，遇到了捉蟹的蟹船。蟹船上的老头说：

“昨天的《打渔杀家》唱得不错，听说今天有《汾河湾》。”

那牵着牲口饮水的人，是一点大戏常识也没有的。他只听到牲口喝水的声音呵呵的，其他的则不知所答了。

四

四月十八娘娘庙大会，这也是为着神鬼，而不是为着人的。

这庙会的土名叫做“逛庙”，也是无分男女老幼都来逛的，但其中以女子最多。

女子们早晨起来，吃了早饭，就开始梳洗打扮。打扮好了，就约了东家姐姐、西家妹妹的去逛庙去了。竟有一起来就先梳洗打扮的，打扮好了，才吃饭，一吃了饭就走了。总之一到逛庙这天，各不后人，到不了半晌午，就车水马龙，拥挤得气息不通了。

挤丢了孩子的站在那儿喊，找不到妈的孩子在人群里边哭，三岁的、五岁的，还有两岁的刚刚会走，竟也被挤丢了。

所以每年庙会上必得有几个警察在收这些孩子。收了站在庙台上，等着他的家人来领。偏偏这些孩子都很胆小，张着嘴大哭，哭得实在可怜，满头满脸是汗。有的十二三岁了，也被丢了，问他家住在哪里？他竟说不出所以然来，东指指，西划划，说是他家门口有一条小河沟，那河沟里边出虾米，就叫做“虾沟子”，也许他家那地名就叫“虾沟子”，听了使人莫明其妙。再问他这虾沟子离城多远，他便说：骑马要一顿饭的工夫可到，坐车要三顿饭的工夫可到。究竟离城多远，他没有说。问他姓什么，他说他祖父叫史二，他父亲叫史成……这样你就再也不敢问他了。要问他吃饭没有？他就说：“睡觉了。”这是没有办法的，任他去吧。于是却连大带小的一齐站在庙门口，他们哭的哭，叫的叫。好像小兽似的，警察在看守他们。

娘娘庙是在北大街上，老爷庙和娘娘庙离不了好远。那些烧香的人，虽然说是求子求孙，是先该向娘娘来烧香的，但是人们都以为阴间也是一样的重男轻女，所以不敢倒反天干。所以都是先到老爷庙去，打过钟，磕过头，好像跪到那里报个到似的，而后才上娘娘庙去。

老爷庙有大泥像十多尊，不知道哪个是老爷，都是威风凛凛，气概盖世的样子。有的泥像的手指尖都被攀了去，举着没有手指的手在那里站着，有的眼睛被挖了，像是个瞎子似的。有的泥像的脚趾是被写了一大堆的字，那字不太高雅，不怎么合乎神的身份。似乎是说泥像也该娶个老婆，不然他看了和尚去找小尼姑，他是要忌妒的。这字现在没有了，传说是这样。

为了这个，县官下了手令，不到初一十五,一律的把庙门锁起来，不准闲人进去。

当地的县官是很讲仁义道德的。传说他第五个姨太太，就是从尼姑庵接来的。所以他始终相信尼姑绝不会找和尚。自古就把尼姑列在和尚一起，其实是世人不查，人云亦云。好比县官的第五房姨太太，就是个尼姑。难道她也被和尚找过了吗？这是不可能的。

所以下令一律的把庙门关了。

娘娘庙里比较的清静，泥像也有一些个，以女子为多，多半都没有横眉竖眼，近乎普通人，使人走进了大殿不必害怕。不用说是娘娘了，那自然是很好的温顺的女性。就说女鬼吧，也都不怎样恶，至多也不过披头散发的就完了，也决没有像老爷庙里那般泥像似的，眼睛冒了火，或像老虎似的张着嘴。

不但孩子进了老爷庙有的吓得大哭，就连壮年的男人进去也要肃然起敬，好像说虽然他在壮年，那泥像若走过来和他打打，他也绝打不过那泥像的。

所以在老爷庙上磕头的人，心里比较虔诚，因为那泥像，身子高、力气大。

到了娘娘庙，虽然也磕头，但就总觉得那娘娘没有什么出奇之处。

塑泥像的人是男人，他把女人塑得很温顺，似乎对女人很尊敬。他把男人塑得很凶猛，似乎男性很不好。其实不对的，世界上的男人，无论多凶猛，眼睛冒火的似乎还未曾见过。就说西洋人吧，虽然与中国人的眼睛不同，但也不过是蓝瓦瓦地有点类似猫头的眼睛而已，居然间冒了火的也没有。眼睛会冒火的民族，目前的世界还未发现。那么塑泥像的人为什么把他塑成那个样子呢？那就是让你一见生畏，不但磕头，而且要心服。就是磕完了头站起再看着，也绝不会后悔，不会后悔这头是向一个平庸无奇的人白白磕了。至于塑像的人塑起女子来为什么要那么温顺，那就告诉人，温顺的就是老实的，老实的就是好欺侮的，告诉人快来欺侮她们吧。

人若老实了，不但异类要来欺侮，就是同类也不同情。

比方女子去拜过了娘娘庙，也不过向娘娘讨子讨孙。讨完了就出来了，其余的并没有什么尊敬的意思。觉得子孙娘娘也不过是个普通的女子而已，只是她的孩子多了一些。

所以男人打老婆的时候便说：

“娘娘还得怕老爷打呢？何况你一个长舌妇！”

可见男人打女人是天理应该，神鬼齐一。怪不得那娘娘庙里的娘娘特别温顺，原来是常常挨打的缘故。可见温顺也不是怎么优良的天性，而是被打的结果。甚或是招打的原由。

两个庙都拜过了的人，就出来了，拥挤在街上。街上卖什么玩具的都有，多半玩具都是适于几岁的小孩子玩的。泥做的泥公鸡，鸡尾巴上插着两根红鸡毛，一点也不像，可是使人看去，就比活的更好看。家里有小孩子的不能不买。何况拿在嘴上一吹又会呜呜地响。买了泥公鸡，又看见了小泥人，小泥人的背上也有一个洞，这洞里边插着一根芦苇，一吹就响。那声音好像是诉怨似的，不太好听，但是孩子们都喜欢，做母亲的也一定要买。其余的如卖哨子的，卖小笛子的，卖线蝴蝶的，卖不倒翁的，其中尤以不倒翁最著名，也最上讲究，家家都买，有钱的买大的，没有钱的，买个小的。大的有一尺多高，二尺来高。小的有小得像个鸭蛋似的。无论大小，都非常灵活，按倒了就起来，起得很快，是随手就起来的。买不倒翁要当场试验，间或有生手的工匠所做出来的不倒翁，因屁股太大了，他不愿意倒下，也有的倒下了他就不起来。所以买不倒翁的人就把手伸出去，一律把他们按倒，看哪个先站起来就买哪个，当那一倒一起的时候真是可笑，摊子旁边围了些孩子，专在那里笑。不倒翁长得很好看，又白又胖。并不是老翁的样子，也不过他的名字叫不倒翁就是了。其实他是一个胖孩子。做得讲究一点的，头顶上还贴了一簇毛算是头发。有头发的比没有头发的要贵二百钱。有的孩子买的时候力争要戴头发的，做母亲的舍不得那二百钱，就说到家给他剪点狗毛贴。孩子非要戴毛的不可，选了一个戴毛的抱在怀里不放。没有法只得买了。这孩子抱着欢喜了一路，等到家一看，那簇毛不知什么时候已经飞了。于是孩子大哭。虽然母亲已经给剪了簇狗毛贴上了，但那孩子就总觉得这狗毛不是真的，不如原来的好看。也许那原来也贴的是狗毛，或许还不如现在的这个好看。但那孩子就总不开心，忧愁了一个下半天。

庙会到下半天就散了。虽然庙会是散了，可是庙门还开着，烧香的人、拜佛的人继续的还有。有些没有儿子的妇女，仍旧在娘娘庙上捉弄着娘娘。给子孙娘娘的背后钉一个纽扣，给她的脚上绑一条带子，耳朵上挂一只耳环，给她带一副眼镜，把她旁边的泥娃娃给偷着抱走了一个。据说这样做，来年就都会生儿子的。

娘娘庙的门口，卖带子的特别多，妇人们都争着去买，她们相信买了带子，就会把儿子给带来了。

若是未出嫁的女儿，也误买了这东西，那就将成为大家的笑柄了。

庙会一过，家家户户就都有一个不倒翁，离城远至十八里路的，也都买了一个回去。回到家里，摆在迎门的向口，使别人一过眼就看见了，他家的确有一个不倒翁。不差，这证明逛庙会的时节他家并没有落伍，的确是去逛过了。

歌谣上说：

“小大姐，去逛庙，扭扭搭搭走的俏，回来买个搬不倒。”

五

这些盛举，都是为鬼而做的，并非为人而做的。至于人去看戏、逛庙，也不过是揩油借光的意思。

跳大神有鬼，唱大戏是唱给龙王爷看的，七月十五放河灯，是把灯放给鬼，让他顶着个灯去脱生。四月十八也是烧香磕头的祭鬼。

只是跳秧歌，是为活人而不是为鬼预备的。跳秧歌是在正月十五，正是农闲的时候，趁着新年而化起装来，男人装女人，装得滑稽可笑。

狮子、龙灯、旱船……等等，似乎也跟祭鬼似的，花样复杂，一时说不清楚。

第三章

一

呼兰河这小城里边住着我的祖父。

我生的时候，祖父已经六十多岁了，我长到四五岁，祖父就快七十了。

我家有一个大花园，这花园里蜂子、蝴蝶、蜻蜓、蚂蚱，样样都有。蝴蝶有白蝴蝶、黄蝴蝶。这种蝴蝶极小，不太好看。好看的是大红蝴蝶，满身带着金粉。

蜻蜓是金的，蚂蚱是绿的，蜂子则嗡嗡地飞着，满身绒毛，落到一朵花上，胖圆圆地就和一个小毛球似的不动了。

花园里边明晃晃的，红的红，绿的绿，新鲜漂亮。

据说这花园，从前是一个果园。祖母喜欢吃果子就种了果园。祖母又喜欢养羊，羊就把果树给啃了。果树于是都死了。到我有记忆的时候，园子里就只有一棵樱桃树，一棵李子树，因为樱桃和李子都不大结果子，所以觉得它们是并不存在的。小的时候，只觉得园子里边就有一棵大榆树。

这榆树在园子的西北角上，来了风，这榆树先啸，来了雨，大榆树先就冒烟了。太阳一出来，大榆树的叶子就发光了，它们闪烁得和沙滩上的蚌壳一样了。

祖父一天都在后园里边，我也跟着祖父在后园里边。祖父戴一个大草帽，我戴一个小草帽，祖父栽花，我就栽花；祖父拔草，我就拔草。当祖父下种，种小白菜的时候，我就跟在后边，把那下了种的土窝，用脚一个一个地溜平，哪里会溜得准，东一脚的，西一脚的瞎闹。有的把菜种不单没被土盖上，反而把菜子踢飞了。

小白菜长得非常之快，没有几天就冒了芽了。一转眼就可以拔下来吃了。

祖父铲地，我也铲地；因为我太小，拿不动那锄头杆，祖父就把锄头杆拔下来，让我单拿着那个锄头的"头"来铲。其实哪里是铲，也不过爬在地上，用锄头乱勾一阵就是了。也认不得哪个是苗，哪个是草。往往把韭菜当做野草一起地割掉，把狗尾草当做谷穗留着。

等祖父发现我铲的那块满留着狗尾草的一片，他就问我：

"这是什么？"

我说：

"谷子。"

祖父大笑起来，笑得够了，把草摘下来问我：

"你每天吃的就是这个吗？"

我说：

"是的。"

我看着祖父还在笑，我就说：

"你不信，我到屋里拿来你看。"

我跑到屋里拿了鸟笼上的一头谷穗，远远地就抛给祖父了。说：

“这不是一样的吗？”

祖父慢慢地把我叫过去，讲给我听，说谷子是有芒针的，狗尾草则没有，只是毛嘟嘟的真像狗尾巴。

祖父虽然教我，我看了也并不细看，也不过马马虎虎承认下来就是了。一抬头看见了一个黄瓜长大了，跑过去摘下来，我又去吃黄瓜去了。

黄瓜也许没有吃完，又看见了一个大蜻蜓从旁飞过，于是丢了黄瓜又去追蜻蜓去了。蜻蜓飞得多么快，哪里会追得上。好在一开初也没有存心一定追上，所以站起来，跟了蜻蜓跑了几步就又去做别的去了。

采一个倭瓜花心，捉一个大绿豆青蚂蚱，把蚂蚱腿用线绑上，绑了一会，也许把蚂蚱腿就绑掉，线头上只拴了一只腿，而不见蚂蚱了。

玩腻了，又跑到祖父那里去乱闹一阵，祖父浇菜，我也抢过来浇，奇怪的就是并不往菜上浇，而是拿着水瓢，拼尽了力气，把水往天空里一扬，大喊着：

“下雨了，下雨了。”

太阳在园子里是特大的，天空是特别高的，太阳的光芒四射，亮得使人睁不开眼睛，亮得蚯蚓不敢钻出地面来，蝙蝠不敢从什么黑暗的地方飞出来。是凡在太阳下的，都是健康的、漂亮的，拍一拍连大树都会发响的，叫一叫就是站在对面的土墙都会回答似的。

花开了，就像花睡醒了似的。鸟飞了，就像鸟上天了似的。虫子叫了，就像虫子在说话似的。一切都活了。都有无限的本领，要做什么，就做什么。要怎么样，就怎么样。都是自由的。倭瓜愿意爬上架就爬上架，愿意爬上房就爬上房。黄瓜愿意开一个谎花，就开一个谎花，愿意结一个黄瓜，就结一个黄瓜。若都不愿意，就是一个黄瓜也不结，一朵花也不开，也没有人问它。玉米愿意长多高就长多高，它若愿意长上天去，也没有人管。

蝴蝶随意的飞，一会从墙头上飞来一对黄蝴蝶，一会又从墙头上飞走了一个白蝴蝶。它们是从谁家来的，又飞到谁家去？太阳也不知道这个。

只是天空蓝悠悠的，又高又远。

可是白云一来了的时候，那大团的白云，好像洒了花的白银似的，从祖父的头上经过，好像要压到了祖父的草帽那么低。

我玩累了，就在房子底下找个阴凉的地方睡着了。不用枕头，不用席子，就把草帽遮在脸上就睡了。

二

祖父的眼睛是笑盈盈的，祖父的笑，常常笑得和孩子似的。

祖父是个长得很高的人，身体很健康，手里喜欢拿着个手杖。嘴上则不住地抽着旱烟管，遇到了小孩子，每每喜欢开个玩笑，说：

"你看天空飞个家雀。"

趁那孩子往天空一看，就伸出手去把那孩子的帽给取下来了，有的时候放在长衫的下边，有的时候放在袖口里头。他说：

"家雀叼走了你的帽啦。"

孩子们都知道了祖父的这一手了，并不以为奇，就抱住他的大腿，向他要帽子，摸着他的袖管，撕着他的衣襟，一直到找出帽子来为止。

祖父常常这样做，也总是把帽放在同一的地方，总是放在袖口和衣襟下。那些搜索他的孩子没有一次不是在他衣襟下把帽子拿出来的，好像他和孩子们约定了似的："我就放在这块，你来找吧！"

这样的不知做过了多少次，就像老太太永久讲着"上山打老虎"这一个故事给孩子们听似的，哪怕是已经听过了五百遍，也还是在那里回回拍手，回回叫好。

每当祖父这样做一次的时候，祖父和孩子们都一齐地笑得不得了。好像这戏还像第一次演似的。

别人看了祖父这样做，也有笑的，可不是笑祖父的手法好，而是笑他天天使用一种方法抓掉了孩子的帽子，这未免可笑。

祖父不怎样会理财，一切家务都由祖母管理。祖父只是自由自在地一天闲着；我想，幸好我长大了，我三岁了，不然祖父该多寂寞。我会走了，我会跑了。我走不动的时候，祖父就抱着我；我走动了，祖父就拉着我。一天到晚，门里门外，寸步不离，而祖父多半是在后园里，于是我也在后园里。

我小的时候，没有什么同伴，我是我母亲的第一个孩子。

我记事很早，在我三岁的时候，我记得我的祖母用针刺过我的手指，所以我很不喜欢她。我家的窗子，都是四边糊纸，当中嵌着玻璃，祖母是有洁癖的，以她屋的窗纸最白净。别人抱着把我一放在祖母的炕边上，我不加思索地就要往炕里边跑，跑到窗子那里，就伸出手去，把那白白透着花窗棂的纸窗给捅了几个洞，若不加阻止，就必得挨着排给捅破，若有人招呼着我，我也得加速的抢着多捅几个才能停止。手指一触到窗上，那纸窗像小鼓似的，嘭嘭地就破了。破得越多，自己越得意。祖母若来追我的时候，我就越得意了，笑得拍着手，跳着脚的。

有一天祖母看我来了，她拿了一个大针就到窗子外边去等我去了。我刚一伸出手去，手指就痛得厉害。我就叫起来了。那就是祖母用针刺了我。

从此，我就记住了，我不喜欢她。

虽然她也给我糖吃，她咳嗽时吃猪腰烧川贝母，也分给我猪腰，但是我吃了猪腰还是不喜欢她。

在她临死之前，病重的时候，我还会吓了她一跳。有一次她自己一个人坐在炕上熬药，药壶是坐在炭火盆上，因为屋里特别的寂静，听得见那药壶骨碌骨碌地响。祖母住着两间房子，是里外屋，恰巧外屋也没有人，里屋也没人，就是她自己。我把门一开，祖母并没有看见我，于是我就用拳头在板隔壁上，咚咚地打了两拳。我听到祖母“哟”地一声，铁火剪子就掉了地上了。

我再探头一望，祖母就骂起我来。她好像就要下地来追我似的。我就一边笑着，一边跑了。

我这样地吓唬祖母，也并不是向她报仇，那时我才五岁，是不晓得什么的。也许觉得这样好玩。

祖父一天到晚是闲着的，祖母什么工作也不分配给他。只有一件事，就是祖母的地榇上的摆设，有一套锡器，却总是祖父擦的。这可不知道是祖母派给他的，还是他自动的愿意工作，每当祖父一擦的时候，我就不高兴，一方面是不能领着我到后园里去玩了，另一方面祖父因此常常挨骂，祖母骂他懒，骂他擦的不干净。祖母一骂祖父的时候，就常常不知为什么连我也骂上。

祖母一骂祖父，我就拉着祖父的手往外边走，一边说：

“我们后园里去吧。”

也许因此祖母也骂了我。

她骂祖父是“死脑瓜骨”，骂我是“小死脑瓜骨”。

我拉着祖父就到后园里去了，一到了后园里，立刻就另是一个世界了。决不是那房子里的狭窄的世界，而是宽广的，人和天地在一起，天地是多么大，多么远，用手摸不到天空。而土地上所长的又是那么繁华，一眼看上去，是看不完的，只觉得眼前鲜绿的一片。

一到后园里，我就没有对象地奔了出去，好像我是看准了什么而奔去了似的，好像有什么在那儿等着我似的。其实我是什么目的也没有。只觉得这园子里边无论什么东西都是活的，好像我的腿也非跳不可了。

若不是把全身的力量跳尽了，祖父怕我累了想招呼住我，那是不可能的，反而他越招呼，我越不听话。

等到自己实在跑不动了，才坐下来休息，那休息也是很快的，也不过随便在秧子上摘下一个黄瓜来，吃了也就好了。

休息好了又是跑。

樱桃树，明明是没有结樱桃，就偏跑到树上去找樱桃。李子树是半死的样子了，本不结李子的，就偏去找李子。一边在找，还一边大声的喊，在问着祖父：

"爷爷，樱桃树为什么不结樱桃？"

祖父老远的回答着：

"因为没有开花，就不结樱桃。"

再问：

"为什么樱桃树不开花？"

祖父说：

"因为你嘴馋，它就不开花。"

我一听了这话，明明是嘲笑我的话，于是就飞奔着跑到祖父那里，似乎是很生气的样子。等祖父把眼睛一抬，他用了完全没有恶意的眼睛一看我，我立刻就笑了。而且是笑了半天的工夫才能够止住，不知哪里来了那许多的高兴。把后园一时都让我搅乱了，我笑的声音不知有多大，自己都感到震耳了。

后园中有一棵玫瑰。一到五月就开花的。一直开到六月。花朵和酱油碟那么大。开得很茂盛，满树都是，因为花香，招来了很多的蜂子，嗡嗡地在玫瑰树那儿闹着。

别的一切都玩厌了的时候，我就想起来去摘玫瑰花，摘了一大堆把草帽脱下来用帽兜子盛着。在摘那花的时候，有两种恐惧，一种是怕蜂子的勾刺人，另一种是怕玫瑰的刺刺手。好不容易摘了一大堆，摘完了可又不知道做什么了。忽然异想天开，这花若给祖父戴起来该多好看。

祖父蹲在地上拔草，我就给他戴花。祖父只知道我在是捉弄他的帽子，而不知道我到底是在干什么。我把他的草帽给他插了一圈的花，红通通的二三十朵。我一边插着一边笑，当我听到祖父说：

“今年春天雨水大，咱们这棵玫瑰开得这么香。二里路也怕闻得到的。”

就把我笑得哆嗦起来。我几乎没有支持的能力再插上去。等我插完了，祖父还是安然的不晓得。他还照样地拔着垅上的草。我跑得很远的站着，我不敢往祖父那边看，一看就想笑。所以我借机进屋去找一点吃的来，还没有等我回到园中，祖父也进屋来了。

那满头红通通的花朵，一进来祖母就看见了。她看见什么也没说，就大笑了起来。父亲母亲也笑了起来，而以我笑得最厉害，我在炕上打着滚笑。

祖父把帽子摘下来一看，原来那玫瑰的香并不是因为今年春天雨水大的缘故，而是那花就顶在他的头上。

他把帽子放下，他笑了十多分钟还停不住，过一会一想起来，又笑了。

祖父刚有点忘记了，我就在旁边提着说：

“爷爷……今年春天雨水大呀……”

一提起，祖父的笑就来了。于是我也在炕上打起滚来。

就这样一天一天地，祖父，后园，我，这三样是一样也不可缺少的了。

刮了风，下了雨，祖父不知怎样，在我却是非常寂寞的了。去没有去处，玩没有玩的，觉得这一天不知有多少日子那么长。

三

偏偏这后园每年都要封闭一次的，秋雨之后这花园就开始凋零了，黄的黄、败的败，好像很快似的一切花朵都灭了，好像有人把它们摧残了似的。它们一齐都没有从前那么健康了，好像它们都很疲倦了，而要休息了似的，好像要收拾收拾回家去了似的。

大榆树也是落着叶子，当我和祖父偶尔在树下坐坐，树叶竟落在我的脸上来了。树叶飞满了后园。

没有多少时候，大雪又落下来了，后园就被埋住了。

通到园去的后门，也用泥封起来了，封得很厚，整个的冬天挂着白霜。

我家住着五间房子，祖母和祖父共住两间，母亲和父亲共住两间。祖母住的是西屋，母亲住的是东屋。

是五间一排的正房，厨房在中间，一齐是玻璃窗子，青砖墙，瓦房间。

祖母的屋子，一个是外间，一个是内间。外间里摆着大躺箱，地长桌，太师椅。椅子上铺着红椅垫，躺箱上摆着朱砂瓶，长桌上列着坐钟。钟的两边站着帽筒。帽筒上并不挂着帽子，而插着几个孔雀翎。

我小的时候，就喜欢这个孔雀翎，我说它有金色的眼睛，总想用手摸一摸，祖母就一定不让摸，祖母是有洁癖的。

还有祖母的躺箱上摆着一个坐钟，那坐钟是非常希奇的，画着一个穿着古装的大姑娘，好像活了似的，每当我到祖母屋去，若是屋子里没有人，她就总用眼睛瞪我，我几次的告诉过祖父，祖父说：

“那是画的，她不会瞪人。”

我一定说她是会瞪人的，因为我看得出来，她的眼珠像是会转。

还有祖母的大躺箱上也尽雕着小人，尽是穿古装衣裳的，宽衣大袖，还戴顶子，带着翎子。满箱子都刻着，大概有二三十个人，还有吃酒的，吃饭的，还有作揖的……

我总想要细看一看，可是祖母不让我沾边，我还离得很远的，她就说：

“可不许用手摸，你的手脏。”

祖母的内间里边，在墙上挂着一个很古怪很古怪的挂钟，挂钟的下边用铁链子垂着两穗铁包米。铁包米比真的包米大了很多，看起来非常重，似乎可以打死一个人。再往那挂钟里边看就更希奇古怪了，有一个小人，长着蓝眼珠，钟摆一秒钟就响一下，钟摆一响，那眼珠就同时一转。

那小人是黄头发，蓝眼珠，跟我相差太远，虽然祖父告诉我，说那是毛子人，但我不承认她，我看她不像什么人。

所以我每次看这挂钟，就半天半天的看，都看得有点发呆了。我想：这毛子人就总在钟里边呆着吗？永久也不下来玩吗？

外国人在呼兰河的土语叫做“毛子人”。我四五岁的时候，还没有见过一个毛子人，以为毛子人就是因为她的头发毛烘烘地卷着的缘故。

祖母的屋子除了这些东西，还有很多别的，因为那时候，别的我都不发生什么趣味，所以只记住了这三五样。

母亲的屋里，就连这一类的古怪玩艺也没有了，都是些普通的描金柜，也是些帽筒、花瓶之类，没有什么好看的，我没有记住。

这五间房子的组织，除了四间住房一间厨房之外，还有极小的、极黑的两个小后房。祖母一个，母亲一个。

那里边装着各种样的东西，因为是储藏室的缘故。

坛子罐子、箱子柜子、筐子篓子。除了自己家的东西，还有别人寄存的。

那里边是黑的，要端着灯进去才能看见。那里边的耗子很多，蜘蛛网也很多。空气不大好，永久有一种扑鼻的和药的气味似的。

我觉得这储藏室很好玩，随便打开哪一只箱子，里边一定有一些好看的东西，花丝线、各种色的绸条、香荷包、搭腰、裤腿、马蹄袖、绣花的领子。古香古色，颜色都配得特别的好看。箱子里边也常常有蓝翠的耳环或戒指，被我看见了，我一看见就非要一个玩不可，母亲就常常随手抛给我一个。

还有些桌子带着抽屉的，一打开那里边更有些好玩的东西，铜环、木刀、竹尺、观音粉。这些个都是我在别的地方没有看过的。而且这抽屉始终也不锁的。所以我常常随意地开，开了就把样样，似乎是不加选择地都搜了出去，左手拿着木头刀，右手拿着观音粉，这里砍一下，那里画一下。后来我又得到了一个小锯，用这小锯，我开始毁坏起东西来，在椅子腿上锯一锯，在炕沿上锯一锯。我自己竟把我自己的小木刀也锯坏了。

无论吃饭和睡觉，我这些东西都带在身边，吃饭的时候，我就用这小锯，锯着馒头，睡觉做起梦来还喊着：

“我的小锯哪里去了？”

储藏室好像变成我探险的地方了。我常常趁着母亲不在屋我就打开门进去了。这储藏室也有一个后窗，下半天也有一点亮光，我就趁着这亮光打开了抽屉，这抽屉已经被我翻得差不多的了，没有什么新鲜的了。翻了一会，觉得没有什么趣味了，就出来了。到后来连一块水胶、一段绳头都让我拿出来了，把五个抽屉通通拿空了。

除了抽屉还有筐子笼子，但那个我不敢动，似乎每一样都是黑洞洞的，灰尘不知有多厚，蛛网蛛丝的不知有多少，因此我连想也不想动那东西。

记得有一次我走到这黑屋子的极深极远的地方去，一个发响的东西撞住我的脚上。我摸起来抱到光亮的地方一看，原来是一个小灯笼，用手指把灰尘一划，露出来是个红玻璃的。

我在一两岁的时候，大概我是见过灯笼的，可是长到四五岁，反而不认识了。我不知道这是个什么。我抱着去问祖父去了。

祖父给我擦干净了，里边点上个洋蜡烛，于是我欢喜得就打着灯笼满屋跑，跑了好几天，一直到把这灯笼打碎了才算完了。

我在黑屋子里边又碰到了一块木头，这块木头是上边刻着花的，用手一摸，很不光滑，我拿出来用小锯锯着。祖父看见了，说：

“这是印帖子的帖板。”

我不知道什么叫帖子，祖父刷上一片墨刷一张给我看，我只看见印出来几个小人，还有一些乱七八糟的花，还有字。祖父说：

“咱们家开烧锅的时候，发帖子就是用这个印的，这是一百吊的……还有伍十吊的十吊的……”

祖父给我印了许多，还用鬼子红给我印了些红的。

还有戴缨子的清朝的帽子，我也拿了出来戴上。多少年前的老大的鹅翎扇子，我也拿了出来吹着风。翻了一瓶莎仁出来，那是治胃病的药，母亲吃着，我也跟着吃。

不久，这些八百年前的东西，都被我弄出来了。有些是祖母保存着的，有些是已经出了嫁的姑母的遗物，已经在那黑洞洞的地方放了多少年了，连动也没有动过，有些个快要腐烂了，有些个生了虫子，因为那些东西早被人们忘记了，好像世界上已经没有那么一回事了。而今天忽然又来到了他们的眼前，他们受了惊似的又恢复了他们的记忆。

每当我拿出一件新的东西的时候，祖母看见了，祖母说：

“这是多少年前的了！这是你大姑在家里边玩的……”

祖父看见了，祖父说：

“这是你二姑在家时用的……”

这是你大姑的扇子，那是你三姑的花鞋……都有了来历。但我不知道谁是我的三姑，谁是我的大姑。也许我一两岁的时候，我见过她们，可是我到四五岁时，我就不记得了。

我祖母有三个女儿，到我长起来时，她们都早已出嫁了。可见二三十年内就没有小孩子了。而今也只有我一个。实在的还有一个小弟弟，不过那时他才一岁半岁的，所以不算他。

家里边多少年前放的东西，没有动过，他们过的是既不向前，也不回头的生活。是凡过去的，都算是忘记了，未来的他们也不怎样积极地希望着，只是一天一天地平板地、无怨无尤地在他们祖先给他们准备好的口粮之中生活着。

等我生来了，第一给了祖父的无限的欢喜，等我长大了，祖父非常地爱我。使我觉得在这世界上，有了祖父就够了，还怕什么呢？虽然父亲的冷淡，母亲的恶言恶色，和祖母的用针刺我手指的这些事，都觉得算不了什么。何况又有后花园！后园虽然让冰雪给封闭了，但是又发现了这储藏室。这里边是无穷无尽地什么都有，这里边宝藏着的都是我所想象不到的东西，使我感到这世界上的东西怎么这样多！而且样样好玩，样样新奇。

比方我得到了一包颜料，是中国的大绿，看那颜料闪着金光，可是往指甲上一染，指甲就变绿了，往胳臂上一染，胳臂立刻飞来了一张树叶似的。实在是好看，也实在是莫名其妙，所以心里边就暗暗地欢喜，莫非是我得了宝贝吗？

得了一块观音粉。这观音粉往门上一划，门就白了一道，往窗上一划，窗就白了一道。这可真有点奇怪，大概祖父写字的墨是黑墨，而这是白墨吧。

得了一块圆玻璃，祖父说是“显微镜”。它在太阳底下一照，竟把祖父装好的一袋烟照着了。

这该多么使人欢喜，什么什么都会变的。你看它是一块废铁，说不定它就有用，比方我捡到一块四方的铁块，上边有一个小窝。祖父把榛子放在小窝里边，打着榛子给我吃。在这小窝里打，不知道比用牙咬要快了多少倍。何况祖父老了，他的牙又多半不大好。

我天天从那黑屋子往外搬着，而天天有新的。搬出来一批，玩厌了，弄坏了，就再去搬。

因此使我的祖父、祖母常常地慨叹。

他们说这是多少年前的了，连我的第三个姑母还没有生的时候就有这东西。那是多少年前的了，还是分家的时候，从我曾祖那里得来的呢。又哪样哪样是什么人送的，而那家人家到今天也都家败人亡了，而这东西还存在着。

又是我在玩着的那葡蔓藤的手镯，祖母说她就戴着这个手镯，有一年夏天坐着小车子，抱着我大姑去回娘家，路上遇了土匪，把金耳环给摘去了，而没有要这手镯。若也是金的银的，那该多危险，也一定要被抢去的。

我听了问她

“我大姑在哪儿？”

祖父笑了。祖母说：

“你大姑的孩子比你都大了。”

原来是四十年前的事情，我哪里知道。可是藤手镯却戴在我的手上，我举起手来，摇了一阵，那手镯好像风车似的，滴溜溜地转，手镯太大了，我的手太细了。

祖母看见我把从前的东西都搬出来了，她常常骂我：

“你这孩子，没有东西不拿着玩的，这小不成器的……”

她嘴里虽然是这样说，但她又在光天化日之下得以重看到这东西，也似乎给了她一些回忆的满足。所以她说我是并不十分严刻的，我当然是不听她，该拿还是照旧地拿。

于是我家里久不见天日的东西，经我这一搬弄，才得以见了天日。于是坏的坏，扔的扔，也就都从此消失了。

我有记忆的第一个冬天，就这样过去了。没有感到十分的寂寞，但总不如在后园里那样玩着好。但孩子是容易忘记的，也就随遇而安了。

四

第二年夏天，后园里种了不少的韭菜，是因为祖母喜欢吃韭菜馅的饺子而种的。

可是当韭菜长起来时，祖母就病重了，而不能吃这韭菜了，家里别的人也没有吃这韭菜的，韭菜就在园子里荒着。

因为祖母病重，家里非常热闹，来了我的大姑母，又来了我的二姑母。

二姑母是坐着她自家的小车子来的。那拉车的骡子挂着铃当，哗哗啷啷的就停在窗前了。

从那车上第一个就跳下来一个小孩，那小孩比我高了一点，是二姑母的儿子。

他的小名叫“小兰”，祖父让我向他叫兰哥。

别的我都不记得了，只记得不大一会工夫我就把他领到后园里去了。

告诉他这个是玫瑰树，这个是狗尾草，这个是樱桃树。樱桃树是不结樱桃的，我也告诉了他。

不知道在这之前他见过我没有，我可并没有见过他。

我带他到东南角上去看那棵李子树时，还没有走到眼前，他就说：

“这树前年就死了。”

他说了这样的话，是使我很吃惊的。这树死了，他可怎么知道的？心中立刻来了一种忌妒的情感，觉得这花园是属于我的，和属于祖父的，其余的人连晓得也不该晓得才对的。

我问他：

“那么你来过我们家吗？”

他说他来过。

这个我更生气了，怎么他来我不晓得呢？

我又问他：

“你什么时候来过的？”

他说前年来的，他还带给我一个毛猴子。他问着我：

“你忘了吗？你抱着那毛猴子就跑，跌倒了你还哭了哩！”

我无论怎样想，也想不起来了。不过总算他送给我过一个毛猴子，可见对我是很好的，于是我就不生他的气了。

从此天天就在一块玩。

他比我大三岁，已经八岁了，他说他在学堂里边念了书的，他还带来了几本书，晚上在煤油灯下他还把书拿出来给我看。书上有小人、有剪刀、有房子。因为都是带着图，我一看就连那字似乎也认识了，我说：

“这念剪刀，这念房子。”

他说不对：

“这念剪，这念房。”

我拿过来一细看，果然都是一个字，而不是两个字，我是照着图念的，所以错了。

我也有一盒方字块，这边是图，那边是字，我也拿出来给他看了。

从此整天的玩。祖母病重与否，我不知道。不过在她临死的前几天就穿上了满身的新衣裳，好像要出门做客似的。说是怕死了来不及穿衣裳。

因为祖母病重，家里热闹得很，来了很多亲戚。忙忙碌碌不知忙些个什么。有的拿了些白布撕着，撕得一条一块的，撕得非常的响亮，旁边就有人拿着针在缝那白布。还有的把一个小罐，里边装了米，罐口蒙上了红布。还有的在后园门口拢起火来，在铁火勺里边炸着面饼了。问她：

“这是什么？”

“这是打狗饽饽。”

她说阴间有十八关，过到狗关的时候，狗就上来咬人，用这饽饽一打，狗吃了饽饽就不咬人了。

似乎是姑妄言之、姑妄听之，我没有听进去。

家里边的人越多，我就越寂寞，走到屋里，问问这个，问问那个，一切都不理解。祖父也似乎把我忘记了。我从后园里捉了一个特别大的蚂蚱送给他去看，他连看也没有看，就说：

“真好，真好，上后园去玩去吧！”

新来的兰哥也不陪我时，我就在后园里一个人玩。

五

祖母已经死了，人们都到龙王庙上去报过庙回来了。而我还在后园里边玩着。

后园里边下了点雨，我想要进屋去拿草帽去，走到酱缸旁边（我家的酱缸是放在后园里的），一看，有雨点啪啪的落到缸帽子上。我想这缸帽子该多大，遮起雨来，比草帽一定更好。

于是我就从缸上把它翻下来了，到了地上它还乱滚一阵，这时候，雨就大了，我好不容易才设法钻进这缸帽子去。因为这缸帽子太大了，差不多和我一般高。

我顶着它，走了几步，觉得天昏地暗。而且重也是很重的，非常吃力。而且自己已经走到哪里了，自己也不晓，只晓得头顶上啪啪啦啦的打着雨点，往脚下看着，脚下只是些狗尾草和韭菜。找了一个韭菜很厚的地方，我就坐下了，一坐下这缸帽子就和个小房似的扣着我。这比站着好得多，头顶不必顶着，帽子就扣在韭菜地上。但是里边可是黑极了，什么也看不见。

同时听什么声音，也觉得都远了。大树在风雨里边被吹得呜呜的，好像大树已经被搬到别人家的院子去似的。

韭菜是种在北墙根上，我是坐在韭菜上。北墙根离家里的房子很远的，家里边那闹嚷嚷的声音，也像是来在远方。

我细听了一会，听不出什么来，还是在我自己的小屋里边坐着。这小屋这么好，不怕风，不怕雨。站起来走的时候，顶着屋盖就走了，有多么轻快。

其实是很重的了，顶起来非常吃力。

我顶着缸帽子，一路摸索着，来到了后门口，我是要顶给爷爷看看的。

我家的后门坎特别高，迈也迈不过去，因为缸帽子太大，使我抬不起腿来。好不容易两手把腿拉着，弄了半天，总算是过去了。虽然进了屋，仍是不知道祖父在什么方向，于是我就大喊，正在这喊之间，父亲一脚把我踢翻了，差点没把我踢到灶口的火堆上去，缸帽子也在地上滚着。

等人家把我抱了起来，我一看，屋子里的人，完全不对了，都穿了白衣裳。

再一看，祖母不是睡在炕上，而是睡在一张长板上。

从这以后祖母就死了。

六

祖母一死，家里继续着来了许多亲戚，有的拿着香、纸、到灵前哭了一阵就回去了。有的就带着大包小包的来了就住下了。

大门前边吹着喇叭，院子里搭了灵棚，哭声终日，一闹闹了不知多少日子。

请了和尚道士来，一闹闹到半夜，所来的都是吃、喝、说、笑。

我也觉得好玩，所以就特别高兴起来。又加上从前我没有小同伴，而现在有了。比我大的，比我小的，共有四五个。我们上树爬墙，几乎连房顶也要上去了。

他们带我到小门洞子顶上去捉鸽子，搬了梯子到房檐头上去捉家雀。后花园虽然大，已经装不下我了。

我跟着他们到井口边去往井里边看，那井是多么深，我从未见过。在上边喊一声，里边有人回答。用一个小石子投下去，那响声是很深远的。

他们带我到粮食房子去，到碾磨房去，有时候竟把我带到街上，是已经离开家了，不跟着家人在一起，我是从来没有走过这样远。

不料除了后园之外，还有更大的地方，我站在街上，不是看什么热闹，不是看那街上的行人车马，而是心里边想：是不是我将来一个人也可以走得很远？

有一天，他们把我带到南河沿上去了，南河沿离我家本不算远，也不过半里多地。可是因为我是第一次去，觉得实在很远。走出汗来了。走过一个黄土坑，又过一个南大营，南大营的门口，有兵把守门。那营房的院子大得在我看来太大了，实在是不应该。我们的院子就够大的了，怎么能比我们家的院子更大呢，大得有点不大好看了，我走过了，我还回过头来看。

路上有一家人家，把花盆摆到墙头上来了，我觉得这也不大好，若是看不见人家偷去呢！

还看见了一座小洋房，比我们家的房不知好了多少倍。若问我，哪里好？我也说不出来，就觉得那房子是一色新，不像我家的房子那么陈旧。

我仅仅走了半里多路，我所看见的可太多了。所以觉得这南河沿实在远。问他们：

“到了没有？”

他们说：

“就到的，就到的。”

果然，转过了大营房的墙角，就看见河水了。

我第一次看见河水，我不能晓得这河水是从什么地方来的？走了几年了。

那河太大了，等我走到河边上，抓了一把沙子抛下去，那河水简直没有因此而脏了一点点。河上有船，但是不很多，有的往东去了，有的往西去了。也有的划到河的对岸去的，河的对岸似乎没有人家，而是一片柳条林。再往远看，就不能知道那是什么地方了，因为也没有人家，也没有房子，也看不见道路，也听不见一点音响。

我想将来是不是我也可以到那没有人的地方去看一看。

除了我家的后园，还有街道。除了街道，还有大河。除了大河，还有柳条林。除了柳条林，还有更远的，什么也没有的地方，什么也看不见的地方，什么声音也听不见的地方。

究竟除了这些，还有什么，我越想越不知道了。

就不用说这些我未曾见过的。就说一个花盆吧，就说一座院子吧。院子和花盆，我家里都有。但说那营房的院子就比我家的大，我家的花盆是摆在后园里的，人家的花盆就摆到墙头上来了。

可见我不知道的一定还有。

所以祖母死了，我竟聪明了。

七

祖母死了，我就跟祖父学诗。因为祖父的屋子空着，我就闹着一定要睡在祖父那屋。

早晨念诗，晚上念诗，半夜醒了也是念诗。念了一阵，念困了再睡去。

祖父教我的有《千家诗》，并没有课本，全凭口头传诵，祖父念一句，我就念一句。

祖父说：

“少小离家老大回……”

我也说：

“少小离家老大回……”

都是些什么字，什么意思，我不知道，只觉得念起来那声音很好听。所以很高兴地跟着喊。我喊的声音，比祖父的声音更大。

我一念起诗来，我家的五间房都可以听见，祖父怕我喊坏了喉咙，常常警告着我说：

“房盖被你抬走了。”

听了这笑话，我略微笑了一会工夫，过不了多久，就又喊起来了。

夜里也是照样地喊，母亲吓唬我，说再喊她要打我。

祖父也说：

“没有你这样念诗的，你这不叫念诗，你这叫乱叫。”

但我觉得这乱叫的习惯不能改，若不让我叫，我念它干什么。每当祖父教我一个新诗，一开头我若听了不好听，我就说：

“不学这个。”

祖父于是就换一个，换一个不好，我还是不要。

“春眠不觉晓，处处闻啼鸟。

夜来风雨声，花落知多少。”

这一首诗，我很喜欢，我一念到第二句，“处处闻啼鸟”那处处两字，我就高兴起来了。觉得这首诗，实在是好，真好听，“处处”该多好听。

还有一首我更喜欢的：

“重重叠叠上楼台，几度呼童扫不开。

刚被太阳收拾去，又为明月送将来。”

就这“几度呼童扫不开”，我根本不知道什么意思，就念成西沥忽通扫不开。

越念越觉得好听，越念越有趣味。

还当客人来了，祖父总是呼我念诗的，我就总喜念这一首。

那客人不知听懂了与否，只是点头说好。

八

就这样瞎念，到底不是久计。念了几十首之后，祖父开讲了。

“少小离家老大回，乡音无改鬓毛衰。”

祖父说：

“这是说小的时候离开了家到外边去，老了回来了。乡音无改鬓毛衰，这是说家乡的口音还没有改变，胡子可白了。”

我问祖父：

“为什么小的时候离家？离家到哪里去？”

祖父说：

“好比爷像你那么大离家，现在老了回来了，谁还认识呢？儿童相见不相识，笑问客从何处来。小孩子见了就招呼着说：你这个白胡老头，是从哪里来的？”

我一听觉得不大好，赶快就问祖父：

“我也要离家的吗？等我胡子白了回来，爷爷你也不认识我了吗？”

心里很恐惧。

祖父一听就笑了：

“等你老了还有爷爷吗？”

祖父说完了，看我还是不很高兴，他又赶快说：

“你不离家的，你哪里能够离家……快再念一首诗吧！念春眠不觉晓……”

我一念起春眠不觉晓来，又是满口的大叫，得意极了。完全高兴，什么都忘了。

但从此再读新诗，一定要先讲的，没有讲过的也要重讲。似乎那大嚷大叫的习惯稍稍好了一点。

“两个黄鹂鸣翠柳，一行白鹭上青天。”

这首诗本来我也很喜欢的，黄梨是很好吃的。经祖父这一讲，说是两个鸟。于是不喜欢了。

“去年今日此门中，人面桃花相映红。

人面不知何处去，桃花依旧笑春风。”

这首诗祖父讲了我也不明白，但是我喜欢这首。因为其中有桃花。桃树一开了花不就结桃吗？桃子不是好吃吗？

所以每念完这首诗，我就接着问祖父：

“今年咱们的樱桃树花开不开花？”

九

除了念诗之外，还很喜欢吃。

记得大门洞子东边那家是养猪的，一个大猪在前边走，一群小猪跟在后边。有一天一个小猪掉井了，人们用抬土的筐子把小猪从井吊了上来。吊上来，那小猪早已死了。井口旁边围了很多人看热闹，祖父和我也在旁边看热闹。

那小猪一被打上来，祖父就说他要那小猪。

祖父把那小猪抱到家里，用黄泥裹起来，放在灶坑里烧上了，烧好了给我吃。

我站在炕沿旁边，那整个的小猪，就摆在我的眼前，祖父把那小猪一撕开，立刻就冒了油，真香，我从来没有吃过那么香的东西，从来没有吃过那么好吃的东西。

第二次，又有一只鸭子掉井了，祖父也用黄泥包起来，烧上给我吃了。

在祖父烧的时候，我也帮着忙，帮着祖父搅黄泥，一边喊着，一边叫着，好像拉拉队似的给祖父助兴。

鸭子比小猪更好吃，那肉是不怎样肥的。所以我最喜欢吃鸭子。

我吃，祖父在旁边看着。祖父不吃。等我吃完了，祖父才吃。他说我的牙齿小，怕我咬不动，先让我选嫩的吃，我吃剩了的他才吃。

祖父看我每咽下去一口，他就点一下头，而且高兴地说：

"这小东西真馋，"或是："这小东西吃得真快。"

我的手满是油，随吃随在大襟上擦着，祖父看了也并不生气，只是说：

"快蘸点盐吧，快蘸点韭菜花吧，空口吃不好，等会要反胃的……"

说着就捏几个盐粒放在我手上拿着的鸭子肉上。我一张嘴又进肚去了。

祖父越称赞我能吃，我越吃得多。祖父看看不好了，怕我吃多了。让我停下，我才停下来。我明明白白的是吃不下去了，可是我嘴里还说着：

"一个鸭子还不够呢！"

自此吃鸭子的印象非常之深，等了好久，鸭子再不掉到井里，我看井沿有一群鸭子，我拿了秫秆就往井里边赶，可是鸭子不进去，围着井口转，而呱呱地叫着。我就招呼了在旁边看热闹的小孩子，我说：

"帮我赶哪！"

正在吵吵叫叫的时候，祖父奔到了，祖父说：

"你在干什么？"

我说：

"赶鸭子，鸭子掉井，捞出来好烧吃。"

祖父说：

"不用赶了，爷爷抓个鸭子给你烧着。"

我不听他的话，我还是追在鸭子的后边跑着。

祖父上前来把我拦住了，抱在怀里，一面给我擦着汗一面说：

“跟爷爷回家，抓个鸭子烧上。”

我想：不掉井的鸭子，抓都抓不住，可怎么能规规矩矩贴起黄泥来让烧呢？于是我从祖父的身上往下挣扎着，喊着：

“我要掉井的！我要掉井的！”

祖父几乎抱不住我了。

第四章

一

一到了夏天，蒿草长没大人的腰了，长没我的头顶了，黄狗进去，连个影也看不见了。

夜里一刮起风来，蒿草就刷拉刷拉地响着，因为满院子都是蒿草，所以那响声就特别大，成群结队的就响起来了。

下了雨，那蒿草的梢上都冒着烟，雨本来下得不很大，若一看那蒿草，好像那雨下得特别大似的。

下了毛毛雨，那蒿草上就迷漫得朦朦胧胧的，像是已经来了大雾，或者像是要变天了，好像是下了霜的早晨，混混沌沌的，在蒸腾着白烟。

刮风和下雨，这院子是很荒凉的了。就是晴天，多大的太阳照在上空，这院子也一样是荒凉的。没有什么显眼耀目的装饰，没有人工设置过的一点痕迹，什么都是任其自然，愿意东，就东，愿意西，就西。若是纯然能够做到这样，倒也保存了原始的风景。但不对的，这算什么风景呢？东边堆着一堆朽木头，西边扔着一片乱柴火。左门旁排着一大片旧砖头，右门边晒着一片沙泥土。

沙泥土是厨子拿来搭炉灶的，搭好了炉灶的泥土就扔在门边了。若问他还有什么用处吗，我想他也不知道，不过忘了就是了。

至于那砖头可不知道是干什么的，已经放了很久了，风吹日晒，下了雨被雨浇。反正砖头是不怕雨的，浇浇又碍什么事。那么就浇着去吧，没人管它。其实也正不必管它，凑巧炉灶或是炕洞子坏了，那就用得着它了。就在眼前，伸手就来，用着多么方便。但是炉灶就总不常坏，炕洞子修的也比较结实。不知哪里找的这样好的工人，一修上炕洞子就是一年，头一年八月修上，不到第二年八月是不坏的，就是到了第二年八月，也得泥水匠来、砖瓦匠来用铁刀一块一块地把砖砍着搬下来。所以那门前的一堆砖头似乎是一年也没有多大的用处。三年两年的还是在那里摆着。大概总是越摆越少，东家拿去一块垫花盆，西家搬去一块又是做什么。不然若是越摆越多，那可就糟了，岂不是慢慢地会把房门封起来的吗？

其实门前的那砖头是越来越少的。不用人工，任其自然，过了三年两载也就没有了。

可是目前还是有的。就和那堆泥土同时在晒着太阳，它陪伴着它，它陪伴着它。

除了这个，还有打碎了的大缸扔在墙边上，大缸旁边还有一个破了口的坛子陪着它蹲在那里。坛子底上没有什么，只积了半坛雨水，用手攀着坛子边一摇动：那水里边有很多活物，会上下地跑，似鱼非鱼，似虫非虫，我不认识。再看那勉强站着的，几乎是站不住了的已经被打碎了的大缸，那缸里边可是什么也没有。其实不能够说那是“里边”，本来这缸已经破了肚子。谈不到什么“里边”“外边”了。就简称“缸碴”吧！在这缸碴上什么也没有，光滑可爱，用手一拍还会发响。小的时候就总喜欢到旁边去搬一搬，一搬就不得了了，在这缸碴的下边有无数的潮虫。吓得赶快就跑。跑得很远地站在那里回头看着，看了一回，那潮虫乱跑一阵又回到那缸磉的下边去了。

这缸磉为什么不扔掉呢？大概就是专养潮虫。

和这缸磉相对着，还扣着一个猪槽子，那猪槽子已经腐朽了，不知扣了多少年了。槽子底上长了不少的蘑菇，黑森森的，那是些小蘑；看样子，大概吃不得，不知长着做什么。

靠着槽子的旁边就睡着一柄生锈的铁犁头。

说也奇怪，我家里的东西都是成对的，成双的。没有单个的。

砖头晒太阳，就有泥土来陪着。有破坛子，就有破大缸。有猪槽子就有铁犁头。像是它们都配了对，结了婚。而且各自都有新生命送到世界上来。比方坛子里的似鱼非鱼，大缸下边的潮虫，猪槽子上的蘑菇，等等。

不知为什么，这铁犁头，却看不出什么新生命来，而是全体腐烂下去了。什么也不生，什么也不长，全体黄澄澄的。用手一触就往下掉末，虽然它本质是铁的，但沦落到今天，就完全像黄泥做的了，就像要瘫了的样子。比起它的同伴那木槽子来，真是远差千里，惭愧惭愧。这犁头假若是人的话，一定要流泪大哭："我的体质比你们都好哇，怎么今天衰弱到这个样子？"

它不但它自己衰弱，发黄，一下了雨，它那满身的黄色的色素，还跟着雨水流到别人的身上去。那猪槽子的半边已经被染黄了。

那黄色的水流，还一直流得很远，是凡它所经过的那条土地，都被它染得焦黄。

二

我家是荒凉的。

一进大门，靠着大门洞子的东壁是三间破房子，靠着大门洞子的西壁仍是三间破房子。再加上一个大门洞，看起来是七间连着串，外表上似乎是很威武的，房子都很高大，架着很粗的木头的房架。柁头是很粗的，一个小孩抱不过来。都一律是瓦房盖，房脊上还有透窿的用瓦做的花，迎着太阳看去，是很好看的。房脊的两梢上，一边有一个鸽子，大概也是瓦做的，终年不动，停在那里。这房子的外表，似乎不坏。

但我看它内容空虚。

西边的三间，自家用装粮食的，粮食没有多少，耗子可是成群了。

粮食仓子底下让耗子咬出洞来，耗子的全家在吃着粮食。耗子在下边吃，麻雀在上边吃。全屋都是土腥气。窗子坏了，用板钉起来，门也坏了，每一开就颤抖抖的。

靠着门洞子西壁的三间房，是租给一家养猪的。那屋里屋外没有别的，都是猪了。大猪小猪，猪槽子，猪粮食。来往的人也都是猪贩子，连房子带人，都弄得气味非常之坏。

说来那家也并没有养了多少猪，也不过十个八个的。每当黄昏的时候，那叫猪的声音远近得闻。打着猪槽子，敲着圈棚，叫了几声，停了一停。声音有高有低，在黄昏的庄严的空气里好像是说他家的生活是非常寂寞的。

除了这一连串的七间房子之外，还有六间破房子，三间破草房，三间碾磨房。

三间碾磨房一起租给那家养猪的了，因为它靠近那家养猪的。

三间破草房是在院子的西南角上，这房子它单独的跑得那么远，孤伶伶的，毛头毛脚的，歪歪斜斜的站在那里。

房顶的草上长着青苔，远看去，一片绿，很是好看。下了雨，房顶上就出蘑菇，人们就上房采蘑菇，就好像上山去采蘑菇一样，一采采了很多。这样出蘑菇的房顶实在是很少有，我家的房子共有三十来间，其余的都不会出蘑菇，所以住在那房里的人一提着筐子上房去采蘑菇，全院子的人没有不羡慕的，都说：

“这蘑菇是新鲜的，可不比那干蘑菇，若是杀一个小鸡炒上，那真好吃极了。”

“蘑菇炒豆腐，嗳，真鲜！”

“雨后的蘑菇嫩过了仔鸡。”

“蘑菇炒鸡，吃蘑菇而不吃鸡。”

“蘑菇下面，吃汤而忘了面。”

“吃了这蘑菇，不忘了姓才怪的。”

“清蒸蘑菇加姜丝，能吃八碗小米子干饭。”

“你不要小看了这蘑菇，这是意外之财！”

同院住的那些羡慕的人，都恨自己为什么不住在那草房里。若早知道租了房子连蘑菇都一起租来了，就非租那房子不可。天下哪有这样的好事，租房子还带蘑菇的。于是感慨唏嘘，相叹不已。

再说站在房间上正在采着的，在多少只眼目之中，真是一种光荣的工作。于是也就慢慢的采，本来一袋烟的工夫就可以采完，但是要延长到半顿饭的工夫。同时故意选了几个大的，从房顶上骄傲地抛下来，同时说：

“你们看吧，你们见过这样干净的蘑菇吗？除了是这个房顶，哪个房顶能够长出这样的好蘑菇来。”

那在下面的，根本看不清房顶到底那蘑菇全部多大，以为一律是这样大的，于是就更增加了无限的惊异。赶快弯下腰去拾起来，拿到家里，晚饭的时候，卖豆腐的来，破费二百钱捡点豆腐，把蘑菇烧上。

可是那在房顶上的因为骄傲，忘记了那房顶有许多地方是不结实的，已经露了洞了，一不加小心就把脚掉下去了，把脚往外一拔，脚上的鞋子不见了。

鞋子从房顶落下去，一直就落在锅里，锅里正是翻开的滚水，鞋子就在滚水里边煮上了。锅边漏粉的人越看越有意思，越觉得好玩，那一只鞋子在开水里滚着，翻着，还从鞋底上滚下一些泥浆来，弄得漏下去的粉条都黄忽忽的了。可是他们还不把鞋子从锅里拿出来，他们说，反正这粉条是卖的，也不是自己吃。

这房顶虽然产蘑菇，但是不能够避雨。一下起雨来，全屋就像小水罐似的。摸摸这个是湿的，摸摸那个是湿的。

好在这里边住的都是些个粗人。

有一个歪鼻瞪眼的名叫"铁子"的孩子。他整天手里拿着一柄铁锹，在一个长槽子里边往下切着，切些个什么呢？初到这屋子里来的人是看不清的，因为热气腾腾的这屋里不知都在做些个什么。细一看，才能看出来他切的是马铃薯。槽子里都是马铃薯。

这草房是租给一家开粉房的。漏粉的人都是些粗人，没有好鞋袜，没有好行李，一个一个的和小猪差不多，住在这房子里边是很相当的，好房子让他们一住也怕是住坏了。何况每一下雨还有蘑菇吃。

这粉房里的人吃蘑菇，总是蘑菇和粉配在一道，蘑菇炒粉，蘑菇炖粉，蘑菇煮粉。没有汤的叫做"炒"，有汤的叫做"煮"，汤少一点的叫做"炖"。

他们做好了，常常还端着一大碗来送给祖父。等那歪鼻瞪眼的孩子一走了，祖父就说：

"这吃不得，若吃到有毒的就吃死了。"

但那粉房里的人，从来没吃死过，天天里边唱着歌，漏着粉。

粉房的门前搭了几丈高的架子，亮晶晶的白粉，好像瀑布似的挂在上边。

他们一边挂着粉，也是一边唱着的。等粉条晒干了，他们一边收着粉，也是一边地唱着。那唱不是从工作所得到的愉快，好像含着眼泪在笑似的。

逆来顺受，你说我的生命可惜，我自己却不在乎。你看着很危险，我却自己以为得意。不得意怎么样？人生是苦多乐少。

那粉房里的歌声，就像一朵红花开在了墙头上。越鲜明，就越觉得荒凉。

“正月十五正月正，
家家户户挂红灯。
人家的丈夫团圆聚，
孟姜女的丈夫去修长城。”

只要是一个晴天，粉丝一挂起来了，这歌音就听得见的。因为那破草房是在西南角上，所以那声音比较的辽远。偶尔也有装腔女人的音调在唱“五更天”。

那草房实在是不行了，每下一次大雨，那草房北头就要多加一只支柱，那支柱已经有七八只之多了，但是房子还是天天的往北边歪。越歪越厉害，我一看了就害怕，怕从那旁边一过，恰好那房子倒了下来，压在我身上。那房子实在是不像样子了，窗子本来是四方的，都歪斜得变成菱形的了。门也歪斜得关不上了。墙上的大柁就像要掉下来似的，向一边跳出来了。房脊上的正梁一天一天的往北走，已经拔了榫，脱离别人的牵掣，而它自己单独行动起来了。那些钉在房脊上的椽杆子，能够跟着它跑的，就跟着它一顺水地往北边跑下去了；不能够跟着它跑的，就挣断了钉子，而垂下头来，向着粉房里的人们的头垂下来，因为另一头是压在檐外，所以不能够掉下来，只是滴里郎当地垂着。

我一次进粉房去，想要看一看漏粉到底是怎样漏法。但是不敢细看，我很怕那椽子头掉下来打了我。

一刮起风来，这房子就喳喳的山响，大柁响，马梁响，门框、窗框响。

一下了雨，又是喳喳的响。

不刮风，不下雨，夜里也是会响的，因为夜深人静了，万物齐鸣，何况这本来就会响的房子，哪能不响呢。

以它响得最厉害。别的东西的响，是因为倾心去听它，就是听得到的，也是极幽渺的，不十分可靠的。也许是因为一个人的耳鸣而引起来的错觉，比方猫、狗、虫子之类的响叫，那是因为它们是生物的缘故。

可曾有人听过夜里房子会叫的，谁家的房子会叫，叫得好像个活物似的，嚓嚓的，带着无限的重量。往往会把睡在这房子里的人叫醒。

被叫醒了的人，翻了一个身说：

“房子又走了。”

真是活神活现，听他说了这话，好像房子要搬了场似的。

房子都要搬场了，为什么睡在里边的人还不起来，他是不起来的，他翻了个身又睡了。

住在这里边的人，对于房子就要倒的这回事，毫不加戒心，好像他们已经有了血族的关系，是非常信靠的。

似乎这房一旦倒了，也不会压到他们，就像是压到了，也不会压死的，绝对地没有生命的危险。这些人的过度的自信，不知从哪里来的，也许住在那房子里边的人都是用铁铸的，而不是肉长的。再不然就是他们都是敢死队，生命置之度外了。

若不然为什么这么勇敢？生死不怕。

若说他们是生死不怕，那也是不对的。比方那晒粉条的人，从杆子上往下摘粉条的时候，那杆子掉下来了，就吓他一哆嗦。粉条打碎了，他还没有敲打着。他把粉条收起来，他还看着那杆子，他思索起来，他说：

“莫不是……”

他越想越奇怪，怎么粉打碎了，而人没打着呢。他把那杆子扶了上去，远远地站在那里看着，用眼睛捉摸着。越捉摸越觉得可怕。

“唉呀！这要是落到头上呢。”

那真是不堪想象了。于是他摸着自己的头顶，他觉得万幸万幸，下回该加小心。

本来那杆子还没有房椽子那么粗，可是他一看见，他就害怕。每次他再晒粉条的时候，他都是躲着那杆子，连在它旁边走也不敢走。总是用眼睛溜着它，过了很多日才算把这回事忘了。

若下雨打雷的时候，他就把灯灭了，他们说雷扑火，怕雷劈着。

他们过河的时候，抛两个铜板到河里去，传说河是馋的，常常淹死人的，把铜板一摆到河里，河神高兴了，就不会把他们淹死了。

这证明住在这嚓嚓响着的草房里的他们，也是很胆小的，也和一般人一样是颤颤惊惊地活在这世界上。

那么这房子既然要塌了，他们为什么不怕呢？

据卖馒头的老赵头说：

“他们要的就是这个要倒的么！”

据粉房里的那个歪鼻瞪眼的孩子说：

“这是住房子啊，也不是娶媳妇要她周周正正。”

据同院住的周家的两位少年绅士说：

“这房子对于他们那等粗人，就再合适也没有了。”

据我家的有二伯说：

“是他们贪图便宜，好房子呼兰城里有的多，为啥他们不搬家呢？好房子人家要房钱的呀，不像是咱们家这房子，一年送来十斤二十斤的干粉就完事，等于白住。你二伯是没有家眷，若不我也找这样房子去住。”

有二伯说的也许有点对。

祖父早就想拆了那座房子的，是因为他们几次的全体挽留才留下来的。

至于这个房子将来倒与不倒，或是发生什么幸与不幸，大家都以为这太远了，不必想了。

三

我家的院子是很荒凉的。

那边住着几个漏粉的，那边住着几个养猪的。养猪的那厢房里还住着一个拉磨的。

那拉磨的，夜里打着梆子通夜的打。

养猪的那一家有几个闲散杂人，常常聚在一起唱着秦腔，拉着胡琴。

西南角上那漏粉的则欢喜在晴天里边唱一个《叹五更》。

他们虽然是拉胡琴、打梆子、叹五更，但是并不是繁华的，并不是一往直前的，并不是他们看见了光明，或是希望着光明，这些都不是的。

他们看不见什么是光明的，甚至于根本也不知道，就像太阳照在了瞎子的头上了，瞎子也看不见太阳，但瞎子却感到实在是温暖了。

他们就是这类人，他们不知道光明在哪里，可是他们实实在在地感得到寒凉就在他们的身上，他们想击退了寒凉，因此而来了悲哀。

他们被父母生下来，没有什么希望，只希望吃饱了，穿暖了。但也吃不饱，也穿不暖。

逆来的，顺受了。

顺来的事情，却一辈子也没有。

磨房里那打梆子的，夜里常常是越打越响，他越打得激烈，人们越说那声音凄凉。因为他单单的响音，没有同调。

四

我家的院子是很荒凉的。

粉房旁边的那小偏房里，还住着一家赶车的。那家喜欢跳大神，常常就打起鼓来，喝喝咧咧唱起来了。鼓声往往打到半夜才止，那说仙道鬼的，大神和二神的一对一答。苍凉，幽渺，真不知今世何世。

那家的老太太终年生病，跳大神都是为她跳的。

那家是这院子顶丰富的一家，老少三辈。家风是干净利落，为人谨慎，兄友弟恭，父慈子爱。家里绝对的没有闲散杂人。绝对不像那粉房和那磨房，说唱就唱，说哭就哭。他家永久是安安静静的。跳大神不算。

那终年生病的老太太是祖母，她有两个儿子，大儿子是赶车的，二儿子也是赶车的。一个儿子都有一个媳妇。大儿媳妇胖胖的，年已五十了。二儿媳妇瘦瘦的，年已四十了。

除了这些，老太太还有两个孙儿，大孙儿是二儿子的。二孙儿是大儿子的。

因此他家里稍稍有点不睦，那两个媳妇妯娌之间，稍稍有点不合适，不过也不很明朗化。只是你我之间各自晓得。做嫂子的总觉得兄弟媳妇对她有些不驯，或者就因为她的儿子大的缘故吧。兄弟媳妇就总觉得嫂子是想压她，凭什么想压人呢？自己的儿子小。没有媳妇指使着，看了别人还眼气。

老太太有了两个儿子，两个孙子，认为十分满意了。人手整齐，将来的家业，还不会兴旺的吗？就不用说别的，就说赶大车这把力气也是够用的。看看谁家的车上是爷四个，拿鞭子的，坐在车后尾巴上的都是姓胡，没有外姓。在家一盆火，出外父子兵。

所以老太太虽然是终年病着，但很乐观，也就是跳一跳大神什么的解一解心疑也就算了。她觉得就是死了，也是心安理得的了，何况还活着，还能够看得见儿子们的忙忙碌碌。

媳妇们对于她也很好的，总是隔长不短的张罗着给她花几个钱跳一跳大神。

每一次跳神的时候，老太太总是坐在炕里，靠着枕头，挣扎着坐了起来，向那些来看热闹的姑娘媳妇们讲：

“这回是我大媳妇给我张罗的。”或是“这回是我二媳妇给我张罗的。”

她说的时候非常得意，说着说着就坐不住了。她患的是瘫病，就赶快招媳妇们来把她放下了。放下了还要喘一袋烟的工夫。

看热闹的人，没有一个不说老太太慈祥的，没有一个不说媳妇孝顺的。

所以每一跳大神，远远近近的人都来了，东院西院的，还有前街后街的也都来了。

只是不能够预先订座，来得早的就有凳子、炕沿坐。来得晚的，就得站着了。

一时这胡家的孝顺，居于领导的地位，风传一时，成为妇女们的楷模。

不但妇女，就是男人也得说：

“老胡家人旺，将来财也必旺。”

“天时、地利、人和，最要紧的还是人和。人和了，天时不好也好了。地利不利也利了。”

“将来看着吧，今天人家赶大车的，再过五年看，不是二等户，也是三等户。”

我家的有二伯说：

“你看着吧，过不了几年人家就骡马成群了。别看如今人家就一辆车。”

他家的大儿媳妇和二儿媳妇的不睦，虽然没有新的发展，可也总没有消灭。

大孙子媳妇通红的脸，又能干，又温顺。人长得不肥不瘦，不高不矮，说起话来，声音不大不小。正合适配到他们这样的人家。

车回来了，牵着马就到井边去饮水。车马一出去了，就喂草。看她那长样可并不是做这类粗活人，可是做起事来并不弱于人，比起男人来，也差不了许多。

放下了外边的事情不说，再说屋里的，也样样拿得起来，剪、裁、缝、补，做哪样像哪样，他家里虽然没有什么绫、罗、绸、缎可做的，就说粗布衣也要做个四六见线，平平板板，一到过年的时候，无管怎样忙，也要偷空给奶奶婆婆，自己的婆婆，大娘婆婆，各人做一双花鞋。虽然没有什么好的鞋面，就说青水布的，也要做个精致。虽然没有丝线，就用棉花线，但那颜色却配得水灵灵地新鲜。

奶奶婆婆的那双绣的是桃红的大瓣莲花。大娘婆婆的那双绣的是牡丹花。婆婆的那双绣的是素素雅雅的绿叶兰。

这孙子媳妇回了娘家，娘家的人一问她婆家怎样，她说都好都好，将来非发财不可。大伯公是怎样的兢兢业业，公公是怎样的吃苦耐劳。奶奶婆婆也好，大娘婆婆也好。凡是婆家的无一不好。完全顺心，这样的婆家实在难找。

虽然她的丈夫也打过她，但她说，哪个男人不打女人呢？于是也心满意足地并不以为那是缺陷了。

她把绣好的花鞋送给奶奶婆婆，她看她绣了那么一手好花，她感到了对这孙子媳妇有无限的惭愧，觉得这样一手好针线，每天让她喂猪打狗的，真是难为了她了。奶奶婆婆把手伸出来，把那鞋接过来，真是不知如何说好，只是轻轻地托着那鞋，苍白的脸孔，笑盈盈地点着头。

这是这样好的一个大孙子媳妇。二孙子媳妇也订好了，只是二孙子还太小，一时不能娶过来。

她家的两个妯娌之间的摩擦，都是为了这没有娶过来的媳妇，她自己的婆婆的主张把她接过来，做团圆媳妇，婶婆婆就不主张接来，说她太小不能干活，只能白吃饭，有什么好处。

争执了许久，来与不来，还没有决定。等下回给老太太跳大神的时候，顺便问一问大仙家再说吧。

五

我家是荒凉的。

天还未明，鸡先叫了；后边磨房里那梆子声还没有停止，天就发白了。天一发白，乌鸦群就来了。

我睡在祖父旁边，祖父一醒，我就让祖父念诗，祖父就念：

“春眠不觉晓，处处闻啼鸟。

夜来风雨声，花落知多少？”

“春天睡觉不知不觉地就睡醒了，醒了一听，处处有鸟叫着，回想昨夜的风雨，可不知道今早花落了多少。”

是每念必讲的，这是我的约请。

祖父正在讲着诗，我家的老厨子就起来了。

他咳嗽着，听得出来，他担着水桶到井边去挑水去了。

井口离得我家的住房很远，他摇着井绳哗拉拉地响，日里是听不见的，可是在清晨，就听得分外地清明。

老厨子挑完了水，家里还没有人起来。

听得见老厨子刷锅的声音刷拉拉地响。老厨子刷完了锅，烧了一锅洗脸水了，家里还没有人起来。

我和祖父念诗，一直念到太阳出来。

祖父说：

“起来吧。”

“再念一首。”

祖父说：

“再念一首可得起来了。”

于是再念一首，一念完了，我又赖起来不算了，说再念一首。

每天早晨都是这样纠缠不清地闹。等一开了门，到院子去。院子里边已经是万道金光了，大太阳晒在头上都滚热的了。太阳两丈高了。

祖父到鸡架那里去放鸡，我也跟在那里，祖父到鸭架那里去放鸭，我也跟在后边。

我跟着祖父，大黄狗在后边跟着我。我跳着，大黄狗摇着尾巴。

大黄狗的头像盆那么大，又胖又圆，我总想要当一匹小马来骑它。祖父说骑不得。

但是大黄狗是喜欢我的，我是爱大黄狗的。

鸡从架里出来了，鸭子从架里出来了，它们抖擞着毛，一出来就连跑带叫的，吵的声音很大。

祖父撒着通红的高粱粒在地上，又撒了金黄的谷粒子在地上。

于是鸡啄食的声音，咯咯地响成群了。

喂完了鸡，往天空一看，太阳已经三丈高了。

我和祖父回到屋里，摆上小桌，祖父吃一碗饭米汤，浇白糖；我则不吃，我要吃烧包米；祖父领着我，到后园去，趟着露水去到包米丛中为我掰一穗包米来。

掰来了包米，袜子、鞋，都湿了。

祖父让老厨子把包米给我烧上，等包米烧好了，我已经吃了两碗以上的饭米汤浇白糖了。包米拿来，我吃了一两个粒，就说不好吃，因为我已吃饱了。

于是我手里拿烧包米就到院子去喂大黄去了。

“大黄”就是大黄狗的名字。

街上，在墙头外面，各种叫卖声音都有了，卖豆腐的，卖馒头的，卖青菜的。

卖青菜的喊着，茄子、黄瓜、荚豆和小葱子。

一挑喊着过去了，又来了一挑；这一挑不喊茄子、黄瓜，而喊着芹菜、韭菜、白菜……

街上虽然热闹起来了，而我家里则仍是静悄悄的。

满院子蒿草，草里面叫着虫子。破东西，东一件西一样的扔着。

看起来似乎是因为清早，我家才冷静，其实不然的，是因为我家的房子多，院子大，人少的缘故。

哪怕就是到了正午，也仍是静悄悄的。

每到秋天，在蒿草的当中，也往往开了蓼花，所以引来了不少的蜻蜓和蝴蝶在那荒凉的一片蒿草上闹着。这样一来，不但不觉得繁华，反而更显得荒凉寂寞。

第五章

一

我玩的时候，除了在后花园里，有祖父陪着。其余的玩法，就只有我自己了。

我自己在房檐下搭了个小布棚，玩着玩着就睡在那布棚里了。

我家的窗子是可以摘下来的，摘下来直立着是立不住的，就靠着墙斜立着，正好立出一个小斜坡来，我称这小斜坡叫“小屋”，我也常常睡到这小屋里边去了。

我家满院子是蒿草，蒿草上飞着许多蜻蜓，那蜻蜓是为着红蓼花而来的。可是我偏偏喜欢捉它，捉累了就躺在蒿草里边睡着了。

蒿草里边长着一丛一丛的天星星，好像山葡萄似的，是很好吃的。

我在蒿草里边搜索着吃，吃困了，就睡在天星星秧子的旁边了。

蒿草是很厚的，我躺在上边好像是我的褥子，蒿草是很高的，它给我遮着荫凉。

有一天，我就正在蒿草里边做着梦，那是下午晚饭之前，太阳偏西的时候。大概我睡得不太着实，我似乎是听到了什么地方有不少的人讲着话，说说笑笑，似乎是很热闹。但到底发生了什么事情，却听不清，只觉得在西南角上，或者是院里，或者是院外。到底是院里院外，那就不大清楚了。反正是有几个人在一起嚷嚷着。

我似睡非睡地听了一会就又听不见了。大概我已经睡着了。

等我睡醒了，回到屋里去，老厨子第一个就告诉我：

“老胡家的团圆媳妇来啦，你还不知道，快吃了饭去看吧！”

老厨子今天特别忙，手里端着一盘黄瓜菜往屋里走，因为跟我指手划脚地一讲话，差一点没把菜碟子掉在地上，只把黄瓜丝打翻了。

我一走进祖父的屋去，只有祖父一个人坐在饭桌前面，桌子上边的饭菜都摆好了，却没有人吃，母亲和父亲都没有来吃饭，有二伯也没有来吃饭。祖父一看见我，祖父就问我：

“那团圆媳妇好不好？”

大概祖父以为我是去看团圆媳妇回来的。我说我不知道，我在草棵里边吃天星星来的。

祖父说：

“你妈他们都去看团圆媳妇去了，就是那个跳大神的老胡家。”

祖父说着就招呼老厨子，让他把黄瓜菜快点拿来。

醋拌黄瓜丝，上边浇着辣椒油，红的红，绿的绿，一定是那老厨子又重切了一盘的，那盘我眼看着撒在地上了。

祖父一看黄瓜菜也来了，祖父说：

“快吃吧，吃了饭好看团圆媳妇去。”

老厨子站在旁边，用围裙在擦着他满脸的汗珠，他每一说话就眨巴眼睛，从嘴里往外喷着唾沫星。他说：

“那看团圆媳妇的人才多呢！粮米铺的二老婆，带着孩子也去了。后院的小麻子也去了，西院老杨家也来了不少的人，都是从墙头上跳过来的。”

他说他在井沿上打水看见的。

经他这一喧惑，我说：

“爷爷，我不吃饭了，我要看团圆媳妇去。”

祖父一定让我吃饭，他说吃了饭他带我去。我急得一顿饭也没有吃好。我从来没有看过团圆媳妇，我以为团圆媳妇不知道多么好看呢！越想越觉得一定是很好看的，越着急也越觉得是非特别好看不可。不然，为什么大家都去看呢。不然，为什么母亲也不回来吃饭呢。

越想越着急，一定是很好看的节目都看过。若现在就去，还多少看得见一点，若再去晚了，怕是就来不及了。我就催促着祖父。

“快吃，快吃，爷爷快吃吧。”

那老厨子还在旁边乱讲乱说，祖父间或问他一两句。

我看那老厨子打扰祖父吃饭，我就不让那老厨子说话。那老厨子不听，还是笑嘻嘻地说。我就下地把老厨子硬推出去了。

祖父还没有吃完，老周家的周三奶又来了，是她说她的公鸡总是往我这边跑，她是来捉公鸡的。公鸡已经捉到了，她还不走，她还扒着玻璃窗子跟祖父讲话，她说：

“老胡家那小团圆媳妇过来，你老爷子还没去看看吗？那看的人才多呢，我还没去呢，吃了饭就去。”

祖父也说吃了饭就去，可是祖父的饭总也吃不完。一会要点辣椒油，一会要点咸盐面的。我看不但我着急，就是那老厨子也急得不得了了。头上直冒着汗，眼睛直眨巴。

祖父一放下饭碗，连点一袋烟我也不让他点，拉着他就往西南墙角那边走。

一边走，一边心里后悔，眼看着一些看热闹的人都回来了。为什么一定要等祖父呢？不会一个人早就跑着来吗？何况又觉得我躺在草棵子里就已经听见这边有了动静了。真是越想越后悔，这事情都闹了一个下半天了，一定是好看的都过去了，一定是来晚了。白来了，什么也看不见了，在草棵子听到了这边说笑，为什么不就立刻跑来看呢？越想越后悔。自己和自己生气，等到了老胡家的窗前，一听，果然连一点声音也没有了。差一点没有气哭了。

等真的进屋一看，全然不是那么一回事，母亲，周三奶奶，还有些个不认的人，都在那里，与我想象的完全不一样，没有什么好看的，团圆媳妇在那儿？我也看不见，经人家指指点点的，我才看见了。不是什么媳妇，而是一个小姑娘。

我一看就没有兴趣了，拉着爷爷就向外边走，说：

“爷爷回家吧。”

等第二天早晨她出来倒洗脸水的时候，我看见她了。

她的头发又黑又长，梳着很大的辫子，普通姑娘们的辫子都是到腰间那么长，而她的辫子竟快到膝间了。她脸长得黑忽忽的，笑呵呵的。

院子里的人，看过老胡家的团圆媳妇之后，没有什么不满意的地方。不过都说太大方了，不像个团圆媳妇了。

周三奶奶说：

“见人一点也不知道羞。”

隔院的杨老太太说：

“那才不怕羞呢！头一天来到婆家，吃饭就吃三碗。”

周三奶奶又说：

“哟哟！我可没见过，别说还是一个团圆媳妇，就说一进门就姓了人家的姓，也得头两天看看人家的脸色。哟哟！那么大的姑娘。她今年十几岁啦？”

“听说十四岁么！”

“十四岁会长得那么高，一定是瞒岁数。”

“可别说呀！也有早长的。”

“可是他们家可怎么睡呢？”

“可不是，老少三辈，就三铺小炕……”

这是杨老太太扒在墙头上和周三奶奶讲的。

至于我家里，母亲也说那团圆媳妇不像个团圆媳妇。

老厨子说：

“没见过，大模大样的，两个眼睛骨碌骨碌地转。”

有二伯说：

“介（这）年头是啥年头呢，团圆媳妇也不像个团圆媳妇了。”

只是祖父什么也不说，我问祖父：

“那团圆媳妇好不好？”

祖父说：

“怪好的。”

于是我也觉得怪好的。

她天天牵马到井边上去饮水，我看见她好几回，中间没有什么人介绍，她看看我就笑了，我看看她也笑了。我问她十几岁？她说：

“十二岁。”

我说不对。

“你十四岁的，人家都说你十四岁。”

她说：

“他们看我长得高，说十二岁怕人家笑话，让我说十四岁的。”

我不知道，为什么长得高还让人家笑话，我问她：

“你到我们草棵子里去玩好吧！”

她说：

“我不去，他们不让。”

二

过了没有几天，那家就打起团圆媳妇来了，打得特别厉害，那叫声无管多远都可以听得见的。

这全院子都是没有小孩子的人家，从没有听到过谁家在哭叫。

邻居左右因此又都议论起来，说早就该打的，哪有那样的团圆媳妇一点也不害羞，坐到那儿坐得笔直，走起路来，走得风快。

她的婆婆在井边上饮马，和周三奶奶说：

“给她一个下马威。你听着吧，我回去我还得打她呢，这小团圆媳妇才厉害呢！没见过，你拧她大腿，她咬你；再不然，她就说她回家。”

从此以后，我家的院子里，天天有哭声，哭声很大，一边哭，一边叫。

祖父到老胡家去说了几回，让他们不要打她了；说小孩子，知道什么，有点差错教导教导也就行了。

后来越打越厉害了，不分昼夜。我睡到半夜醒来和祖父念诗的时候，念着念着就听西南角上哭叫起来了。

我问祖父：

“是不是那小团圆媳妇哭？”

祖父怕我害怕，说：

“不是，是院外的人家。”

我问祖父：

“半夜哭什么？”

祖父说：

“别管那个，念诗吧。”

清早醒了，正在念“春眠不觉晓”的时候，那西南角上的哭声又来了。

一直哭了很久，到了冬天，这哭声才算没有了。

三

虽然不哭了，那西南角上又夜夜跳起大神来，打着鼓，叮咚叮咚地响；大神唱一句，二神唱一句，因为是夜里，听得特别清晰，一句半句的我都记住了。

什么“小灵花呀”，甚么“胡家让她去出马呀”。

差不多每天大神都唱些个这个。

早晨起来，我就模拟着唱：

“小灵花呀，胡家让她去出马呀……”

而且叮叮咚，叮叮咚的，用声音模拟着打鼓。

“小灵花”就是小姑娘；“胡家”就是胡仙；“胡仙”就是狐狸精；“出马”就是当跳大神的。

大神差不多跳了一个冬天，把那小团圆媳妇就跳出毛病来了。

那小团圆媳妇，有点黄，没有夏天她刚一来的时候，那么黑了。不过还是笑呵呵的。

祖父带着我到那家去串门，那小团圆媳妇还过来给祖父装了一袋烟。

她看见我，也还偷着笑，大概她怕她婆婆看见，所以没和我说话。

她的辫子还是很大的。她的婆婆说她有病了，跳神给她赶鬼。

等祖父临出来的时候，她的婆婆跟出来了，小声跟祖父说：

“这团圆媳妇，怕是要不好，是个胡仙旁边的，胡仙要她去出马……”

祖父想要让他们搬家。但呼兰河这地方有个规矩，春天是二月搬家，秋天是八月搬家。一过了二八月就不是搬家的时候了。

我们每当半夜让跳大神惊醒的时候，祖父就说：

“明年二月就让他们搬了。”

我听祖父说了好几次这样的话。

当我模拟着大神喝喝咧咧地唱着“小灵花”的时候，祖父也说那同样的话，明年二月让他们搬家。

四

可是在这期间，院子的西南角上就越闹越厉害。请一个大神，请好几个二神，鼓声连天地响。

说那小团圆媳妇若再去让她出马，她的命就难保了。所以请了不少的二神来，设法从大神那里把她要回来。

于是有许多人给他家出了主意，人哪能够见死不救呢？于是凡有善心的人都帮起忙来。他说他有一个偏方，她说她有一个邪令。

有的主张给她扎一个谷草人，到南大坑去烧了。

有的主张到扎彩铺去扎一个纸人，叫做“替身”，把它烧了或者可以替了她。

有的主张给她画上花脸，把大神请到家里，让那大神看了，嫌她太丑，也许就不捉她当弟子了，就可以不必出马了。

周三奶奶则主张给她吃一个全毛的鸡，连毛带腿地吃下去，选一个星星出全的夜，吃了用被子把人蒙起来，让她出一身大汗。蒙到第二天早晨鸡叫，再把她从被子放出来。她吃了鸡，她又出了汗，她的魂灵里边因此就永远有一个鸡存在着，神鬼和胡仙黄仙就都不敢上她的身了。传说鬼是怕鸡的。

据周三奶奶说，她的曾祖母就是被胡仙抓住过的，闹了整整三年，差一点没死，最后就是用这个方法治好的。因此一生不再闹别的病了。她半夜里正做一个恶梦，她正吓得要命，她魂灵里边的那个鸡，就帮了她的忙，只叫了一声，恶梦就醒了。她一辈子没生过病。说也奇怪，就是到死，也死得不凡。她死那年已经是八十二岁了。八十二岁还能够拿着花线绣花，正给她小孙子绣花兜肚嘴。绣着绣着，就有点困了，她坐在木凳上，背靠着门扇就打一个盹。这一打盹就死了。

别人就问周三奶奶：

“你看见了吗？”

她说：

“可不是……你听我说呀，死了三天三夜按都按不倒。后来没有办法，给她打着一口棺材也是坐着的，把她放在棺材里，那脸色是红朴朴的，还和活着的一样……”

别人问她：

“你看见了吗？”

她说：

“哟哟！你这问的可怪，传话传话，一辈子谁能看见多少，不都是传话传的吗！”

她有点不大高兴了。

再说西院的杨老太太，她也有个偏方，她说黄连二两，猪肉半斤，把黄连和猪肉都切碎了，用瓦片来焙，焙好了，压成面，用红纸包分成五包包起来。每次吃一包，专治惊风，掉魂。

这个方法，倒也简单。虽然团圆媳妇害的病可不是惊风，掉魂，似乎有点药不对症。但也无妨试一试，好在只是二两黄连，半斤猪肉。何况呼兰河这个地方，又常有卖便宜猪肉的。虽说那猪肉怕是瘟猪，有点靠不住。

但那是治病，也不是吃，又有甚么关系。

“去，买上半斤来，给她治一治。”

旁边有着赞成的说：

“反正治不好也治不坏。”

她的婆婆也说：

“反正死马当活马治吧！”

于是团圆媳妇先吃了半斤猪肉加二两黄连。

这药是婆婆亲手给她焙的。可是切猪肉是他家的大孙子媳妇给切的。那猪肉虽然是连紫带青的，但中间毕竟有一块是很红的，大孙子媳妇就偷着把这块给留下来了，因为她想，奶奶婆婆不是四五个月没有买到一点荤腥了吗？于是她就给奶奶婆婆偷着下了一碗面疙瘩汤吃了。

奶奶婆婆问：

“可哪儿来的肉？”

大孙子媳妇说：

“你老人家吃就吃吧，反正是孙子媳妇给你做的。”

那团圆媳妇的婆婆是在灶坑里边搭起瓦来给她焙药。一边焙着，一边说：

“这可是半斤猪肉，一条不缺……”

越焙，那猪肉的味越香，有一匹小猫嗅到了香味而来了，想要在那已经焙好了的肉干上攫一爪。它刚一伸爪，团圆媳妇的婆婆一边用手打着那猫，一边说：

“这也是你动得爪的吗！你这馋嘴巴，人家这是治病呵，是半斤猪肉，你也想要吃一口？你若吃了这口，人家的病可治不好了。一个人活活地要死在你身上，你这不知好歹的。这是整整半斤肉，不多不少。”

药焙好了，压碎了就冲着水给团圆媳妇吃了。

一天吃两包，才吃了一天，第二天早晨，药还没有再吃，还有三包压在灶王爷板上，那些传偏方的人就又来了。

有的说，黄连可怎么能够吃得？黄连是大凉药，出虚汗，像她这样的人，一吃黄连就要泄了元气，一个人要泄了元气那还得了吗？

又一个人说：

“那可吃不得呀！吃了过不去两天就要一命归阴的。”

团圆媳妇的婆婆说：

“那可怎么办呢？”

那个人就慌忙的问：

“吃了没有呢？”

团圆媳妇的婆婆刚一开口，就被他家的聪明的大孙子媳妇给遮过去了，说：

“没吃，没吃，还没吃。”

那个人说：

“既然没吃就不要紧，真是你老胡家有天福，吉星高照，你家差点没有摊了人命。”

于是他又给出了个偏方，这偏方，据他说已经不算是偏方了，就是东二道街上“李永春”药铺的先生也常常用这个方单，是一用就好的，百试，百灵。无管男、女、老、幼，一吃一个好。也无管什么病，头痛、脚痛、肚子痛、五脏六腑痛，跌、打、刀伤，生疮、生疔、生疖子……

无管什么病，药到病除。

这究竟是什么药呢？人们越听这药的效力大，就越想知道究竟是怎样的一种药。

他说：

“年老的人吃了，眼花缭乱，又恢复到了青春。”

“年轻的人吃了，力气之大，可以搬动泰山。”

“妇女吃了，不用胭脂粉，就可以面如桃花。”

“小孩子吃了，八岁可以拉弓，九岁可以射箭，十二岁可以考状元。”

开初，老胡家的全家，都为之惊动，到后来怎么越听越远了。本来老胡家一向是赶车拴马的人家，一向没有考状元。

大孙子媳妇，就让一些围观的闪开一点，她到梳头匣子里拿出一根画眉的柳条炭来。

她说：

“快请把药方开给我们吧，好到药铺去赶早去抓药。”

这个出药方的人，本是“李永春”药铺的厨子。三年前就离开了“李永春”那里了。三年前他和一个妇人吊膀子，那妇人背弃了他，还带走了他半生所积下的那点钱财，因此一气而成了个半疯。虽然是个半疯子，但他在“李永春”那里所记住的药名字还没有全然忘记。

他是不会写字的，他就用嘴说：

“车前子二钱，当归二钱，生地二钱，藏红花二钱。川贝母二钱，白术二钱，远志二钱，紫河车二钱……”

他说着说着似乎就想不起来了，急得头顶一冒汗，张口就说红糖二斤，就算完了。

说完了，他就和人家讨酒喝。

“有酒没有，给两盅喝喝。”

这半疯，全呼兰河的人都晓得，只有老胡家不知道。因为老胡家是外来户，所以受了他的骗了。家里没有酒，就给了他两吊钱的酒钱。那个药方是根本不能够用的，是他随意胡说了一阵的结果。

团圆媳妇的病，一天比一天严重，据他家里的人说，夜里睡觉，她要忽然坐起来的。看了人她会害怕的。她的眼睛里边老是充满了眼泪。这团圆媳妇大概非出马不可了。若不让她出马，大概人要好不了的。

这种传说，一传出来，东邻西邻的，又都去建了议，都说哪能够见死不救呢?

有的说，让她出马就算了。有的说，还是不出马的好。年轻轻的就出马，这一辈子可得什么才能够到个头。

她的婆婆则是绝对不赞成出马的，她说：

“大家可不要错猜了，以为我订这媳妇的时候花了几个钱，我不让她出马，好像我舍不得这几个钱似的。我也是那么想，一个小小的人出了马，这一辈子可什么时候才到个头。”

于是大家就都主张不出马的好。想偏方的，请大神的，各种人才齐聚，东说东的好，西说西的好。于是来了一个“抽帖儿的”。

他说他不远千里而来，他是从乡下赶到的。他听城里的老胡家有一个团圆媳妇新接来不久就病了。经过多少名医，经过多少仙家也治不好，他特地赶来看看，万一要用得着，救一个人命也是好的。

这样一说，十分使人感激。于是让到屋里，坐在奶奶婆婆的炕沿上。给他倒一杯水，给他装一袋烟。

大孙子媳妇先过来说：

“我家的弟妹，年本十二岁，因为她长得太高，就说她十四岁。又说又笑，百病皆无。自接到我们家里就一天一天的黄瘦。到近来就水不想喝，饭不想吃，睡觉的时候睁着眼睛，一惊一乍的。什么偏方都吃过了，什么香火也都烧过了。就是百般地不好……”

大孙子媳妇还没有说完，大娘婆婆就接着说：

“她来到我家，我没给她气受，哪家的团圆媳妇不受气，一天打八顿，骂三场。可是我也打过她，那是我要给她一个下马威。我只打了她一个多月，虽然说我打得狠了一点，可是不狠哪能够规矩出一个好人来。我也是不愿意狠打她的，打得连喊带叫的，我是为她着想，不打得狠一点，她是不能够中用的。有几回，我是把她吊在大梁上，让她叔公公用皮鞭子狠狠地抽了她几回，打得是狠着点了，打昏过去了。可是只昏了一袋烟的工夫，就用冷水把她浇过来了。是打狠了一点，全身也都打青了，也还出了点血。可是立刻就打了鸡蛋青子给她擦上了。也没有肿得怎样高，也就是十天半月地就好了。这孩子，嘴也是特别硬，我一打她，她就说她要回家。我就问她：‘哪儿是你的家？这儿不就是你的家吗？’她可就偏不这样说。她说回她的家。我一听就更生气。人在气头上还管得了这个那个，因此我也用烧红过的烙铁烙过她的脚心。谁知道来，也许是我把她打掉了魂啦，也许是我把她吓掉了魂啦，她一说她要回家，我不用打她，我就说看你回家，我用索练子把你锁起来。她就吓得直叫。大仙家也看过了，说是要她出马。一个团圆媳妇的花费也不少呢，你看她八岁我订下她的，一订就是八两银子，年年又是头绳钱、鞋面钱的，到如今又用火车把她从辽阳接来，这一路的盘费。到了这儿，就是今天请神，明天看香火，几天吃偏方。若是越吃越好，那还罢了。可是百般地不见好，将来谁知道来……到结果……”

不远千里而来的这位抽帖儿的，端庄严肃，风尘仆仆，穿的是蓝袍大衫，罩着棉袄。头上戴的是长耳四喜帽。使人一见了就要尊之为师。

所以奶奶婆婆也说：

“快给我二孙子媳妇抽一个帖吧，看看她的命理如何。”

那抽帖儿的一看，这家人家真是诚心诚意，于是他就把皮耳帽子从头上摘下来了。

一摘下帽子来，别人都看得见，这人头顶上梳着发卷，戴着道帽。一看就知道他可不是市井上一般的平凡的人。别人正想要问，还不等开口，他就说他是某山上的道人，他下山来是为的奔向山东的泰山去，谁知路也波折，缺少盘程，就流落在这呼兰河的左右，已经不下半年之久了。

人家问他，既是道人，为什么不穿道人的衣裳。他回答说：

“你们哪里晓得，世间三百六十行，各有各的苦。这地方的警察特别厉害，他一看穿了道人的衣裳，他就说三问四。他们那些叛道的人，无理可讲，说抓就抓，说拿就拿。”

他还有一个别号，叫云游真人，他说一提云游真人，远近皆知。无管什么病痛或是吉凶，若一抽了他的帖儿，则生死存亡就算定了。他说他的帖法，是张天师所传。

他的帖儿并不多，只有四个，他从衣裳的口袋里一个一个地往外摸，摸出一帖来是用红纸包着，再一帖还是红纸包着，摸到第四帖也都是红纸包着。

他说帖下也没有字，也没有影。里边只包着一包药面，一包红，一包绿，一包蓝，一包黄。抽着黄的就是黄金富贵，抽着红的就是红颜不老。抽到绿的就不大好了，绿色的是鬼火。抽到蓝的也不大好，蓝的就是铁脸蓝青，张天师说过，铁脸蓝青，不死也得见阎王。

那抽帖的人念完了一套，就让病人的亲人伸出手来抽。

团圆媳妇的婆婆想，这倒也简单、容易，她想赶快抽一帖出来看看，命定是死是活，多半也可以看出来个大概。不曾想，刚一伸出手去，那云游真人就说：

“每帖十吊钱，抽着蓝的，若嫌不好，还可以再抽，每帖十吊……”

团圆媳妇的婆婆一听，这才恍然大悟，原来这可不是白抽的，十吊钱一张可不是玩的，一吊钱检豆腐可以捡二十块。三天捡一块豆腐，二十块，二三得六,六十天都有豆腐吃。若是隔十天捡一块，一个月捡三块，那就半年都不缺豆腐吃了。她又想，三天一块豆腐，哪有这么浪费的人家。依着她一个月捡一块大家尝尝也就是了，那么办，二十块豆腐，每月一块，可以吃二十个月，这二十个月，就是一年半还多两个月。

若不是买豆腐，若养一口小肥猪，经心地喂着它，喂得胖胖的，喂到五六个月，那就是多少钱哪！喂到一年，那就是千八百吊了……

再说就是不买猪，买鸡也好，十吊钱的鸡，就是十来个，一年的鸡，第二年就可以下蛋，一个蛋，多少钱！就说不卖鸡蛋，就说拿鸡蛋换青菜吧，一个鸡蛋换来的青菜，够老少三辈吃一天的了……何况鸡会生蛋，蛋还会生鸡，永远这样循环地生下去，岂不有无数的鸡，无数的蛋了吗？岂不发了财吗？

但她可并不是这么想，她想够吃也就算了，够穿也就算了。一辈子俭俭朴朴，多多少少积储了一点也就够了。她虽然是爱钱，若说让她发财，她可绝对的不敢。

那是多么多呀！数也数不过来了。记也记不住了。假若是鸡生了蛋，蛋生了鸡，来回地不断的生，这将成个什么局面，鸡岂不和蚂蚁一样多了吗？看了就要眼花，眼花就要头痛。

这团圆媳妇的婆婆，从前也养过鸡，就是养了十吊钱的。她也不多养，她也不少养。十吊钱的就是她最理想的。十吊钱买了十二个小鸡子，她想：这就正好了，再多怕丢了，再少又不够十吊钱的。

在她一买这刚出蛋壳的小鸡子的时候，她就挨着个看，这样的不要，那样的不要。黑爪的不要，花膀的不要，脑门上带点的又不要。她说她亲娘就是会看鸡，那真是养了一辈子鸡呀！年年养，可也不多养。可是一辈子针啦，线啦，没有缺过，一年到头没花过钱，都是拿鸡蛋换的。人家那眼睛真是认货，什么样的鸡短命，什么样的鸡长寿，一看就跑不了她老人家的眼睛的。就说这样的鸡下蛋大，那样的鸡下蛋小，她都一看就在心里了。

她一边买着鸡，她就一边怨恨着自己没有用，想当年为什么不跟母亲好好学学呢！唉！年青的人哪里会虑后事。她一边买着，就一边感叹。她虽然对这小鸡子的选择上边，也下了万分的心思，可以说是选无可选了。那卖鸡子的人一共有二百多小鸡，她通通地选过了，但究竟她所选了的，是否都是顶优秀的，这一点，她自己也始终把握不定。

她养鸡，是养得很经心的，她怕猫吃了，怕耗子咬了。她一看那小鸡，白天一打盹，她就给驱着苍蝇，怕苍蝇把小鸡咬醒了，她让它多睡一会，她怕小鸡睡眠不足，小鸡的腿上，若让蚊子咬了一块疤，她一发现了，她就立刻泡了艾蒿水来给小鸡来擦。她说若不及早的擦呀，那将来是公鸡，就要长不大，是母鸡就要下小蛋。小鸡蛋一个换两块豆腐，大鸡蛋换三块豆腐。

这是母鸡。再说公鸡，公鸡是一刀菜，谁家杀鸡不想杀胖的。小公鸡是不好卖的。

等她的小鸡，略微长大了一点，能够出了屋了，能够在院子里自己去找食吃去的时候，她就把它们给染了六匹红的，六匹绿的。都是在脑门上。

至于把颜色染在什么地方，那就先得看邻居家的都染在什么地方，而后才能够决定。邻居家的小鸡把色染在膀梢上，那她就染在脑门上。邻居家的若染在了脑门上，那她就要染在肚囊上。大家切不要都染在一个地方，染在一个地方可怎么能够识别呢？你家的跑到我家来，我家的跑到你家去，那么岂不又要混乱了吗？

小鸡上染了颜色是十分好看的，红脑门的，绿脑门的，好像它们都戴了花帽子。好像不是养的小鸡，好像养的是小孩似的。

这团圆媳妇的婆婆从前她养鸡的时候就说过：

“养鸡可比养小孩更娇贵，谁家的孩子还不就是扔在旁边他自己长大的，蚊子咬咬，臭虫咬咬；那怕什么的，哪家的孩子的身上没有个疤拉疖子的。没有疤拉疖子的孩子都不好养活，都要短命的。”

据她说，她一辈子的孩子并不多，就是这一个儿子，虽然说是稀少，可是也没有娇养过。到如今那身上的疤也有二十多块。

她说：

“不信，脱了衣裳给大家伙看看……那孩子那身上的疤拉，真是多大的都有，碗口大的也有一块。真不是说，我对孩子真没有娇养过。除了他自个儿跌的摔的不说，就说我用劈柴棒子打的也落了好几个疤。养活孩子可不是养活鸡鸭的呀！养活小鸡，你不好好养它，它不下蛋。一个蛋，大的换三块豆腐，小的换两块豆腐，是闹玩的吗？可不是闹着玩的。”

有一次，她的儿子踏死了一个小鸡子，她打了她儿子三天三夜，她说：

“我为什么不打他呢？一个鸡子就是三块豆腐，鸡子是鸡蛋变的呀！要想变一个鸡子，就非一个鸡蛋不行，半个鸡蛋能行吗？不但半个鸡蛋不行，就是差一点也不行，坏鸡蛋不行，陈鸡蛋不行。一个鸡要一个鸡蛋，那么一个鸡不就是三块豆腐是什么呢？眼睁睁地把三块豆腐放在脚底踩了，这该多大的罪，不打他，哪儿能够不打呢？我越想越生气，我想起来就打，无管黑夜白日，我打了他三天。后来打出一场病来，半夜三更的，睡得好好的说哭就哭。可是我也没有当他是一回子事，我就拿饭勺子敲着门框，给他叫了叫魂。没理他也就好了。”

她这有多少年没养鸡了，自从订了这团圆媳妇，把积存下的那点针头线脑的钱都花上了。这还不说，还得每年头绳钱啦、腿带钱的托人捎去，一年一个空，这几年来就紧得不得了。想养几个鸡，都狠心没有养。

现在这抽帖的云游真人坐在她的眼前，一帖又是十吊钱。若是先不提钱，先让她把帖抽了，哪管抽完了再要钱呢，那也总算是没有花钱就抽了帖的。可是偏偏不先，那抽帖的人，帖还没让抽，就是提到了十吊钱。

所以那团圆媳妇的婆婆觉得，一伸手，十吊钱，一张口，十吊钱。这不是眼看着钱往外飞吗？

这不是飞，这是干什么，一点声响也没有，一点影子也看不见。还不比过河，往河里扔钱，往河里扔钱，还听一个响呢，还打起一个水泡呢。这是什么代价也没有的，好比自己发了昏，把钱丢了，好比遇了强盗，活活地把钱抢去了。

团圆媳妇的婆婆，差一点没因为心内的激愤而流了眼泪。她一想十吊钱一帖，这哪里是抽帖，这是抽钱。

于是她把伸出去的手缩回来了。她赶快跑到脸盆那里去，把手洗了，这可不是闹笑话的，这是十吊钱哪！她洗完了手又跪在灶王爷那里祷告了一翻。祷告完了才能够抽帖的。

她第一帖就抽了个绿的，绿的不大好，绿的就是鬼火。她再抽一抽，这一帖就更坏了，原来就是那最坏的，不死也得见阎王的里边包着蓝色药粉的那张帖。

团圆媳妇的婆婆一见两帖都坏，本该抱头大哭，但是她没有那么的。自从团圆媳妇病重了，说长的、道短的、说死的、说活的，样样都有。又加上已经左次右番的请胡仙、跳大神、闹神闹鬼，已经使她见过不少的世面了。说话虽然高兴，说去见阎王也不怎样悲哀，似乎一时也总像见不了的样子。

于是她就问那云游真人，两帖抽的都不好，是否可以想一个方法可以破一破？云游真人就说了：

“拿笔拿墨来。”

她家本也没有笔，大孙子媳妇就跑到大门洞子旁边那粮米铺去借去了。

粮米铺的山东女老板，就用山东腔问她：

“你家做啥？”

大孙子媳妇说：

“给弟妹画病。”

女老板又说：

“你家的弟妹，这一病就可不浅，到如今好了点没？”

大孙子媳妇本想端着砚台，拿着笔就跑，可是人家关心，怎好不答，于是去了好几袋烟的工夫，还不见回来。

等她抱了砚台回来的时候，那云游真人，已经把红纸都撕好了。于是拿起笔来，在他撕好的四块红纸上，一块上边写了一个大字，那红纸条也不过半寸宽，一寸长。他写的那字大得都要从红纸的四边飞出来了。

这四个字，他家本没有识字的人，灶王爷上的对联还是求人写的。一模一样，好像一母所生，也许写的就是一个字。大孙子媳妇看看不认识，奶奶婆婆看看也不认识。虽然不认识，大概这个字一定也坏不了，不然，就用这个字怎么能破开一个人不见阎王呢？于是都一齐点头称好。

那云游真人又命拿浆糊来。她们家终年不用浆糊，浆糊多么贵，白面十多吊钱一斤。都是用黄米饭粒来粘鞋面的。

大孙子媳妇到锅里去铲了一块黄黏米饭来。云游真人，就用饭粒贴在红纸上了。于是掀开团圆媳妇蒙在头上的破棉袄，让她拿出手来，一个手心上给她贴一张。又让她脱了袜子，一只脚心上给她贴上一张。

云游真人一见，脚心上有一大片白色的疤痕，他一想就是方才她婆婆所说的用烙铁给她烙的。可是他假装不知，问说：

“这脚心可是生过什么病症吗？”

团圆媳妇的婆婆连忙就接过来说：

“我方才不是说过吗，是我用烙铁给她烙的。哪里会见过的呢？走道像飞似的，打她，她记不住，我就给她烙一烙。好在也没什么，小孩子肉皮活，也就是十天半月的下不来地，过后也就好了。”

那云游真人想了一想，好像要吓唬她一下，就说这脚心的疤，虽然是贴了红帖，也怕贴不住，阎王爷是什么都看得见的，这疤怕是就给了阎王爷以特殊的记号，有点不大好办。

云游真人说完了，看一看她们怕不怕，好像是不怎样怕。于是他就说得严重一些：

“这疤不掉，阎王爷在三天之内就能够找到她，一找到她，就要把她活捉了去的。刚才的那帖是再准也没有的了，这红帖也绝没有用处。”

他如此的吓唬着她们，似乎她们从奶奶婆婆到孙子媳妇都不大怕。那云游真人，连想也没有想，于是开口就说：

“阎王爷不但要捉团圆媳妇去，还要捉了团圆媳妇的婆婆去，现世现报，拿烙铁烙脚心，这不是虐待，这是什么，婆婆虐待媳妇，做婆婆的死了下油锅，老胡家的婆婆虐待媳妇……”

他就越说越声大，似乎要喊了起来，好像他是专打抱不平的好汉，而变了他原来的态度了。

一说到这里，老胡家的老少三辈都害怕了，毛骨悚然，以为她家里又是撞进来了什么恶魔。而最害怕的是团圆媳妇的婆婆，吓得乱哆嗦，这是多么骇人听闻的事情，虐待媳妇世界上能有这样的事情吗？

于是团圆媳妇的婆婆赶快跪下了，面向着那云游真人，眼泪一对一双地往下落：

“这都是我一辈子没有积德，有孽遭到儿女的身上，我哀告真人，请真人诚心的给我化散化散，借了真人的灵法，让我的媳妇死里逃生吧。”

那云游真人立刻就不说见阎王了，说她的媳妇一定见不了阎王，因为他还有一个办法一办就好的；说来这法子也简单得很，就是让团圆媳妇把袜子再脱下来，用笔在那疤痕上一画，阎王爷就看不见了。当场就脱下袜子来在脚心上画了。一边画着还嘴里嘟嘟地念着咒语。这一画不知费了多大力气，旁边看着的人倒觉十分地容易，可是那云游真人却冒了满头的汗，他故意的咬牙切齿，皱面瞪眼。这一画也并不是容易的事情，好像他在上刀山似的。

画完了，把钱一算，抽了两帖二十吊。写了四个红纸贴在脚心手心上，每帖五吊是半价出售的，一共是四五等于二十吊。外加这一画，这一画本来是十吊钱，现在就给打个对折吧，就算五吊钱一只脚心，一共画了两只脚心，又是十吊。

二十吊加二十吊，再加十吊。一共是五十吊。

云游真人拿了这五十吊钱乐乐呵呵地走了。

团圆媳妇的婆婆，在她刚要抽帖的时候，一听每帖十吊钱，她就心痛得了不得，又要想用这钱养鸡，又要想用这钱养猪。等到现在五十吊钱拿出去了，她反而也不想鸡了，也不想养猪了。因为她想，来到临头，不给也是不行了。帖也抽了，字也写了，要想不给人家钱也是不可能的了。事到临头，还有什么办法呢？别说五十吊，就是一百吊钱也得算着吗？不给还行吗？

于是她心安理得地把五十吊钱给了人家了。这五十吊钱，是她秋天出城去在豆田里拾黄豆粒，一共拾了二升豆子卖了几十吊钱。在田上拾黄豆粒也不容易，一片大田，经过主人家的收割，还能够剩下多少豆粒呢？而况穷人聚了那么大的一群，孩子、女人、老太太……你抢我夺的，你争我打的。为了二升豆子就得在田上爬了半月二十天的，爬得腰酸腿疼。唉，为着这点豆子，那团圆媳妇的婆婆还到“李永春”药铺，去买过二两红花的。那就是因为在土上爬豆子的时候，有一棵豆秧刺了她的手指甲一下。她也没有在乎，把刺拔出来也就去他的了。该拾豆子还是拾豆子。就因此那指甲可就不知怎么样，睡了一夜那指甲就肿起来了，肿得和茄子似的。

这肿一肿又算什么呢？又不是皇上娘娘，说起来可真娇惯了，哪有一个人吃天靠天，而不生点天灾的？

闹了好几天，夜里痛得火喇喇地不能睡觉了。这才去买了二两红花来。

说起买红花来，是早就该买的。奶奶婆婆劝她买，她不买。大孙子媳妇劝她买，她也不买。她的儿子想用孝顺来征服他的母亲，他强硬地要去给她买，因此还挨了他妈的一烟袋锅子，这一烟袋锅子就把儿子的脑袋给打了鸡蛋大的一个包。

“你这小子，你不是败家吗？你妈还没死，你就作了主了。小兔崽子，我看着你再说买红花的！小兔崽子我看着你的。”

就这一边骂着，一边烟袋锅子就打下来了。

后来也到底还是买了，大概是惊动了东邻西舍，这家说说，那家讲讲的，若再不买点红花来，也太不好看了，让人家说老胡家的大儿媳妇，一年到头，就能够寻寻觅觅的积钱，钱一到她的手里，就好像掉了地缝了，一个钱也再不用想从她的手里拿出来。假若这样地说开去，也是不太好听，何况这拣来的豆子能卖好几十吊呢，花个三吊两吊的就花了吧。一咬牙，去买上二两红花来擦擦。

想虽然是这样想过了，但到底还没有决定，延持了好几天还没有“一咬牙”。

最后也毕竟是买了，她选择了一个顶严重的日子，就是她的手，不但一个指头，而是整个的手都肿起来了。那原来肿得像茄子的指头，现在更大了，已经和一个小东瓜似的了。而且连手掌也无限度地胖了起来，胖得和张大簸箕似的。她多少年来，就嫌自己太瘦，她总说，太瘦的人没有福分。尤其是瘦手瘦脚的，一看就不带福相。尤其是精瘦的两只手，一伸出来和鸡爪似的，真是轻薄的样子。

现在她的手是胖了，但这样胖法，是不大舒服的。同时她也发了点热，她觉得眼睛和嘴都干，脸也发烧，身上也时冷时热，她就说：

“这手是要闹点事吗？这手……”

一清早起，她就这样地念了好几遍。那胖得和小簸箕似的手，是一动也不能动了，好像一匹大猫或者一个小孩的头似的，她把它放在枕头上和她一齐地躺着。

“这手是要闹点事的吧！”

当她的儿子来到她旁边的时候，她就这样说。

她的儿子一听她母亲的口气，就有些了解了。大概这回她是要买红花的了。

于是她的儿子跑到奶奶的面前，去商量着要给他母亲去买红花，他们家住的是南北对面的炕，那商量的话声，虽然不甚大，但是他的母亲是听到的了。听到了，也假装没有听到，好表示这买红花可到底不是她的意思，可并不是她的主使，她可没有让他们去买红花。

在北炕上，祖孙二人商量了一会，孙子说向她妈去要钱去。祖母说：

“拿你奶奶的钱先去买吧，你妈好了再还我。”

祖母故意把这句说得声音大一点，似乎故意让她的大儿媳妇听见。

大儿媳妇是不但这句话，就是全部的话也都瞭然在心了，不过装着不动就是了。

红花买回来了，儿子坐到母亲的旁边，儿子说：

“妈，你把红花酒擦上吧。”

母亲从枕头上转过脸儿来，似乎买红花这件事情，事先一点也不晓得，说：

“哟！这小鬼羔子，到底买了红花来……”

这回可并没有用烟袋锅子打，倒是安安静静地把手伸出来，让那浸了红花的酒，把一只胖手完全染上了。

这红花到底是二吊钱的，还是三吊钱的，若是二吊钱的倒给的不算少，若是三吊钱的，那可贵了一点。若是让她自己去买，她可绝对地不能买这么多，也不就是红花吗！红花就是红的就是了，治病不治病，谁晓得？也不过就是解解心疑就是了。

她想着想着，因为手上涂了酒觉得凉爽，就要睡一觉，又加上烧酒的气味香扑扑的，红花的气味药忽忽的。她觉得实在是舒服了不少。于是她一闭眼睛就做了一个梦。

这梦做的是她买了两块豆腐，这豆腐又白又大。是用什么钱买的呢？就是用买红花剩来的钱买的。因为在梦里边她梦见是她自己去买的红花。她自己也不买三吊钱的，也不买两吊钱的，是买了一吊钱的。在梦里边她还算着，不但今天有两块豆腐吃，哪天一高兴还有两块吃的！三吊钱才买了一吊钱的红花呀！

现在她一遭就拿了五十吊钱给了云游真人。若照她的想法来说，这五十吊钱可该买多少豆腐了呢？

但是她没有想，一方面因为团圆媳妇的病也实在病得缠绵，在她身上花钱也花得大手大脚的了。另一方面就是那云游真人的来势也过于猛了点，竟打起抱不平来，说她虐待团圆媳妇。还是赶快地给了他钱，让他滚蛋吧。

真是家里有病人是什么气都受得呵。团圆媳妇的婆婆左思右想，越想越是自己遭了无妄之灾，满心的冤屈，想骂又没有对象，想哭又哭不出来，想打也无处下手了。

那小团圆媳妇再打也就受不住了。

若是那小团圆媳妇刚来的时候，那就非先抓过她来打一顿再说。做婆婆的打了一只饭碗，也抓过来把小团圆媳妇打一顿。她丢了一根针也抓过来把小团圆媳妇打一顿。她跌了一个筋斗，把单裤膝盖的地方跌了一个洞，她也抓过来把小团圆媳妇打一顿。总之，她一不顺心，她就觉得她的手就想要打人。她打谁呢！谁能够让她打呢？于是就轮到小团圆媳妇了。

有娘的，她不能够打。她自己的儿子也舍不得打。打猫，她怕把猫打丢了。打狗，她怕把狗打跑了。打猪，怕猪掉了斤两。打鸡，怕鸡不下蛋。

唯独打这小团圆媳妇是一点毛病没有，她又不能跑掉，她又不能丢了。她又不会下蛋，反正也不是猪，打掉了一些斤两也不要紧，反正也不过秤。

可是这小团圆媳妇，一打也就吃不下饭去。吃不下饭去不要紧，多喝一点饭米汤好啦，反正饭米汤剩下也是要喂猪的。

可是这都成了已往的她的光荣的日子了，那种自由的日子恐怕一时不会再来了。现在她不用说打，就连骂也不大骂她了。

现在她别的都不怕，她就怕她死，她心里总有一个阴影，她的小团圆媳妇可不要死了呵。

于是她碰到了多少的困难，她都克服了下去，她咬着牙根，她忍住眼泪，她要骂不能骂，她要打不能打。她要哭，她又止住了。无限的伤心，无限的悲哀，常常一齐会来到她的心中的。她想，也许是前生没有做了好事，此生找到她了。不然为什么连一个团圆媳妇的命都没有。她想一想，她一生没有做过恶事，面软、心慈，凡事都是自己吃亏，让着别人。虽然没有吃斋念佛，但是初一十五的素口也自幼就吃着。虽然不怎样拜庙烧香，但四月十八的庙会，也没有拉下过。娘娘庙前一把香，老爷庙前三个头。哪一年也都是烧香磕头的没有拉过“过场”。虽然是自小没有读过诗文，不认识字，但是“金刚经”“灶王经”也会念上两套。虽然说不曾做过舍善的事情，没有补过路，没有修过桥，但是逢年过节，对那些讨饭的人，也常常给过他们剩汤剩饭的。虽然过日子不怎样俭省，但也没有多吃过一块豆腐。拍拍良心，对天对得起，对地也对得住。那为什么老天爷明明白白的却把祸根种在她身上?

她越想，她越心烦意乱。

“都是前生没有做了好事，今生才找到了。”

她一想到这里，她也就不再想了，反正事到临头，瞎想一阵又能怎样呢？于是她自己劝着自己就又忍着眼泪，咬着牙根，把她那兢兢业业的养猪喂狗所积下来的那点钱，又一吊一吊的，一五一十的，往外拿着。

东家说看个香火，西家说吃个偏方。偏方、野药、大神、赶鬼、看香、扶乩，样样都已经试过。钱也不知花了多少，但是都不怎样见效。

那小团圆媳妇夜里说梦话，白天发烧。一说起梦话来，总是说她要回家。

“回家”这两个字，她的婆婆觉得最不祥，就怕她是阴间的花姐，阎王奶奶要把她叫了回去。于是就请了一个圆梦的。那圆梦的一圆，果然不错，“回家”就是回阴间地狱的意思。

所以那小团圆媳妇，做梦的时候，一梦到她的婆婆打她，或者是用梢子绳把她吊在房梁上了，或是梦见婆婆用烙铁烙她的脚心，或是梦见婆婆用针刺她的手指尖。一梦到这些，她就大哭大叫，而且嚷她要“回家”。

婆婆一听她嚷回家，就伸出手去在大腿上拧着她。日子久了，拧来，拧去，那小团圆媳妇的大腿被拧得像一个梅花鹿似的青一块、紫一块的了。

她是一份善心，怕是真的她回了阴间地狱，赶快地把她叫醒来。

可是小团圆媳妇睡得朦里朦胧的，她以为她的婆婆可又真的在打她了，于是她大叫着，从炕上翻身起来，就跳下地去，拉也拉不住她，按也按不住她。

她的力气大得惊人，她的声音喊得怕人。她的婆婆于是觉得更是见鬼了、着魔了。

不但她的婆婆，全家的人也都相信这孩子的身上一定有鬼。

谁听了能够不相信呢？半夜三更的喊着回家，一招呼醒了，她就跳下地去，瞪着眼睛，张着嘴，连哭带叫的，那力气比牛还大，那声音好像杀猪似的。

谁能够不相信呢？又加上她婆婆的渲染，说她眼珠子是绿的，好像两点鬼火似的，说她的喊声，是直声拉气的，不是人声。

所以一传出去，东邻西舍的，没有不相信的。

于是一些善人们，就觉得这小女孩子也实在让鬼给捉弄得可怜了。哪个孩儿是没有娘的，哪个人不是肉生肉长的。谁家不都是养老育小，……于是大动恻隐之心。东家二姨，西家三姑，她说她有奇方，她说她有妙法。

于是就又跳神赶鬼、看香、扶乩，老胡家闹得非常热闹，传为一时之盛。若有不去看跳神赶鬼的，竟被指为落伍。

因为老胡家跳神跳得花样翻新，是自古也没有这样跳的，打破了跳神的纪录了，给跳神开了一个新纪元。若不去看看，耳目因此是会闭塞了的。

当地没有报纸，不能记录这桩盛事。若是患了半身不遂的人，患了瘫病的人，或是大病卧床不起的人，那真是一生的不幸，大家也都为他惋惜，怕是他此生也要孤陋寡闻，因为这样的隆重的盛举，他究竟不能够参加。

呼兰河这地方，倒底是太闭塞，文化是不大有的。虽然当地的官、绅，认为已经满意了，而且请了一位满清的翰林，作了一首歌，歌曰：

溯呼兰，天然森林，自古多奇材。

这首歌还配上了从东洋流来的乐谱，使当地的小学都唱着。这歌不止这两句这么短，不过只唱这两句就已经够好的了。所好的是使人听了能够引起一种自负的感情来。犹其当清明植树节的时候，几个小学堂的学生都排起队来在大街上游行，并唱着这首歌。使老百姓听了，也觉得呼兰河是个了不起的地方，一开口说话就“我们呼兰河”；那在街道上捡粪蛋的孩子，手里提着粪耙子，他还说“我们呼兰河！”可不知道呼兰河给了他什么好处。也许那粪耙子就是呼兰河给了他的。

呼兰河这地方，尽管奇才很多，但到底太闭塞，竟不会办一张报纸。以至于把当地的奇闻妙事都没有记载，任它风散了。

老胡家跳大神，就实在跳得奇。用大缸给团圆媳妇洗澡，而且是当众就洗的。

这种奇闻盛举一经传了出来，大家都想去开开眼界，就是那些患了半身不遂的，患了瘫病的人，人们觉得他们瘫了倒没有什么，只是不能够前来看老胡家团圆媳妇大规模地洗澡，真是一生的不幸。

五

天一黄昏，老胡家就打起鼓来了。大缸，开水，公鸡，都预备好了。

公鸡抓来了，开水烧滚了，大缸摆好了。

看热闹的人，络绎不绝地来看。我和祖父也来了。

小团圆媳妇躺在炕上，黑忽忽的，笑呵呵的。我给她一个玻璃球，又给她一片碗碟。她说这碗碟很好看，她拿在眼睛前照一照。她说这玻璃球也很好玩，她用手指甲弹着。她看一看她的婆婆不在旁边，她就起来了，她想要坐起来在炕上弹这玻璃球。

还没有弹，她的婆婆就来了，就说：

“小不知好歹的，你又起来疯什么？”

说着走近来，就用破棉袄把她蒙起来了，蒙得没头没脑的，连脸也露不出来。

我问祖父她为什么不让她玩？

祖父说：

“她有病。”

我说：

“她没有病，她好好的。”

于是我上去把棉袄给她掀开了。

掀开一看，她的眼睛早就睁着。她问我，她的婆婆走了没有，我说走了，于是她又起来了。

她一起来，她的婆婆又来了。又把她给蒙了起来说：

“也不怕人家笑话，病得跳神赶鬼的，哪有的事情，说起来，就起来。”

这是她婆婆向她小声说的，等婆婆回过头去向着众人，就又那么说：

“她是一点也着不得凉的，一着凉就犯病。”

屋里屋外，越张罗越热闹了，小团圆媳妇跟我说：

“等一会你看吧，就要洗澡了。”

她说着的时候，好像说着别人地一样。

果然，不一会工夫就洗起澡来了，洗得吱哇乱叫。

大神打着鼓，命令她当众脱了衣裳。衣裳她是不肯脱的，她的婆婆抱住了她，还请了几个帮忙的人，就一齐上来，把她的衣裳撕掉了。

她本来是十二岁，却长得十五六岁那么高，所以一时看热闹的姑娘媳妇们，看了她，都难为情起来。

很快地小团圆媳妇就被抬进大缸里去。大缸里满是热水，是滚热的热水。

她在大缸里边，叫着、跳着，好像她要逃命似的狂喊。她的旁边站着三四个人从缸里搅起热水来往她的头上浇。不一会，浇得满脸通红。她再也不能够挣扎了，她安稳地在大缸里边站着，她再不往外边跳了，大概她觉得跳也跳不出来了。那大缸是很大的，她站在里边仅仅露着一个头。

我看了半天，到后来她连动也不动，哭也不哭，笑也不笑。满脸的汗珠，满脸通红，红得像一张红纸。

我跟祖父说：

“小团圆媳妇不叫了。”

我再往大缸里一看，小团圆媳妇没有了。她倒在大缸里了。

这时候，看热闹的人们，一声狂喊，都以为小团圆媳妇是死了，大家都跑过去拯救她，竟有心慈的人，流下眼泪来。

小团圆媳妇还活着的时候，她像要逃命似的。前一刻她还求救于人的时候，并没有一个人上前去帮忙她，把她从热水里解救出来。

现在她是什么也不知道了，什么也不要求了。可是一些人，偏要去救她。

把她从大缸里抬出来，给她浇一点冷水。这小团圆媳妇一昏过去，可把那些看热闹的人可怜得不得了，就是前一刻她还主张着“用热水浇哇！用热水浇哇！”的人，现在也心痛起来。怎能够不心痛呢，活蹦乱跳的孩子，一会工夫就死了。

小团圆媳妇摆在炕上，浑身像火炭那般热，东家的婶子，伸出一只手来，到她身上去摸一摸，西家大娘也伸出手来到她身上去摸一摸。

都说：

“哟哟，热得和火炭似的。”

有的说，水太热了一点，有的说，不应该往头上浇，大热的水，一浇哪有不昏的。

大家正在谈说之间，她的婆婆过来，赶快拉了一张破棉袄给她盖上了，说：

“赤身裸体羞不羞！”

小团圆媳妇怕羞不肯脱下衣裳来，她婆婆喊着号令给她撕下来了。现在她什么也不知道了，她没有感觉了，婆婆反而替她着想了。

大神打了几阵鼓，二神向大神对了几阵话。看热闹的人，你望望他，他望望你。虽然不知道下文如何，这小团圆媳妇到底是死是活，但却没有白看一场热闹，到底是开了眼界，见了世面，总算是不无所得的。

有的竟觉得困了，问着别人，三道鼓是否加了横锣，说他要回家睡觉去了。

大神一看这场面不大好，怕是看热闹的人都要走了，就卖一点力气叫一叫，于是痛打了一阵鼓，喷了几口酒在团圆媳妇的脸上。从腰里拿出银针来，刺着小团圆媳妇的手指尖。

不一会，小团圆媳妇就活转来了。

大神说，洗澡必得连洗三次，还有两次要洗的。

于是人心大为振奋，困的也不困了，要回家睡觉的也精神了。这来看热闹的，不下三十人，个个眼睛发亮，人人精神百倍。看吧，洗一次就昏过去了，洗两次又该怎样呢？洗上三次，那可就不堪想象了。所以看热闹的人的心里，都满怀奥秘。

果然的，小团圆媳妇一被抬到大缸里去，被热水一烫，就又大声地怪叫了起来，一边叫着一边还伸出手来把着缸沿想要跳出来。这时候，浇水的浇水，按头的按头，总算让大家压服又把她昏倒在缸底里了。

这次她被抬出来的时候，她的嘴里还往外吐着水。

于是一些善心的人，是没有不可怜这小女孩子的。东家的二姨，西家的三婶，就都一齐围拢过去，都去设法施救去了。

她们围拢过去，看看有没有死？还有气，那就不用救。若是死了，那就赶快浇凉水。

若是有气，她自己就会活转来的。若是断了气，那就赶快施救，不然，怕她真的死了。

六

小团圆媳妇当晚被热水烫了三次，烫一次，昏一次。

闹到三更天才散了场。大神回家去睡觉去了。看热闹的人也都回家去睡觉去了。

星星月亮，出满了一天，冰天雪地正是个冬天。雪扫着墙根，风刮着窗棂。鸡在架里边睡觉，狗在窝里边睡觉，猪在栏里边睡觉，全呼兰河都睡着了。

只有远远的狗叫，那或许是从白旗屯传来的，或者是从呼兰河的南岸那柳条林子里的野狗的叫唤。总之，那声音是来得很远，那已经是呼兰河城以外的事情了。而呼兰河全城，就都一齐睡着了。

前半夜那跳神打鼓的事情一点也没有留下痕迹。那连哭带叫的小团圆媳妇，好像在这世界上她也并未曾哭过叫过，因为一点痕迹也并未留下。家家户户都是黑洞洞的，家家户户都睡得沉实实的。

团圆媳妇的婆婆也睡得打呼了。

因为三更已经过了，就要来到四更天了。

七

第二天小团圆媳妇昏昏沉沉地睡了一天，第三天，第四天，也都是昏昏沉沉地睡着，眼睛似睁非睁的，留着一条小缝，从小缝里边露着白眼珠。

家里的人，看了她那样子，都说，这孩子经过一番操持，怕是真魂就要附体了，真魂一附了体，病就好了。不但她的家里人这样说，就是邻人也都这样说。所以对于她这种不饮不食、似睡非睡的状态，不但不引以为忧，反而觉得应该庆幸。她昏睡了四五天，她家的人就快乐了四五天，她睡了六七天，她家的人就快乐了六七天。在这期间，绝对的没有使用偏方，也绝对的没有采用野药。

但是过了六七天，她还是不饮不食地昏睡，要好起来的现象一点也没有。

于是又找了大神来，大神这次不给她治了，说这团圆媳妇非出马当大神不可。

于是又采用了正式的赶鬼的方法，到扎彩铺去，扎了一个纸人，而后给纸人缝起布衣来穿上，——穿布衣裳为的是绝对的像真人——擦脂抹粉，手里提着花手巾，很是好看，穿了满身花洋布的衣裳，打扮成一个十七八岁的大姑娘。用人抬着，抬到南河沿旁边那大土坑去烧了。

这叫做烧“替身”，据说把这“替身”一烧了，她可以替代真人，真人就可以不死。

烧“替身”的那天，团圆媳妇的婆婆为着表示虔诚，她还特意地请了几个吹鼓手，前边用人举着那扎彩人，后边跟着几个吹鼓手，呜哇呜、呜哇呜地向着南大土坑走去了。

那景况说热闹也很热闹，喇叭曲子吹的是句句双。说凄凉也很凄凉，前边一个扎彩人，后边三五个吹鼓手，出丧不像出丧，报庙不像报庙。

跑到大街上来看这热闹的人也不很多，因为天太冷了，探头探脑地跑出来的人一看，觉得没有什么可看的，就关上大门回去了。

所以就孤孤单单的，凄凄凉凉在大土坑那里把那扎彩人烧了。

团圆媳妇的婆婆一边烧着还一边后悔，若早知道没有什么看热闹的人，那又何必给这扎彩人穿上真衣裳。她想要从火堆中把衣裳抢出来，但又来不及了，就眼看着让它烧去了。这一套衣裳，一共花了一百多吊钱。于是她看着那衣裳的烧去，就像眼看着烧去了一百多吊钱。

她心里是又悔又恨，她简直忘了这是她的团圆媳妇烧替身，她本来打算念一套祷神告鬼的词句。她回来的时候，走在路上才想起来。但想起来也晚了，于是她自己感到大概要白白的烧了个替身，灵不灵谁晓得呢！

八

后来又听说那团圆媳妇的大辫子，睡了一夜觉就掉下来了。

就掉在枕头旁边，这可不知是怎么回事。

她的婆婆说这团圆媳妇一定是妖怪。

把那掉下来的辫子留着，谁来给谁看。

看那样子一定是什么人用剪刀给她剪下来的。但是她的婆婆偏说不是，就说，睡了一夜觉就自己掉下来了。

于是这奇闻又远近地传开去了。不但她的家人不愿意和妖怪在一起，就是同院住的人也都觉得太不好。

夜里关门关窗户的，一边关着于是就都说：

“老胡家那小团圆媳妇一定是个小妖怪。”

我家的老厨夫是个多嘴的人，他和祖父讲老胡家的团圆媳妇又怎样怎样了。又出了新花头，辫子也掉了。

我说：

“不是的，是用剪刀剪的。”

老厨夫看我小，他欺侮我，他用手指住了我的嘴，他说：

“你知道什么，那小团圆媳妇是个妖怪呀！”

我说：

“她不是妖怪，我偷着问她，她头发是怎么掉了的，她还跟我笑呢！她说她不知道。”

祖父说：“好好的孩子快让他们捉弄死了。”

过了些日子，老厨子又说：

“老胡家要‘休妻’了，要‘休’了那小妖怪。”

祖父以为老胡家那人家不大好。

祖父说：“二月让他搬家。把人家的孩子快捉弄死了，又不要了。”

九

还没有到二月，那黑忽忽的，笑呵呵的小团圆媳妇就死了。是一个大清早晨，老胡家的大儿子，那个黄脸大眼睛的车老板子就来了。一见了祖父，他就双手举在胸前作了一个揖。

祖父问他什么事？

他说：

“请老太爷施舍一块地方，好把小团圆媳妇埋上……”

祖父问他：

“什么时候死的？”

他说：

“我赶着车，天亮才到家。听说半夜就死。”

祖父答应了他，让他埋在城外的地边上。并且招呼有二伯来，让有二伯领着他们去。

有二伯临走的时候，老厨子也跟去了。

我说，我也要去，我也跟去看看，祖父百般地不肯。祖父说：

“咱们在家下压拍子打小雀吃……”

我于是就没有去。虽然没有去，但心里边总惦着有一回事。等有二伯也不回来，等那老厨子也不回来。等他们回来，我好听一听那情形到底怎样?

一点多钟，他们两个在人家喝了酒，吃了饭才回来的。前边走着老厨子，后边走着有二伯。好像两个胖鸭子似的，走也走不动了，又慢又得意。

走在前边的老厨子，眼珠通红，嘴唇发光。走在后边的有二伯，面红耳热，一直红到他脖子下边的那条大筋。

进到祖父屋来，一个说：

“酒菜真不错……”

一个说：

“……鸡蛋汤打得也热乎。”

关于埋葬团圆媳妇的经过，却先一字未提。好像他们两个是过年回来的，充满了欢天喜地的气象。

我问有二伯，那小团圆媳妇怎么死的，埋葬的情形如何。

有二伯说：

“你问这个干什么，人死还不如一只鸡……一伸腿就算完事……”

我问：

“有二伯，你多咎死呢？”

他说：

“你二伯死不了的……那家有万贯的，那活着享福的，越想长寿，就越活不长……上庙烧香，上山拜佛的也活不长。像你有二伯这条穷命，越老越结实。好比个石头疙瘩似的，哪儿死啦！俗语说得好，‘有钱三尺寿，穷命活不够’。像二伯就是这穷命，穷命鬼阎王爷也看不上眼儿来的。”

到晚饭，老胡家又把有二伯他们二位请去了。又在那里喝的酒。因为他们帮了人家的忙，人家要酬谢他们。

十

老胡家的团圆媳妇死了不久，他家的大孙子媳妇就跟人跑了。

奶奶婆婆后来也死了。

他家的两个儿媳妇，一个为着那团圆媳妇瞎了一只眼睛。因为她天天哭，哭她那花在团圆媳妇身上的倾家荡产的五千多吊钱。

另外的一个因为她的儿媳妇跟着人家跑了，要把她羞辱死了，一天到晚的，不梳头，不洗脸地坐在锅台上抽着烟袋，有人从她旁边过去，她高兴的时候，她向人说：

“你家里的孩子、大人都好哇？”

她不高兴的时候，她就向着人脸，吐一口痰。

她变成一个半疯了。

老胡家从此不大被人记得了。

十一

我家的背后有一个龙王庙，庙的东角上有一座大桥。人们管这桥叫“东大桥”。

那桥下有些冤魂枉鬼，每当阴天下雨，从那桥上经过的人，往往听到鬼哭的声音。

据说，那团圆媳妇的灵魂，也来到了东大桥下。说她变了一只很大的白兔，隔三差五的就到桥下来哭。

有人问她哭什么？

她说她要回家。

那人若说：

“明天，我送你回去……”

那白兔子一听，拉过自己的大耳朵来，擦擦眼泪，就不见了。

若没有人理她，她就一哭，哭到鸡叫天明。

第六章

一

我家的有二伯，性情得古怪。

有东西，你若不给他吃，他就骂。若给他送上去，他就说：

“你二伯不吃这个，你们拿去吃吧！”

家里买了落花生、冻梨之类，若不给他，除了让他看不见，若让他找着了一点影子，他就没有不骂的：

“他妈的……王八蛋……兔羔子，有猫狗吃的，有蟑螂、耗子吃的，他妈的就是没有人吃的……兔羔子，兔羔子……”

若给他送上去，他就说：

“你二伯不吃这个，你们拿去吃吧。”

二

有二伯的性情真古怪，他很喜欢和天空的雀子说话，他很喜欢和大黄狗谈天。他一和人在一起，他就一句话没有了，就是有话也是很古怪的，使人听了常常不得要领。

夏天晚饭后大家坐在院子里乘凉的时候，大家都是嘴里不停地讲些个闲话，讲得很热闹，就连蚊子也嗡嗡的，就连远处的蛤蟆也呱呱地叫着。只是有二伯一声不响的坐着。他手里拿着蝇甩子，东甩一下，西甩一下。

若有人问他的蝇甩子是马鬃的还是马尾的？他就说：

“啥人玩啥鸟，武大郎玩鸭子。马鬃，都是贵东西，那是穿绸穿缎的人拿着，腕上戴着藤萝镯，指上戴着大攀指。什么人玩什么物。穷人，野鬼，不要自不量力，让人家笑话。……”

传说天上的那颗大昴星，就是灶王爷骑着毛驴上西天的时候，他手里打着的那个灯笼。因为毛驴跑得太快，一不加小心灯笼就掉在天空了。我就常常把这个话题来问祖父，说那灯笼为什么被掉在天空，就永久长在那里了，为什么不落在地上来？

这话题，我看祖父也回答不出的，但是因为我的非问不可，祖父也就非答不可了。他说，天空里有一个灯笼杆子，那才高呢，大昴星就挑在那灯笼杆子上。并且那灯笼杆子，人的眼睛是看不见的。

我说：

“不对，我不相信……”

我说：

“没有灯笼杆子，若是有，为什么我看不见？”

于是祖父又说：

“天上有一根线，大昴星就被那线系着。”

我说：

“我不信，天上没有线的，有为什么我看不见？”

祖父说：

“线是细的么，你哪能看见，就是谁也看不见的。”

我就问祖父：

“谁也看不见，你怎么看见啦？”

乘凉的人都笑了，都说我真厉害。

于是祖父被逼得东说西说，说也说不上来了。眼看祖父是被我逼得胡诌起来，我也知道他是说不清楚的了。不过我越看他胡诌我就越逼他。

到后来连大昴星是龙王爷的灯笼这回事，我也推翻了。我问祖父大昴星到底是个什么？

别人看我纠缠不清了，就有出主意的让我问有二伯去。

我跑到了有二伯坐着的地方，我还没有问，刚一碰了他的蝇甩子，他就把我吓了一跳。他把蝇甩子一抖，嚎唠一声：

“你这孩子，远点去吧……”

使我不得不站得远一点，我说：

“有二伯，你说那天上的大昴星到底是个什么？”

他没有立刻回答我，他似乎想了一想，才说：

“穷人不观天象。狗咬耗子，猫看家，多管闲事。”

我又问，我以为他没有听准：

“大昴星是龙王爷的灯笼吗？”

他说：

“你二伯虽然也长了眼睛，但是一辈子没有看见什么。你二伯虽然也长了耳朵，但是一辈子也没有听见什么。你二伯是又聋又瞎，这话可怎么说呢？比方那亮亮堂堂的大瓦房吧，你二伯也有看见了的，可是看见了怎么样，是人家的，看见了也是白看。听也是一样，听见了又怎样，与你不相干……你二伯活着是个不相干……星星，月亮，刮风，下雨，那是天老爷的事情，你二伯不知道……”

有二伯真古怪，他走路的时候，他的脚踢到了一块砖头，那砖头把他的脚碰痛了。他就很小心地弯下腰去把砖头拾起来，他细细地端相着那砖头，看看那砖头长得是否不瘦不胖合适，是否顺眼，看完了，他才和那砖头开始讲话：

“你这小子，我看你也是没有眼睛，也是跟我一样，也是瞎模糊眼的。不然你为啥往我脚上撞，若有胆子撞，就撞那个耀武扬威的，脚上穿着靴子鞋的……你撞我还不是个白撞，撞不出一大二小来，臭泥子滚石头，越滚越臭……”

他和那砖头把话谈完了，他才顺手把它抛开去，临抛开的时候，他还最后嘱咐了它一句：

“下回你往那穿鞋穿袜的脚上去碰呵。”

他这话说完了，那砖头也就啪搭地落到了地上。原来他没有抛得多远，那砖头又落到原来的地方。

有二伯走在院子里，天空飞着的麻雀或是燕子若落了一点粪在他的身上，他就停下脚来，站在那里不走了。他扬着头。他骂着那早已飞过去了的雀子，大意是：那雀子怎样怎样不该把粪落在他身上，应该落在那穿绸穿缎的人的身上。不外骂那雀子糊涂瞎眼之类。

可是那雀子很敏捷的落了粪之后，早已飞得无影无踪了，于是他就骂着他头顶上那块蓝瓦瓦的天空。

三

有二伯说话的时候，把“这个”说成“介个”。

“那个人好。”

“介个人坏。”

“介个人狼心狗肺。”

“介个物不是物。”

“家雀也往身上落粪，介个年头是啥年头。”

四

还有，

有二伯不吃羊肉。

五

祖父说，有二伯在三十年前他就来到了我们家里，那时候他才三十多岁。

而今有二伯六十多岁了。

他的乳名叫有子，他已经六十多岁了，还叫着乳名。祖父叫他“有子做这个。”“有子做那个。”

我们叫他有二伯。

老厨子叫他有二爷。

他到房户，地户那里去，人家叫他有二东家。

他到北街头的烧锅去，人家叫他有二掌柜的。

他到油房去抬油，人家也叫他有二掌柜的。

他到肉铺子上去买肉，人家也叫他有二掌柜的。

一听人家叫他“二掌柜的”，他就笑逐颜开。叫他有二爷叫他有二东家，叫他有二伯也都是一样地笑逐颜开。

有二伯最忌讳人家叫他的乳名，比方街上的孩子们，那些讨厌的，就常常在他的背后抛一颗石子，掘一捧灰土，嘴里边喊着“有二子”“大有子”“小有子”。

有二伯一遇到这机会，就没有不立刻打了过去的，他手里若是拿着蝇甩子，他就用蝇甩子把去打。他手里若是拿着烟袋，他就用烟袋锅子去打。

把他气的像老母鸡似的，把眼睛都气红了。

那些顽皮的孩子们一看他打了来，就立刻说：“有二爷，有二东家，有二掌柜的，有二伯。”并且举起手来作着揖，向他朝拜着。

有二伯一看他们这样子，立刻就笑逐颜开，也不打他们了，就走自己的路去了。

可是他走不了多远，那些孩子们就在后边又吵起来了，什么：

“有二爷，兔儿爷。”

“有二伯，打桨杆。”

“有二东家，捉大王八。”

他在前边走，孩子们还在他背后的远处喊。一边喊着，一边扬着街道上的灰土，灰土高飞着一会工夫，街上闹成个小旋风似的了。

有二伯不知道听见了这个与否，但孩子们以为他是听见了的。

有二伯却很庄严的，连头也不回地一步一步地沉着地向前走去了。

“有二爷，”老厨子总是一开口“有二爷”，一闭口“有二爷”的叫着。

“有二爷的蝇甩子……”

“有二爷的烟袋锅子……”

“有二爷的烟荷包……”

“有二爷的烟荷包疙瘩……”

“有二爷吃饭啦……”

“有二爷，天下雨啦……”

“有二爷快看吧，院子里的狗打仗啦……”

“有二爷，猫上墙头啦……”

“有二爷，你的蝇甩子掉了毛啦。”

“有二爷，你的草帽顶落了家雀粪啦。”

老厨子一向是叫他“有二爷”的。唯独他们两个一吵起来的时候，老厨子就说：

“我看你这个‘二爷’一丢了，就只剩下个‘有’字了。”

“有字”和“有子”差不多，有二伯一听正好是他的乳名。

于是他和老厨子骂了起来，他骂他一句，他骂他两句。越骂声音越大。有时他们两个也就打了起来。

但是过了不久，他们两个又照旧地好了起来。又是：

“有二爷这个。”

“有二爷那个。”

老厨子一高起兴来，就说：

“有二爷，我看你的头上去了个‘有’字，不就只剩了‘二爷’吗？”

有二伯于是又笑逐颜开了。

祖父叫他“有子”，他不生气，他说：

“向皇上说话，还称自己是奴才呢！总也得有个大小。宰相大不大，可是他见了皇上也得跪下，在万人之上，在一人之下。”

有二伯的胆子是很大的，他什么也不怕。我问他怕狼不怕？

他说：

“狼有什么怕的，在山上，你二伯小的时候上山放猪去，那山上就有狼。”

我问他敢走黑路不敢？

他说：

“走黑路怕啥的，没有愧心事，不怕鬼叫门。”

我问他夜里一个人，敢过那东大桥吗？

他说：

“有啥不敢的，你二伯就是愧心事不敢做，别的都敢。”

有二伯常常说，跑毛子的时候（日俄战时）他怎样怎样地胆大，全城都跑空了，我们家也跑空了。那毛子拿着大马刀在街上跑来跑去，骑在马身上，那真是杀人无数。见了关着大门的就敲，敲开了，抓着人就杀。有二伯说：

“毛子在街上跑来跑去，那大马蹄子跑得呱呱地响。我正自己煮面条吃呢，毛子就来敲大门来了，在外边喊着‘里边有人没有？’若有人快点把门打开，不打开毛子就要拿刀把门劈开的，劈开门进来，那就没有好，非杀不可……”

我就问：

“有二伯你可怕？”

他说：

“你二伯烧着一锅开水，正在下着面条。那毛子在外边敲，你二伯还在屋里吃面呢……”

我还是问他：

“你可怕？”

他说：

“怕什么？”

我说：

“那毛子进来，他不拿马刀杀你？”

他说：

“杀又怎么样！不就是一条命吗？”

可是每当他和祖父算起账来的时候，他就不这么说了。他说：

“人是肉长的呀！人是爹娘养的呀！谁没有五脏六腑。不怕，怎么能不怕！也是吓得抖抖乱颤，……眼看着那是大马刀，一刀下来，一条命就完了。”

我一问他：

“你不是说过，你不怕吗？”

这种时候，他就骂我：

“没心肝的，远的去着罢！不怕，是人还有不怕的……”

不知怎么的，他一和祖父提起跑毛子来，他就胆小了，他自己越说越怕。有的时候他还哭了起来。说那大马刀闪光湛亮，说那毛子骑在马上乱杀乱砍。

六

有二伯的行李，是零零碎碎的，一掀动他的被子就从被角往外流着棉花，一掀动他的褥子，那所铺着的毡片，就一片一片地好像活动地图似的一省一省的割据开了。

有二伯的枕头，里边装的是荞麦壳，每当他一抡动的时候，那枕头就在角上或是在肚上漏了馅了，哗哗地往外流着荞麦壳。

有二伯是爱护他这一套行李的，没有事的时候，他就拿起针来缝它们。缝缝枕头，缝缝毡片，缝缝被子。

不知他的东西，怎那样地不结实，有二伯三天两天的就要动手缝一次。

有二伯的手是很粗的，因此他拿着一颗很大的大针，他说太小的针他拿不住的。他的针是太大了点，迎着太阳，好像一颗女人头上的银簪子似的。

他往针鼻里穿线的时候，那才好看呢，他把针线举得高高的，睁着一个眼睛，闭着一个眼睛，好像是在瞄准，好像他在半天空里看见了一样东西，他想要快快的拿它，又怕拿不准跑了，想要研究一会再去拿，又怕过一会就没有了。于是他的手一着急就哆嗦起来，那才好看呢。

有二伯的行李，睡觉起来，就卷起来的。卷起来之后，用绳子捆着，好像他每天要去旅行的样子。

有二伯没有一定的住处，今天住在那咔咔响着房架子的粉房里，明天住在养猪的那家的小猪官的炕梢上，后天也许就和那后磨房里的冯歪嘴子一条炕睡上了。反正他是什么地方有空他就在什么地方睡。

他的行李他自己背着，老厨子一看他背起行李，就大嚷大叫地说：

“有二爷，又赶集去了……”

有二伯也就远远地回答着他：

“老王，我去赶集，你有啥捎的没有啊？”

于是有二伯又自己走自己的路，到房户的家里的方便地方去投宿去了。

七

有二伯的草帽没有边沿，只有一个帽顶，他的脸焦焦黑，他的头顶雪雪白。黑白分明的地方，就正是那草帽扣下去被切得溜齐的脑盖的地方。他每一摘下帽子来，是上一半白，下一半黑。就好像后园里的倭瓜晒着太阳的那半是绿的，背着阴的那半是白的一样。

不过他一戴起草帽来也就看不见了。他戴帽的尺度是很准确的，一戴就把帽边很准确的切在了黑白分明的那条线上。不高不低，就正正地在那条线上。偶尔也戴得略微高了一点，但是这种时候很少，不大被人注意。那就是草帽与脑盖之间，好像镶了一趟窄窄的白边似的，有那么一趟白线。

八

有二伯穿的是大半截子的衣裳，不是长衫，也不是短衫，而是齐到膝头那么长的衣裳，那衣裳是鱼蓝色竹布的，带着四方大尖托领，宽衣大袖，怀前带着大麻铜钮子。

这衣裳本是前清的旧货，压在祖父的箱底里，祖母一死了，就陆续地穿在有二伯的身上了。

所以有二伯一走在街上，都不知他是哪个朝代的人。

老厨子常说：

“有二爷，你宽衣大袖的，和尚看了像和尚，道人看了像道人。”

有二伯是喜欢卷着裤脚的，所以耕田种地的庄稼人看了，又以为他是一个庄稼人，一定是插秧了刚刚回来。

九

有二伯的鞋子，不是前边掉了底，就是后边缺了跟。

他自己前边掌掌，后边钉钉，似乎钉也钉不好，掌也掌不好，过了几天，又是掉底缺跟仍然照旧。

走路的时候拖拖的，再不然就趿趿的。前边掉了底，那鞋就张着嘴，他的脚好像舌头似的，每一迈步，就在那大嘴里边活动着，后边缺了跟，每一走动，就踢踢趿趿地脚跟打着鞋底发响。

有二伯的脚，永远离不开地面，母亲说他的脚下了千斤闸。

老厨子说有二伯的脚上了绊马锁。

有二伯自己则说：

“你二伯挂了绊脚丝了。”

绊脚丝是人临死的时候挂在两只脚上的绳子。有二伯就这样地说着自己。

十

有二伯虽然作弄成一个耍猴不像耍猴的，讨饭不像讨饭的，可是他一走起路来，却是端庄、沉静，两个脚跟非常有力，打得地面咚咚地响，而且是慢吞吞地前进，好像一位大将军似的。

有二伯一进了祖父的屋子，那摆在琴桌上的那口黑色的坐钟，钟里边的钟摆，就常常格棱棱格棱棱的响了一阵就停下来了。

原来有二伯的脚步过于沉重了点，好像大石头似的打着地板，使地板上所有的东西，一时都起了跳动。

十一

有二伯偷东西被我撞见了。

秋末，后园里的大榆树也落了叶子，园里荒凉了，没有什么好玩的了。

长在前院的蒿草，也都败坏了而倒了下来。房后菜园上的各种秧棵完全挂满了白霜，老榆树全身的叶子已经没有多少了，可是秋风还在摇动着它。天空是发灰的，云彩也失了形状，好像被洗过砚台的水盆，有深有浅，混洞洞的。这样的云彩，有的带来了雨点，有时带来了细雪。

这样的天气，我为着外边没有好玩的，我就在藏乱东西的后房里玩着。

我爬上了装旧东西的屋顶去。

我是登着箱子上去的，我摸到了一个小琉璃罐，那里边装的完全是黑枣。

等我抱着这罐子要下来的时候，可就下不来了，方才上来的时候，我登着的那箱子，有二伯站在那里正在开着它。

他不是用钥匙开，他是用铁丝在开。

我看着他开了很多时候，他用牙齿咬着他手里的那块小东西……他歪着头，咬得格格拉拉地发响。咬了之后又放在手里扭着它，而后又把它触到箱子上去试一试。

他显然不知道我在棚顶上看着他，他既打开了箱子，他就把没有边沿的草帽脱下来，把那块咬了半天的小东西就压在帽顶里面。

他把箱子翻了好几次，红色的椅垫，蓝色粗布的绣花围裙，女人的绣花鞋子……还有一团滚乱的花色的丝线，在箱子底上还躺着一只湛黄的铜酒壶。

有二伯用他满都是脉络的粗手把绣花鞋子、乱丝线，抓到一边去，只把铜酒壶从那一堆之中抓出来了。

太师椅上的红垫子，他把它放在地上，用腰带捆了起来。铜酒壶放在箱子盖上，而后把箱子锁了。

看样子好像他要带着这些东西出去，不知为什么，他没有带东西，他自己出去了。

我一看他出去，我赶快的登着箱子就下来了。

我一下来，有二伯就又回来了，这一下子可把我吓了一跳，因为我是在偷黑枣，若让母亲晓得了，母亲非打我不可。平常我偷着把鸡蛋馒头之类，拿出去和邻居家的孩子一块去吃，有二伯一看见就没有不告诉母亲的，母亲一晓得就打我。

他先提起门旁的椅垫子，而后又来拿箱子盖上的铜酒壶。等他掀着衣襟把铜酒壶压在肚子上边，他才看到墙角上站着的是我。

他的肚子前压着铜酒壶，我的肚子前抱着一罐黑枣。他偷，我也偷，所以两边害怕。

有二伯一看见我，立刻头盖上就冒着很大的汗珠。他说：

“你不说么？”

“说什么……”

“不说，好孩子……”他拍着我的头顶。

“那么，你让我把这琉璃罐拿出去。”

他说：“拿罢。”

他一点没有阻挡我。我看他不阻挡我，我还在门旁的筐子里抓了四五个大馒头，就跑了。

有二伯还在粮食仓子里边偷米，用大口袋背着，背到大桥东边那粮米铺去卖了。

有二伯还偷各种东西，锡火锅、大铜钱、烟袋嘴……反正家里边一丢了东西，就说有二伯偷去了。有的东西是老厨子偷去的，也就赖上了有二伯。有的东西是我偷着拿出去玩了，也赖上了有二伯。还有比方一个镰刀头，根本没有丢，只不过放忘了地方，等用的时候一找不到，就说有二伯偷去了。

有二伯带着我上公园的时候，他什么也不买给我吃。公园里边卖什么的都有，油炸糕，香油掀饼，豆腐脑，等等。他一点也不买给我吃。

我若是稍稍在那卖东西吃的旁边一站，他就说：

“快走罢，快往前走。”

逛公园就好像赶路似的，他一步也不让我停。

公园里变把戏的，耍熊瞎子的都有，敲锣打鼓，非常热闹。而他不让我看。我若是稍稍地在那变把戏的前边停了一停，他就说：

“快走罢，快往前走。”

不知为什么他时时在追着我。

等走到一个卖冰水的白布篷前边，我看见那玻璃瓶子里边泡着两个焦黄的大佛手，这东西我没有见过，我就问有二伯那是什么？

他说：

“快走罢，快往前走。”

好像我若再多看一会工夫，人家就要来打我了似的。

等来到了跑马戏的近前，那里边连喊带唱的，实在热闹，我就非要进去看不可。有二伯则一定不进去，他说：

“没有什么好看的……”

他说：

“你二伯不看介个……”

他又说：

“家里边吃饭了。”

他又说：

“你再闹，我打你。”

到了后来，他才说：

“你二伯也是愿意看，好看的有谁不愿意看。你二伯没有钱，没有钱买票，人家不让咱进去。”

在公园里边，当场我就拉住了有二伯的口袋，给他施以检查，检查出几个铜板来，买票这不够的。有二伯又说：

“你二伯没有钱……”

我一急就说：

“没有钱你不会偷？”

有二伯听了我那话，脸色雪白，可是一转眼之间又变成通红的了。他通红的脸上，他的小眼睛故意地笑着，他的嘴唇颤抖着，好像他又要照着他的习惯，一串一串地说一大套的话。但是他没有说。

“回家罢！”

他想了一想之后，他这样地招呼着我。

我还看见过有二伯偷过一个大澡盆。

我家院子里本来一天到晚是静的，祖父常常睡觉，父亲不在家里，母亲也只是在屋子里边忙着，外边的事情，她不大看见。

尤其是到了夏天睡午觉的时候，全家都睡了，连老厨子也睡了。连大黄狗也睡在有阴凉的地方了。所以前院，后园，静悄悄地一个人也没有，一点声音也没有。

就在这样的一个白天，一个大澡盆被一个人掮着在后园里边走起来了。

那大澡盆是白洋铁的，在太阳下边闪光湛亮。大澡盆有一人多长，一边走着还一边咣郎咣郎地响着。看起来，很害怕，好像瞎话上的白色的大蛇。

那大澡盆太大了，扣在有二伯的头上，一时看不见有二伯，只看见了大澡盆。好像那大澡盆自己走动了起来似的。

再一细看，才知道是有二伯顶着它。

有二伯走路，好像是没有眼睛似的，东倒一倒，西斜一斜，两边歪着。我怕他撞到了我，我就靠住了墙根上。

那大澡盆是很深的，从有二伯头上扣下来，一直扣到他的腰间。所以他看不见路了，他摸着往前走。

有二伯偷了这澡盆之后，就像他偷那铜酒壶之后的一样。一被发现了之后，老厨子就天天戏弄他，用各种的话戏弄着有二伯。

有二伯偷了铜酒壶之后，每当他一拿着酒壶喝酒的时候，老厨子就问他：

“有二爷，喝酒还是铜酒壶好呀，还是锡酒壶好？”

有二伯说：

“什么的还不是一样，反正喝的是酒。”

老厨子说：

“不见得罢，大概还是铜的好呢……”

有二伯说：

“铜的有啥好！”

老厨子说：

“对了，有二爷。咱们就是不要铜酒壶，铜酒壶拿去卖了也不值钱。”

旁边的人听到这里都笑了，可是有二伯还不自觉。

老厨子问有二伯：

“一个铜酒壶卖多少钱？”

有二伯说：

“没卖过，不知道。”

到后来老厨子又说五十吊，又说七十吊。

有二伯说：

“哪有那么贵的价钱，好大一个铜酒壶还卖不上三十吊呢。”

于是把大家都笑坏了。

自从有二伯偷了澡盆之后，那老厨子就不提酒壶，而常常问有二伯洗澡不洗澡，问他一年洗几次澡，问有二伯一辈子洗几次澡。他还问人死了到阴间也洗澡的吗？

有二伯说：

“到阴间，阴间阳间一样，活着是个穷人，死了是条穷鬼。穷鬼阎王爷也不爱惜，不下地狱就是好的。还洗澡呢！别玷污了那洗澡水。”

老厨子于是说：

“有二爷，照你说的穷人是用不着澡盆的啰！”

有二伯有点听出来了，就说：

“阴间没去过，用不用不知道。”

“不知道？”

“不知道。”

“我看你是明明知道，我看你是昧着良心说瞎话……”老厨子说。

于是两个人打起来了。

有二伯逼着问老厨子，他哪儿昧过良心。有二伯说：

“一辈子没昧过良心。走的正，行的端，一步两脚窝……”

老厨子说：

“两脚窝，看不透……”

有二伯正颜厉色地说：

“你有什么看不透的？”

老厨子说：

“说出来怕你羞死！”

有二伯说：

“死，死不了；你别看我穷，穷人还有个穷活头。”

老厨子说：

“我看你也是死不了。”

有二伯说：

“死不了。”

老厨子说：

“死不了，老不死，我看你也是个老不死的。”

有的时候，他们两个能接续着骂了一两天，每次到后来，都是有二伯打了败仗。老厨子骂他是个老“绝后”。

有二伯每一听到这两个字，就甚于一切别的字，比“见阎王”更坏。于是他哭了起来，他说：

“可不是么！死了连个添坟上土的人也没有。人活一辈子是个白活，到了归终是一场空……无家无业，死了连个打灵头幡的人也没有。”

于是他们两个又和和平平地，笑笑嘻嘻地照旧地过着和平的日子。

十二

后来我家在五间正房的旁边，造了三间东厢房。

这新房子一造起来，有二伯就搬回家里来住了。

我家是静的，尤其是夜里，连鸡鸭都上了架，房头的鸽子，檐前的麻雀也都各自回到自己的窝里去睡觉了。

这时候就常常听到厢房里的哭声。

有一回父亲打了有二伯，父亲三十多岁，有二伯快六十岁了。他站起来就被父亲打倒下去，他再站起来，又被父亲打倒下去，最后他起不来了，他躺在院子里边了，而他的鼻子也许是嘴还流了一些血。

院子里一些看热闹的人都站得远远的，大黄狗也吓跑了，鸡也吓跑了。老厨子该收柴收柴，该担水担水，假装没有看见。

有二伯孤伶伶地躺在院心，他的没有边的草帽，也被打掉了，所以看得见有二伯的头部的上一半是白的，下一半是黑的，而且黑白分明的那条线就在他的前额上，好像西瓜的“阴阳面”。

有二伯就这样自己躺着，躺了许多时候，才有两个鸭子来啄食撒在有二伯身边的那些血。

那两个鸭子，一个是花脖，一个是绿头顶。

有二伯要上吊，就是这个夜里，他先是骂着，后是哭着，到后来也不哭也不骂了。又过了一会，老厨子一声喊起，几乎是发现了什么怪物似的大叫：

“有二爷上吊啦！有二爷上吊啦！”

祖父穿起衣裳来，带着我。等我们跑到厢房去一看，有二伯不在了。

老厨子在房子外边招呼着我们。我们一看南房梢上挂了绳子，是黑夜，本来看不见，是老厨子打着灯笼我们才看到的。

南房梢上有一根两丈来高的横杆，绳子在那横杆上悠悠荡荡地垂着。

有二伯在哪里呢？等我们拿灯笼一照，才看见他在房墙的根边，好好的坐着。他也没有哭，他也没有骂。

等我再拿灯笼向他脸上一照，我看他用哭红了的小眼睛瞪了我一下。

过了不久，有二伯又跳井了。

是在同院住的挑水的来报的信，又敲窗户又打门。我们跑到井边上一看，有二伯并没有在井里边，而是坐在井外边，而是离开井口五十步之外的安安稳稳的柴堆上。他在那柴堆上安安稳稳地坐着。

我们打着灯笼一照，他还在那里拿着小烟袋抽烟呢。

老厨子，挑水的，粉房里的漏粉的都来了，惊动了不少的邻居。

他开初是一动不动。后来他看人们来全了，他站起来就往井边上跑，于是许多人就把他抓住了，那许多人，哪里会眼看着他去跳井的。

有二伯去跳井，他的烟荷包，小烟袋都带着，人们推劝着他回家的时候，那柴堆上还有一枝小洋蜡，他说：

“把那洋蜡给我带着。”

后来有二伯“跳井”“上吊”这些事，都成了笑话，街上的孩子都给编成了一套歌在唱着：“有二爷跳井，没那么回事。”“有二伯上吊，白吓唬人。”

老厨子说他贪生怕死，别人也都说他死不了。

以后有二伯再“跳井”“上吊”也都没有人看他了。

有二伯还是活着。

十三

我家的院子是荒凉的，冬天一片白雪，夏天则满院蒿草。风来了，蒿草发着声响，雨来了，蒿草梢上冒烟了。

没有风，没有雨，则关着大门静静地过着日子。

狗有狗窝，鸡有鸡架，鸟有鸟笼，一切各得其所。唯独有二伯夜夜不好好地睡觉。在那厢房里边，他自己半夜三更的就讲起话来。

“说我怕‘死’我也不是吹，叫过三个两个来看！问问他们见过‘死’没有！那俄国毛子的大马刀闪光湛亮，说杀就杀，说砍就砍。那些胆大的，不怕死的，一听说俄国毛子来了，只顾逃命，连家业也不要了。那时候，若不是这胆小的给他守着，怕是跑毛子回来连条裤子都没有穿的。到了如今，吃得饱，穿得暖，前因后果连想也不想，早就忘到九霄云外去了。良心长到肋条上，黑心痢，铁面人，……”

“……说我怕死，我也不是吹，兵马刀枪我见过，霹雷，黄风我见过。就说那俄国毛子的大马刀罢，见人就砍，可是我也没有怕过，说我怕死……介年头是啥年头，……”

那东厢房里，有二伯一套套地讲着，又是河沟涨水了，水涨得多么大，别人没有敢过的，有二伯说他敢过。又是什么时候有一次着大火，别人都逃了，有二伯上去抢了不少的东西。又是他的小时候，上山去打柴，遇见了狼，那狼是多么凶狠，他说：

“狼心狗肺，介个年头的人狼心狗肺的，吃香的喝辣的。好人在介个年头，是个王八蛋兔羔子……”

“兔羔子，兔羔子……”

有二伯夜里不睡，有的时候就来在院子里没头没尾的“兔羔子、兔羔子”自己说着话。

半夜三更的，鸡鸭猫狗都睡了。唯独有二伯不睡。

祖父的窗子上了帘子，看不见天上的星星月亮，看不见大昴星落了没有，看不见三星是否打了横梁。只见白煞煞的窗帘子被星光月光照得发白通亮。

等我睡醒了，我听见有二伯“兔羔子、兔羔子”地自己在说话，我要起来掀起窗帘来往院子里看一看他。祖父不让我起来，祖父说：

“好好睡罢，明天早晨早早起来，咱们烧包米吃。”

祖父怕我起来，就用好话安慰着我。

等再睡觉了，就在梦中听到了呼兰河的南岸，或是呼兰河城外远处的狗咬。

于是我做了一个梦，梦见了一个大白兔。那兔子的耳朵，和那磨房里的小驴的耳朵一般大。我听见有二伯说“兔羔子”，我想到一个大白兔，我听到了磨房的梆子声，我想到了磨房里的小毛驴，于是梦见了白兔长了毛驴那么大的耳朵。

我抱着那大白兔，我越看越喜欢，我一笑笑醒了。

醒来一听，有二伯仍旧“兔羔子、兔羔子”地坐在院子里。后边那磨房里的梆子也还打得很响。

我梦见的这大白兔，我问祖父是不是就是有二伯所说的“兔羔子”？

祖父说：

“快睡觉罢，半夜三更不好讲话的。”

说完了，祖父也笑了，他又说：

“快睡罢，夜里不好多讲话的。”

我和祖父还都没有睡着，我们听到那远处的狗咬，慢慢地由远而近，近处的狗也有的叫了起来。大墙之外，已经稀疏疏地有车马经过了，原来天已经快亮了。可是有二伯还在骂“兔羔子”，后边磨房里的磨官还在打着梆子。

十四

第二天早晨一起来，我就跑去问有二伯，“兔羔子”是不是就是大白兔？

有二伯一听就生气了：

“你们家里没好东西，尽是些耗子，从上到下，都是良心长在肋条上，大人是大耗子，小孩是小耗子……”

我不知道他说的是什么，我听了一会，没有听懂。

第七章

一

磨房里边住着冯歪嘴子。

冯歪嘴子打着梆子，半夜半夜地打，一夜一夜地打。冬天还稍微好一点，夏天就更打得厉害。

那磨房的窗子临着我家的后园。我家的后园四周的墙根上，都种着倭瓜、西葫芦或是黄瓜等类会爬蔓子的植物；倭瓜爬上墙头了，在墙头上开起花来了，有的竟越过了高墙爬到街上去，向着大街开了一朵火黄的黄花。

因此那厨房的窗子上，也就爬满了那顶会爬蔓子的黄瓜了。黄瓜的小细蔓，细得像银丝似的，太阳一来了的时候，那小细蔓闪眼湛亮。那蔓梢乾净得好像用黄蜡抽成的丝子，一棵黄瓜秧上伸出来无数的这样的丝子。丝蔓的尖顶每棵都是掉转头来向回卷曲着，好像是说它们虽然勇敢，大树，野草，墙头，窗棂，到处的乱爬，但到底它们也怀着恐惧的心理。

太阳一出来了，那些在夜里冷清清的丝蔓，一变而为温暖了。于是它们向前发展的速率更快了，好像眼看着那丝蔓就长了，就向前跑去了。因为种在磨房窗根下的黄瓜秧，一天爬上了窗台，两天爬上了窗棂，等到第三天就在窗棂上开花了。

再过几天，一不留心，那黄瓜梗经过了磨房的窗子，爬上房顶去了。

后来那黄瓜秧就像它们彼此招呼着似的，成群结队地就都一齐把那磨房的窗给蒙住了。

从此那磨房里边的磨官就见不着天日了。磨房就有一张窗子，而今被黄瓜掩遮得风雨不透。从此那磨房里黑沉沉的，园里，园外，分成两个世界了。冯歪嘴子就被分到花园以外去了。

但是从外边看起来，那窗子实在好看，开花的开花，结果的结果。满窗是黄瓜了。

还有一棵倭瓜秧，也顺着磨房的窗子爬到房顶去了，就在房檐上结了一个大倭瓜。那倭瓜不像是从秧子上长出来的，好像是由人搬着坐在那屋瓦上晒太阳似的。实在好看。

夏天，我在后园里玩的时候，冯歪嘴子就喊我，他向我要黄瓜。

我就摘了黄瓜，从窗子递进去。那窗子被黄瓜秧封闭得严密得很，冯歪嘴子用手扒开那满窗的叶子，从一条小缝中伸出手来把黄瓜拿进去。

有时候，他停止了打他的梆子，他问我，黄瓜长了多大了？西红柿红了没有？他与这后园只隔了一张窗子，就像关着多远似的。

祖父在园子里的时候，他和祖父谈话。他说拉着磨的小驴，驴蹄子坏了，一走一瘸。祖父说请个兽医给它看看。冯歪嘴子说，看过了，也不见好。祖父问那驴吃的什么药？冯歪嘴子说是吃的黄瓜子拌高粱醋。

冯歪嘴子在窗里，祖父在窗外，祖父看不见冯歪嘴子，冯歪嘴子看不见祖父。

有的时候，祖父走远了，回屋去了，只剩下我一个人在磨房的墙根下边坐着玩，我听到了冯歪嘴子还说：

“老太爷今年没下乡去看看哪！”

有的时候，我听了这话，我故意的不出声，听听他往下还说什么。

有的时候，我心里觉得可笑，忍也不能忍住，我就跳了起来了，用手敲打着窗子，笑得我把窗上挂着的黄瓜都敲打掉了。而后我一溜烟地跑进屋去，把这情形告诉了祖父。祖父也一样和我似的，笑得不能停了，眼睛笑出眼泪来。但是总是说，不要笑啦，不要笑啦，看他听见。有的时祖父竟把后门关起来再笑。祖父怕冯歪嘴子听见了不好意思。

但是老厨子就不然了。有的时候，他和冯歪嘴子谈天，故意谈到一半他就溜掉了。因为冯歪嘴子隔着爬满了黄瓜秧的窗子，看不见他走了，就自己独自说了一大篇话，而后让他故意得不到反响。

老厨子提着筐子到后园去摘茄子，一边摘着一边就跟冯歪嘴子谈话，正谈到半路，老厨子蹑手蹑足的，提着筐子就溜了，回到屋里去烧饭去了。

这时冯歪嘴子还在磨房里大声地说：

“西公园来了跑马戏的，我还没得空去看，你去看过了吗？老王。”

其实后花园里一个人也没有了，蜻蜓、蝴蝶随意地飞着，冯歪嘴子的话声，空空地落到花园里来，又空空地消失了。

烟消火减了。

等他发现了老王早已不在花园里，他这才又打起梆子来，看着小驴拉磨。

有二伯一和冯歪嘴子谈话，可从来没有偷着溜掉过，他问下雨天，磨房的房顶漏得厉害不厉害？磨房里的耗子多不多？

冯歪嘴子同时也问着有二伯，今年后园里雨水大吗？茄子、云豆都快罢园了吧？

他们两个彼此说完了话，有二伯让冯歪嘴子到后园里来走走，冯歪嘴子让有二伯到磨房去坐坐。

“有空到园子里来走走。”

“有空到磨房里来坐坐。”

有二伯于是也就告别走出园子来。冯歪嘴子也就照旧打他的梆子。

秋天，大榆树的叶子黄了，墙头上的狗尾草干倒了，园里一天一天地荒凉起来了。

这时候冯歪嘴子的窗子也露出来了。因为那些纠纠缠缠的黄瓜秧也都蔫败了，舍弃了窗棂而脱落下来了。

于是站在后园里就可看到冯歪嘴子，扒着窗子就可以看到在拉磨的小驴。那小驴竖着耳朵，戴着眼罩。走了三五步就响一次鼻子，每一抬脚那只后腿就有点瘸，每一停下来，小驴就用三条腿站着。

冯歪嘴子说小驴的一条腿坏了。

这窗子上的黄瓜秧一干掉了，磨房里的冯歪嘴子就天天可以看到的。

冯歪嘴子喝酒了，冯歪嘴子睡觉了，冯歪嘴子打梆子了，冯歪嘴子拉胡琴了，冯歪嘴子唱唱本了，冯歪嘴子摇风车了。只要一扒着那窗台，就什么都可以看见的。

一到了秋天，新鲜黏米一下来的时候，冯歪嘴子就三天一拉磨，两天一卖黏糕。黄米黏糕，撒上大云豆，一层黄，一层红，黄的金黄，红的通红。三个铜板一条，两个铜板一片的用刀切着卖。愿意加红糖的有红糖，愿意加白糖的有白糖。加了糖不另要钱。

冯歪嘴子推着单轮车在街上一走，小孩子们就在后边跟了一大帮，有的花钱买，有的围着看。

祖父最喜欢吃这黏糕，母亲也喜欢，而我更喜欢。母亲有时让老厨子去买，有的时候让我去买。

不过买了来是有数的，一人只能吃手掌那么大的一片，不准多吃，吃多了怕不能消化。

祖父一边吃着，一边说够了够了，意思是怕我多吃。母亲吃完了也说够了，意思是怕我还要去买。其实我真的觉得不够，觉得再吃两块也还不多呢！不过经别人这样一说，我也就没有什么办法了，也就不好意思喊着再去买，但是实在话是没有吃够的。

当我在大门外玩的时候，推着单轮车的冯歪嘴子总是在那块大黏糕上切下一片来送给我吃，于是我就接受了。

当我在院子里玩的时候，冯歪嘴子一喊着“黏糕”“黏糕”地从大墙外经过，我就爬上墙头去了。

因为西南角上的那段土墙，因为年久了出了一个豁，我就扒着那墙豁往外看着。果然冯歪嘴子推着黏糕的单轮车由远而近了。来到我的旁边，就问着：

“要吃一片吗？”

而我也不说吃，也不说不吃。但我也不从墙头上下来，还是若无其事地呆在那里。

冯歪嘴子把车子一停，于是切好一片黏糕送上来了。

一到了冬天，冯歪嘴子差不多天天出去卖一锅黏糕的。

这黏糕在做的时候，需要很大的一口锅，里边烧着开水，锅口上坐着竹帘子。把碾碎了的黄米粉就撒在这竹帘子上，撒一层粉，撒一层豆。冯歪嘴子就在磨房里撒的，弄得满屋热气蒸蒸。进去买黏糕的时候，刚一开门，只听屋里火柴烧得噼啪地响，竟看不见人了。

我去买黏糕的时候，我总是去得早一点。我在那边等着，等着刚一出锅，好买热的。

那屋里的蒸气实在大，是看不见人的。每次我一开门，我就说：

“我来了。”

冯歪嘴子一听我的声音就说：

“这边来，这边来。”

二

有一次母亲让我去买黏糕，我略微地去得晚了一点，黏糕已经出锅了。我慌慌忙忙地买了就回来了。回到家里一看，不对了。母亲让我买的是加白糖的，而我买回来的是加红糖的。当时我没有留心，回到家里一看，才知道错了。

错了，我又跑回去换。冯歪嘴子又另外切了几片，撒上白糖。

接过黏糕来，我正想拿着走的时候，一回头，看见了冯歪嘴子的那张小炕上挂着一张布帘。

我想这是做什么，我跑过去看一看。

我伸手就掀开布帘了，往里边一看，呀！里边还有一个小孩呢！

我转身就往家跑，跑到家里就跟祖父讲，说那冯歪嘴子的炕上不知谁家的女人睡在那里，女人的被窝里边还有一个小孩，那小孩还露着小头顶呢，那小孩头还是通红的呢！

祖父听了一会觉得纳闷，就说让我快吃黏糕罢，一会冷了，不好吃了。

可是我哪里吃得下去。觉得这事情真好玩，那磨房里边，不单有一个小驴，还有一个小孩呢。

这一天早晨闹得黏糕我也没有吃，又戴起皮帽子来，跑去看了一次。

这一次，冯歪嘴子不在屋里，不知他到哪里去了，黏糕大概也没有去卖，推黏糕的车子还在磨盘的旁边扔着。

我一开门进去，风就把那些盖上白布帘吹开了，那女人仍旧躺着不动，那小孩也一声不哭，我往屋子的四边观查一下，屋子的边处没有什么变动，只是磨盘上放着一个黄铜盆，铜盆里泡着一点破布，盆里的水已经结冰了，其余的没有什么变动。

小驴一到冬天就住在磨房的屋里，那小驴还是照旧地站在那里，并且还是安安敦敦地和每天一样地麻搭着眼睛。其余的磨房里的风车子、罗柜、磨盘，都是照旧地在那里呆着，就是墙根下的那些耗子也出来和往日一样地乱跑，耗子一边跑着还一边吱吱喳喳地叫着。

我看了一会，看不出所以然来，觉得十分无趣。正想转身出来的时候，被我发现了一个瓦盆，就在炕沿上已经像小冰山似的冻得鼓鼓的了。于是我想起这屋的冷来了，立刻觉得要打寒颤，冷得不能站脚了。我一细看那扇通到后园去的窗子也通着大洞，瓦房的房盖也透着青天。

我开门就跑了，一跑到家里，家里的火炉正烧得通红，一进门就热气扑脸。

我正想要问祖父，那磨房里是谁家的小孩。这时冯歪嘴子从外边来了。

戴着他的四耳帽子，他未曾说话先笑一笑的样子，一看就是冯歪嘴子。

他进了屋来，他坐在祖父旁边的太师椅上，那太师椅垫着红毛哔叽的厚垫子。

冯歪嘴子坐在那里，似乎有话说不出来。右手不住地摸擦着椅垫子，左手不住地拉着他的左耳朵。他未曾说话先笑的样子，笑了好几阵也没说出话来。

我们家里的火炉太热，把他的脸烤得通红的了。他说：

“老太爷，我摊了点事。……”

祖父就问他摊了什么事呢？

冯歪嘴子坐在太师椅上扭扭歪歪的，摘下他那狗皮帽子来，手里玩弄着那皮帽子。未曾说话他先笑了，笑了好一阵工夫，他才说出一句话来：

“我成了家啦。”

说着冯歪嘴子的眼睛就流出眼泪来，他说：

“请老太爷帮帮忙，现下她们就在磨房里呢！他们没有地方住。”

我听到了这里，就赶快抢住了，向祖父说：

“爷爷，那磨房里冷呵！炕沿上的瓦盆都冻裂了。”

祖父往一边推着我，似乎他在思索的样子。我又说：

“那炕上还睡着一个小孩呢！”

祖父答应了让他搬到磨房南头那个装草的房子里去暂住。

冯歪嘴子一听，连忙就站起来了，说：

“道谢，道谢。”

一边说着，他的眼睛又一边来了眼泪，而后戴起狗皮帽子来，眼泪汪汪的就走了。

冯歪嘴子刚一走出屋去，祖父回头就跟我说：

“你这孩子当人面不好多说话的。”

我那时也不过六七岁，不懂这是甚么意思，我问着祖父：

“为什么不准说，为什么不准说？”

祖父说：

“你没看冯歪嘴子的眼泪都要掉下来了吗？冯歪嘴子难为情了。”

我想可有什么难为情的，我不明白。

三

晌午，冯歪嘴子那磨房里就吵起来了。

冯歪嘴子一声不响地站在磨盘的旁边，他的掌柜的拿着烟袋在他的眼前骂着，掌柜的太太一边骂着，一边拍着风车子，她说：

“破了风水了，我这碾磨房，岂是你那不乾不净的野老婆住的地方！”

“青龙白虎也是女人可以冲的吗！”

“冯歪嘴子，从此我不发财，我就跟你算账；你是什么东西，你还算个人吗？你没有脸，你若有脸你还能把个野老婆弄到大面上来，弄到人的眼皮下边来……你赶快给我滚蛋……”

冯歪嘴子说：

“我就要叫她们搬的，就搬……”

掌柜的太太说：

“叫她们搬，她们是什么东西，我不知道。我是叫你滚蛋的，你可把人糟蹋苦了……”

说着，她往炕上一看：

“唉呀！面口袋也是你那野老婆盖得的！赶快给我拿下来。我说冯歪嘴子，你可把我糟蹋苦了。你可把我糟蹋苦了。”

那个刚生下来的小孩是盖着盛面口袋在睡觉的，一齐盖着四五张，厚敦敦的压着小脸。

掌柜的太太在旁边喊着：

“给我拿下来，快给我拿下来！”

冯歪嘴子过去把面口袋拿下来了，立刻就露出孩子通红的小手来，而且那小手还伸伸缩缩地摇动着，摇动了几下就哭起来了。

那孩子一哭，从孩子的嘴里冒着雪白的白气。

那掌柜的太太把面口袋接到手里说：

“可冻死我了，你赶快搬罢，我可没工夫跟你吵了……”

说着开了门缩着肩膀就跑回上屋去了。

王四掌柜的，就是冯歪嘴子的东家，他请祖父到上屋去喝茶。

我们坐在上屋的炕上，一边烤着炭火盆，一边听到磨房里的那小孩的哭声。

祖父问我的手烤暖了没有？我说还没烤暖，祖父说：

“烤暖了，回家罢。”

从王四掌柜的家里出来，我还说要到磨房里去看看。祖父说，没有什么的，要看回家暖过来再看。

磨房里没有寒暑表，我家里是有的。我问祖父：

“爷爷，你说磨房的温度在多少度上？”

祖父说在零度以下。

我问：

“在零度以下多少？”

祖父说：

“没有寒暑表，哪儿知道呵！”

我说：

“到底在零度以下多少？”

祖父看一看天色就说：

“在零下七八度。”

我高兴起来了，我说：

“嗳呀，好冷呵！那不和室外温度一样了吗？”

我抬脚就往家里跑，井台，井台旁边的水槽子，井台旁边的大石头碾子，房户老周家的大玻璃窗子，我家的大高烟筒，在我一溜烟地跑起来的时候，我看它们都移移动动的了，它们都像往后退着。我越跑越快，好像不是我在跑，而像房子和大烟筒在跑似的。

我自己玄乎得我跑得和风一般快。

我想那磨房的温度在零度以下，岂不是等于露天地了吗？这真笑话，房子和露天地一样。我越想越可笑，也就越高兴。

于是连喊带叫地也就跑到家了。

四

下半天冯歪嘴子就把小孩搬到磨房南头那草棚子里去了。

那小孩哭的声音很大，好像他并不是刚刚出生，好像他已经长大了的样子。

那草房里吵得不得了，我又想去看看。

这回那女人坐起来了，身上披着被子，很长的大辫子垂在背后，面朝里，坐在一堆草上不知在干什么，她一听门响，她一回头。我看出来了，她就是我们同院住着的老王家的大姑娘，我们都叫她王大姐的。

这可奇怪，怎么就是她呢？她一回头几乎是把我吓了一跳。

我转身就想往家里跑。跑到家里好赶快地告诉祖父，这到底是怎么回事？

她看是我，她就先向我一笑，她长的是很大的脸孔，很尖的鼻子，每笑的时候，她的鼻梁上就皱了一堆的褶。今天她的笑法还是和从前的一样，鼻梁处堆满了皱褶。

平常我们后园里的菜吃不了的时候，她就提着筐到我们后园来摘些茄子、黄瓜之类回家去。她是很能说能笑的人，她是很响亮的人，她和别人相见之下，她问别人：

“你吃饭了吗？”

那声音才大呢，好像房顶上落了喜鹊似的。

她的父亲是赶车的，她牵着马到井上去饮水，她打起水来，比她父亲打的更快，三绕两绕就是一桶。别人看了都说：

“这姑娘将来是个兴家立业的好手！”

她在我家后园里摘菜，摘完临走的时候，常常就折一朵马蛇菜花戴在头上。

她那辫子梳得才光呢，红辫根，绿辫梢，干干净净，又加上一朵马蛇菜花戴在鬓角上，非常好看。她提着筐子前边走了，后边的人就都指指划划地说她的好处。

老厨子说她大头子大眼睛长得怪好的。

有二伯说她膀大腰圆的带点福相。

母亲说她：

“我没有这么大的儿子，有儿子我娶她，这姑娘真响亮。”

同院住的老周家三奶奶则说：

“哟哟，这姑娘真是一棵大葵花，又高又大，你今年十几啦？”

周三奶奶一看到王大姐就问她十几岁？已经问了不知几遍了，好像一看见就必得这么问，若不问就好像没有话说似的。

每逢一问，王大姐也总是说：

“二十了。”

“二十了，可得给说一个媒了。”再不然就是，“看谁家有这么大的福气，看吧，将来看吧。”

隔院的杨家的老太太，扒着墙头一看见王大姐就说：

“这姑娘的脸红得像一盆火似的。”

现在王大姐一笑还是一皱鼻子，不过她的脸有一点清瘦，颜色发白了许多。

她怀里抱着小孩。我看一看她，她也不好意思了，我也不好意思了。我的不好意思是因为好久不见的缘故，我想她也许是和我一样吧。我想要走，又不好意思立刻就走开。想要多呆一会又没有什么话好说的。

我就站在那里静静地站了一会，我看她用草把小孩盖了起来，把小孩放到炕上去。其实也看不见什么是炕，乌七八糟的都是草，地上是草，炕上也是草，草捆子堆得房梁上去了。那小炕本来不大，又都叫草捆子给占满了。那小孩也就在草中偎了个草窝，铺着草盖着草地就睡着了。

我越看越觉得好玩，好像小孩睡在喜鹊窝里了似的。

到了晚上，我又把全套我所见的告诉了祖父。

祖父什么也不说。但我看出来祖父晓得的比我晓得的多的样子。我说：

“那小孩还盖着草呢！”

祖父说：

“嗯！”

我说：

“那不是王大姐吗？”

祖父说：

“嗯。”

祖父是什么也不问，什么也不听的样子。

等到了晚上在煤油灯的下边，我家全体的人都聚集了的时候，那才热闹呢！连说带讲的。这个说，王大姑娘这么的。那个说王大姑娘那么着……说来说去，说得不成样子了。

说王大姑娘这样坏，那样坏，一看就知道不是好东西。

说她说话的声音那么大，一定不是好东西。哪有姑娘家家的，大说大讲的。

有二伯说：

“好好的一个姑娘，看上了一个磨房的磨官，介个年头是啥年头！”

老厨子说：

“男子要长个粗壮，女子要长个秀气。没见过一个姑娘长得和一个抗大个的（抗工）似的。”

有二伯也就接着说：

“对呀！老爷像老爷，娘娘像娘娘，你没四月十八去逛过庙吗？那老爷庙上的老爷，威风八面，娘娘庙上的娘娘，温柔典雅。”

老厨子又说：

“哪有的勾当，姑娘家家的，打起水来，比个男子大丈夫还有力气。没见过，姑娘家家的那么大的力气。”

有二伯说：

“那算完，长的是一身穷骨头穷肉，那穿绸穿缎的她不去看，她看上了个灰秃秃的磨官。真是武大郎玩鸭子，啥人玩啥鸟。”

第二天，左邻右居的都晓得王大姑娘生了小孩了。

周三奶奶跑到我家来探听了一番，母亲说就在那草棚子里，让她去看。她说：

“哟哟！我可没那么大的工夫去看的，什么好勾当。”

西院的杨老太太听了风也来了。穿了一身浆得闪光发亮的蓝大布衫，头上扣着银扁方，手上戴着白铜的戒指。

一进屋，母亲就告诉她冯歪嘴子得了儿子了。杨老太太连忙就说：

“我可不是来探听他们那些猫三狗四的，我是来问问那广和银号的利息到底是大加一呢，还是八成？因为昨天西荒上的二小子打信来说，他老丈人要给一个亲戚拾几万吊钱。”

说完了，她庄庄严严地坐在那里。

我家的屋子太热，杨老太太一进屋来就把脸热的通红。母亲连忙打开了北边的那通气窗。

通气窗一开，那草棚子里的小孩的哭声就听见了，那哭声特别吵闹。

“听听啦，”母亲说，“这就是冯歪嘴子的儿子。”

“怎么的啦？那王大姑娘我看就不是个好东西，我就说，那姑娘将来好不了。”杨老太太说，“前些日子那姑娘忽然不见了，我就问她妈，‘你们大姑娘哪儿去啦？’她妈说，‘上她佬佬家去了。’一去去了这么久没回来，我就有点觉景。”

母亲说：

“王大姑娘夏天的时候常常哭，把眼圈都哭红了，她妈说她脾气大，跟她妈吵架气的。”

杨老太太把肩膀一抱说：

“气的，好大的气性，到今天都丢了人啦，怎么没气死呢。那姑娘不是好东西，你看她那双眼睛，多么大！我早就说过，这姑娘好不了。”

而后在母亲的耳朵上嘁嘁喳喳了一阵，又说又笑地走了。

把她那原来到我家里来的原意，大概也忘了。她来是为了广和银号利息的问题，可是一直到走也没有再提起那广和银号来。

杨老太太，周三奶奶，还有同院住的那些粉房里的人，没有一个不说王大姑娘坏的。

说王大姑娘的眼睛长得不好，说王大姑娘的力气太大，说王大姑娘的辫子长得也太长。

五

这事情一发，全院子的人给王大姑娘做论的做论，做传的做传，还有给她做日记的。

做传的说，她从小就在外祖母家里养着，一天尽和男孩子在一块，没男没女。有一天她竟拿着烧火的叉子把她的表弟给打伤了。又是一天刮大风，她把外祖母的二十多个鸭蛋一次给偷着吃光了。又是一天她在河沟子里边采菱角，她自己采的少，她就把别人的菱角倒在她的筐里了，就说是她采的。说她强横得不得了，没有人敢去和她分辩，一分辩，她开口就骂，举手就打。

那给她做传的人，说着就好像看见过似的。说腊月二十三，过小年的那天，王大姑娘因为外祖母少给了她一块肉吃，她就跟外祖母打了一仗，就跑回家里来了。

“你看看吧，她的嘴该多馋。”

于是四边听着的人，没有不笑的。

那给王大姑娘做传的人，材料的确搜集得不少。

自从团圆媳妇死了，院子里似乎寂寞了很长的一个时期，现在虽然不能说十分热闹，但大家都总要尽力地鼓吹一番。虽然不跳神打鼓，但也总应该给大家多少开一开心。

于是吹风的，把眼的，跑线的，绝对的不辞辛苦，在飘着白白的大雪的夜里，也就戴着皮帽子，穿着大毡靴，站在冯歪嘴子的窗户外边，在那里守候着，为的是偷听一点什么消息。若能听到一点点，哪怕针孔那么大一点，也总没有白挨冻，好做为第二天宣传的材料。

所以冯歪嘴子那门下在开初的几天，竟站着不少的探访员。

这些探访员往往没有受过教育，他们最喜欢造谣生事。

比方我家的老厨子出去探访了一阵，回家报告说：

“那草棚子才冷呢！五风楼似的，那小孩一声不响了，大概是冻死了，快去看热闹吧！”

老厨子举手舞脚的，他高兴得不得了。

不一会他又戴上了狗皮帽子，他又去探访了一阵，这一回他报告说：

“他妈的，没有死，那小孩还没冻死呢！还在娘怀里吃奶呢。”

这新闻发生的地点，离我家也不过五十步远，可是一经探访员们这一探访，事情本来的面目可就大大的两样了。

有的看了冯歪嘴子的炕上有一段绳头，于是就传说着冯歪嘴子要上吊。

这“上吊”的刺激，给人们的力量真是不小。女的戴上风帽，男的穿上毡靴，要来这里参观的，或是准备着来参观的人不知多少。

西院老杨家就有三十多口人，小孩不算在内，若算在内也有四十口了。就单说这三十多人若都来看上吊的冯歪嘴子，岂不把我家的那小草棚挤翻了吗！就说他家那些人中有的老的病的，不能够来，就说最低限度来上十个人吧。那么西院老杨家来十个，同院的老周家来三个——周三奶奶，周四婶子，周老婶子——外加周四婶子怀抱着一个孩子，周老婶子手里牵着个孩子——她们是有这样的习惯的——那么一共周家老少三辈总算五口了。

还有磨房里的漏粉匠，烧火的，跑街送货的等等，一时也数不清是几多人，总之这全院好看热闹的人也不下二三十。还有前后街上的，一听了消息也少不了来了不少的。

“上吊！”为啥一个好好人，活着不愿意活，而愿意“上吊”呢？大家快去看看吧，其中必是趣味无穷，大家快去看看吧。

再说开开眼也是好的，反正也不是去看跑马戏的，又要花钱，又要买票。

所以呼兰河城里凡是一有跳井投河的，或是上吊的，那看热闹的人就特别多，我不知道中国别的地方是否这样，但在我的家乡确是这样的。

投了河的女人，被打捞上来了，也不赶快的埋，也不赶快的葬，摆在那里一两天，让大家围着观看。

跳了井的女人，从井里捞出来，也不赶快的埋，也不赶快的葬，好像国货展览会似的，热闹得车水马龙了。

其实那没有什么好看的，假若冯歪嘴子上了吊，那岂不是看了很害怕吗！

有一些胆小的女人，看了投河的，跳井的，三天五夜的不能睡觉。但是下次，一有这样的冤魂，她仍旧是去看的，看了回来就觉得那恶劣的印象就在眼前，于是又是睡觉不安，吃饭也不香。但是不去看，是不行的，第三次仍旧去看，哪怕去看了之后，心里觉得恐怖，而后再买一匹黄钱纸，一扎线香到十字路口上去烧了，向着那东西南北的大道磕上三个头，同时嘴里说：

“邪魔野鬼可不要上我的身哪，我这里香纸的也都打发过你们了。”

有的谁家的姑娘，为了去看上吊的，回来吓死了。听说不但看上吊的，就是看跳井的，也有被吓死的。吓出一场病来，千医百治的治不好，后来死了。

但是人们还是愿意看，男人也许特别胆子大，不害怕。女人却都是胆小的多，都是乍着胆子看。

还有小孩，女人也把他们带来看，他们还没有长成为一个人，母亲就早把他们带来了，也许在这热闹的世界里，还是提早地演习着一点的好，免得将来对于跳井上吊太外行了。

有的探访员晓得了冯歪嘴子从街上买来了一把家常用的切菜的刀，于是就大放冯歪嘴子要自刎的空气。

六

冯歪嘴子，没有上吊，没有自刎，还是好好地活着。过了一年，他的孩子长大了。

过年我家杀猪的时候，冯歪嘴子还到我家里来帮忙的，帮着刮猪毛。到了晚上他吃了饭，喝了酒之后，临回去的时候，祖父说，让他带了几个大馒头去，他把馒头挟在腰里就走了。

人们都取笑着冯歪嘴子，说：

“冯歪嘴子有了大少爷了。”

冯歪嘴子平常给我家做一点小事，磨半斗豆子做小豆腐，或是推二斗上好的红黏谷，做黏糕吃，祖父都是招呼他到我家里来吃饭的。就在饭桌上，当着众人，老厨子就说：

“冯歪嘴子少吃两个馒头吧，留着馒头带给大少爷去吧……”

冯歪嘴子听了也并不难为情，也不觉得这是嘲笑他的话，他很庄严地说：

“他在家里有吃的，他在家里有吃的。”

等吃完了，祖父说：

“还是带上几个吧！”

冯歪嘴子拿起几个馒头来，往哪儿放呢？放在腰里，馒头太热。放在袖筒里怕掉了。

于是老厨子说：

“你放在帽兜子里啊！”

于是冯歪嘴子用帽兜着馒头回家去了。

东邻西舍谁家若是办了红白喜事，冯歪嘴子若也在席上的话，肉丸子一上来，别人就说：

“冯歪嘴子，这肉丸子你不能吃，你家里有大少爷的是不是？”

于是人们说着，就把冯歪嘴子应得的那一份的两个肉丸子，用筷子夹出来，放在冯歪嘴子旁边的小碟里。来了红烧肉，也是这么照办，来了干果碟，也是这么照办。

冯歪嘴子一点也感不到羞耻，等席散之后，用手巾包着，带回家来，给他的儿子吃了。

七

他的儿子也和普通的小孩一样，七个月出牙，八个月会爬，一年会走，两年会跑了。

夏天，那孩子浑身不穿衣裳，只带着一个花兜肚，在门前的水坑里捉小蛤蟆。他的母亲坐在门前给他绣着花兜肚子。他的父亲在磨房打着梆子，看管着小驴拉着磨。

八

又过了两三年，冯歪嘴子的第二个孩子又要出生了。冯歪嘴子欢喜得不得了，嘴都闭不上了。

在外边，有人问他：

“冯歪嘴子又要得儿子了？”

他呵呵呵。他故意的平静着自己。

他在家里边，他一看见他的女人端一个大盆，他就说：

“你这是干什么，你让我来拿不好么！”

他看见他的女人抱一捆柴火，他也这样阻止着她：

“你让我来拿不好么！”

可是那王大姐，却一天比一天瘦，一天比一天苍白，她的眼睛更大了，她的鼻子也更尖了似的。冯歪嘴子说，过后多吃几个鸡蛋，好好养养就身子好起来了。

他家是快乐的。冯歪嘴子把窗子上挂了一张窗帘，这张白布是新从铺子里买来的。冯歪嘴子的窗子，三五年也没有挂过帘子，这是第一次。

冯歪嘴子买了二斤新棉花，买了好几尺花洋布，买了二三十个上好的鸡蛋。

冯歪嘴子还是照旧的拉磨，王大姐就剪裁着花洋布做成小小的衣裳。

二三十个鸡蛋，用小筐装着，挂在二梁上。每一开门开窗的，那小筐就在高处游荡着。

门口来一担挑卖鸡蛋的，冯歪嘴子就说：

“你身子不好，我看还应该多吃几个鸡蛋。”

冯歪嘴子每次都想再买一些，但都被孩子的母亲阻止了。冯歪嘴子说：

“你从生了这小孩以来，身子就一直没养过来。多吃几个鸡蛋算什么呢！我多卖几斤黏糕就有了。”

祖父一到他家里去串门。冯歪嘴子就把这一套话告诉了祖父。他说：

“那个人才俭省呢，过日子连一根柴草也不肯多烧。要生小孩子，多吃一个鸡蛋也不肯。看着吧，将来会发家的……”

冯歪嘴子说完了，是很得意的。

九

七月一过去，八月乌鸦就来了。

其实乌鸦七月里已经来了，不过没有八月那样多就是了。

七月的晚霞，红得像火似的，奇奇怪怪的，老虎、大狮子、马头、狗群。这一些云彩，一到了八月，就都没有。那满天红洞洞的，那满天金黄的，满天绛紫的，满天朱砂色的云彩，一齐都没有了，无论早晨或黄昏，天空就再也没有它们了，就再也看不见它们了。

八月的天空是静悄悄的，一丝不挂。六月的黑云，七月的红云，都没有了。一进了八月雨也没有了，风也没有了。白天就是黄金的太阳，夜里就是雪白的月亮。

天气有些寒了，人们都穿起夹衣来。

晚饭之后，乘凉的人没有了。院子里显得冷清寂寞了许多。

鸡鸭都上架去了，猪也进了猪栏，狗也进了狗窝。院子里的蒿草，因为没有风，就都一动不动地站着，因为没有云，大昴星一出来就亮得和一盏小灯似的了。

在这样的一个夜里，冯歪嘴子的女人死了。第二天早晨，正遇着乌鸦的时候，就给冯歪嘴子的女人送殡了。

乌鸦是黄昏的时候，或黎明的时候才飞过的。不知道这乌鸦从什么地方来，飞到什么地方去，但这一大群遮天蔽瓦的，吵着叫着，好像一大片黑云似的从远处来了，来到头上，不一会又过去了。终究过到什么地方去，也许大人知道，孩子们是不知道的，我也不知道。

听说那些乌鸦就过到呼兰河南岸那柳条林里去的，过到那柳条林里去做什么，所以我不大相信。不过那柳条林，乌烟瘴气的，不知那里有些什么，或者是过了那柳条林，柳条林的那边更是些个什么。站在呼兰河的这边，只见那乌烟瘴气的，有好几里路远的柳条林上，飞着白白的大鸟，除了那白白的大鸟之外究竟还有什么，那就不得而知了。

据说乌鸦就往那边过，乌鸦过到那边又怎样，又从那边究竟飞到什么地方去，这个人们不大知道了。

冯歪嘴子的女人是产后死的，传说上这样的女人死了，大庙不收，小庙不留，是将要成为游魂的。

我要到草棚子去看，祖父不让我去看。

我在大门口等着。

我看见了冯歪嘴子的儿子，打着灵头幡送他的母亲。

灵头幡在前，棺材在后，冯歪嘴子在最前边，他在最前边领着路向东大桥那边走去了。

那灵头幡是用白纸剪的，剪成络络网，剪成葫椒眼，剪成不少的轻飘飘的缌子，用一根杆子挑着，扛在那孩子的肩上。

那孩子也不哭，也不表示什么，只好像他扛不动那灵头幡，使他扛得非常吃力似的。

他往东边越走越远了。我在大门外看着，一直看着他走过了东大桥，几乎是看不见了，我还在那里看着。

乌鸦在头上呱呱地叫着。

过了一群，又一群，等我们回到了家里，那乌鸦还在天空里叫着。

十

冯歪嘴子的女人一死，大家觉得这回冯歪嘴子算完了。扔下了两个孩子，一个四五岁，一个刚生下来。

看吧，看他可怎样办！

老厨子说：

“看热闹吧，冯歪嘴子又该喝酒了，又该坐在磨盘上哭了。”

东家西舍的也都说冯歪嘴子这回可非完不可了。那些好看热闹的人，都在准备着看冯歪嘴子的热闹。

可是冯歪嘴子自己，并不像旁观者眼中的那样地绝望，好像他活着还很有把握的样子似的，他不但没有感到绝望已经洞穿了他。因为他看见了他的两个孩子，他反而镇定下来。他觉得在这世界上，他一定要生根的。要长得牢牢的。他不管他自己有这份能力没有，他看看别人也都是这样做的，他觉得他也应该这样做。

于是他照常地活在世界上，他照常地负着他那份责任。

于是他自己动手喂他那刚出生的孩子，他用筷子喂他，他不吃，他用调匙喂他。

喂着小的，带着大的，他该担水，担水，该拉磨，拉磨。

早晨一起来，一开门，看见邻人到井口去打水的时候，他总说一声：

“去挑水吗！”

若遇见了卖豆腐的，他也说一声：

“豆腐这么早出锅啦！”

他在这世界上他不知道人们都用绝望的眼光来看他，他不知道他已经处在了怎样的一种艰难的境地。他不知道他自己已经完了。他没有想过。

他虽然也有悲哀，他虽然也常常满满含着眼泪，但是他一看见他的大儿子会拉着小驴饮水了，他就立刻把那含着眼泪的眼睛笑了起来。

他说：

“慢慢地就中用了。”

他的小儿子，一天一天的喂着，越喂眼睛越大，胳臂，腿，越来越瘦。

在别人的眼里，这孩子非死不可。这孩子一直不死，大家都觉得惊奇。

到后来大家简直都莫名其妙了，对于冯歪嘴子的这孩子的不死，别人都起了恐惧的心理，觉得，这是可能的吗？这是世界上应该有的吗？

但是冯歪嘴子，一休息下来就抱着他的孩子。天太冷了，他就烘了一堆火给他烤着。那孩子刚一咧嘴笑，那笑得才难看呢，因为又像笑，又像哭。其实又不像笑，又不像哭，而是介乎两者之间的那么一咧嘴。

但是冯歪嘴子却欢得不得了了。

他说：

“这小东西会哄人了。”

或是：

“这小东西懂人事了。”

那孩子到了七八个月才会拍一拍掌，其实别人家的孩子到七八个月，都会爬了，会坐着了，要学着说话了。冯歪嘴子的孩子都不会，只会拍一拍掌，别的都不会。

冯歪嘴子一看见他的孩子拍掌，他就眉开眼笑的。

他说：

“这孩子眼看着就大了。”

那孩子在别人的眼睛里看来，并没有大，似乎一天更比一天小似的。因为越瘦那孩子的眼睛就越大，只见眼睛大，不见身子大，看起来好像那孩子始终也没有长似的。那孩子好像是泥做的，而不是孩子了，两个月之后，和两个月之前，完全一样。两个月之前看见过那孩子，两个月之后再看见，也绝不会使人惊讶，时间是快的，大人虽不见老，孩子却一天一天地不同。

看了冯歪嘴子的儿子，绝不会给人以时间上的观感。大人总喜欢在孩子的身上去触到时间。但是冯歪嘴子的儿子是不能给人这个满足的。因为两个月前看见过他那么大，两个月后看见他还是那么大，还不如去看后花园里的黄瓜，那黄瓜三月里下种，四月里爬蔓，五月里开花，五月末就吃大黄瓜。

但是冯歪嘴子却不这样的看法，他看他的孩子是一天比一天大。

大的孩子会拉着小驴到井边上去饮水了。小的会笑了，会拍手了，会摇头了。给他东西吃，他会伸手来拿。而且小牙也长出来了。

微微地一咧嘴笑，那小白牙就露出来了。

尾声

呼兰河这小城里边，以前住着我的祖父，现在埋着我的祖父。

我生的时候，祖父已经六十多岁了，我长到四五岁，祖父就快七十了。我还没有长到二十岁，祖父就七八十岁了。祖父一过了八十，祖父就死了。

从前那后花园的主人，而今不见了。老主人死了，小主人逃荒去了。

那园里的蝴蝶，蚂蚱，蜻蜓，也许还是年年仍旧，也许现在完全荒凉了。

小黄瓜，大倭瓜，也许还是年年地种着，也许现在根本没有了。

那早晨的露珠是不是还落在花盆架上，那午间的太阳是不是还照着那大向日葵，那黄昏时候的红霞是不是还会一会工夫会变出来一匹马来，一会工夫会变出来一匹狗来，那么变着。

这一些不能想象了。

听说有二伯死了。

老厨子就是活着年纪也不小了。

东邻西舍也都不知怎样了。

至于那磨房里的磨官，至今究竟如何，则完全不晓得了。

以上我所写的并没有什么幽美的故事，只因他们充满我幼年的记忆，忘却不了，难以忘却，就记在这里了。

一九四〇年十二月二十日香港完稿。

/ 散文

欧罗巴旅馆

楼梯是那样长，好像让我顺着一条小道爬上天顶。其实只是三层楼，也实在无力了。手扶着楼栏，努力拔着两条颤颤的，不属于我的腿，升上几步，手也开始和腿一般颤。

等我走进那个房间的时候，和受辱的孩子似的偎上床去，用袖口慢慢擦着脸。

他——郎华，我的情人，那时候他还是我的情人，他问我了：

"你哭了吗？"

"为什么哭呢？我擦的是汗呀，不是眼泪呀！"

不知是几分钟过后，我才发现这个房间是如此的白，棚顶是斜坡的棚顶，除了一张床，地下有一张桌子，一围藤椅。离开床沿用不到两步可以摸到桌子和椅子。开门时，那更方便，一张门扇躺在床上可以打开。住在这白色的小室，我好像住在幔帐中一般。我口渴，我说：

"我应该喝一点水吧！"

他要为我倒水时，他非常着慌，两条眉毛好像要连接起来，在鼻子的上端扭动了好几下：

"怎样喝呢？用什么喝？"

桌子上除了一块洁白的桌布，干净得连灰尘都不存在。

我有点昏迷，躺在床上听他和茶房在过道说了些时，又听到门响，他来到床边。我想他一定举着杯子在床边，却不，他的手两面却分张着：

“用什么喝？可以吧？用脸盆来喝吧！”

他去拿藤椅上放着才带来的脸盆时，毛巾下面刷牙缸被他发现，于是拿着刷牙缸走去。

旅馆的过道是那样寂静，我听他踏着地板来了。

正在喝着水，一只手指抵在白床单上，我用发颤的手指抚来抚去。他说：

“你躺下吧！太累了。”

我躺下也是用手指抚来抚去，床单有突起的花纹，并且白得有些闪我的眼睛，心想：不错的，自己正是没有床单。我心想的话他却说出了！

“我想我们是要睡空床板的，现在连枕头都有。”说着，他拍打我枕在头下的枕头。

“咯咯——”有人打门，进来一个高大的俄国女茶房，身后又进来一个中国茶房：

“也租铺盖吗？”

“租的。”

“五角钱一天。”

“不租。”“不租。”我也说不租，郎华也说不租。

那女人动手去收拾：软枕，床单，就连桌布她也从桌子扯下去。床单夹在她的腋下。一切都夹在她的腋下。一秒钟，这洁白的小室跟随她花色的包头巾一同消失去。

我虽然是腿颤，虽然肚子饿得那样空，我也要站起来，打开柳条箱去拿自己的被子。

小室被劫了一样，床上一张肿胀的草褥赤现在那里，破木桌一些黑点和白圈显露出来，大藤椅也好像跟着变了颜色。

晚饭以前，我们就在草褥上吻着抱着过的。

晚饭就在桌子上摆着，黑“列巴”和白盐。

晚饭以后，事件就开始了：

开门进来三四个人，黑衣裳，挂着枪，挂着刀。进来先拿住郎华的两臂，他正赤着胸膛在洗脸，两手还是湿着。他们那些人，把箱子弄开，翻扬了一阵：

“旅馆报告你带枪，没带吗？”那个挂刀的人问。随后那人在床下扒得了一个长纸卷，里面卷的是一支剑。他打开，抖着剑柄的红穗头：

“你哪里来的这个？”

停在门口那个去报告的俄国管事，挥着手，急得涨红了脸。

警察要带郎华到局子里去。他也预备跟他们去，嘴里不住地说：“为什么单独用这种方式检查我？妨碍我？”

最后警察温和下来，他的两臂被放开，可是他忘记了穿衣裳，他湿水的手也干了。

原因日间那白俄来取房钱，一日两元，一月六十元。我们只有五元钱。马车钱来时去掉五角。那白俄说：

“你的房钱，给！”他好像知道我们没有钱似的，他好像是很着忙，怕是我们跑走一样。他拿到手中两元票子又说：“六十元一月，明天给！”原来包租一月三十元，为了松花江涨水才有这样的房价。如此，他摇手瞪眼地说：“你的明天搬走，你的明天走！”

郎华说：“不走，不走……”

“不走不行，我是经理……”

郎华从床下取出剑来，指着白俄：

“你快给我走开，不然，我宰了你。”

他慌张着跑出去了，去报告警察所，说我们带着凶器，其实剑裹在纸里，那人以为是大枪，而不知是一支剑。

结果警察带剑走了，他说：“日本宪兵若是发现你有剑，那你非吃亏不可，了不得的，说你是大刀会。我替你寄存一夜，明天你来取。”

警察走了以后，闭了灯，锁上门，街灯的光亮从小窗口跑下来，凄凄淡淡的，我们睡了。在睡中不住想：警察是中国人，倒比日本宪兵强得多啊！

天明了，是第二天，从朋友处被逐出来是第二天了。

黑“列巴”和白盐

玻璃窗子又慢慢结起霜来，不管人和狗经过窗前，都辨认不清楚。

“我们不是新婚吗？”他这话说得很响，他唇下的开水杯起一个小圆波浪。他放下杯子，在黑面包上涂一点白盐送下喉去。大概是面包已不在喉中，他又说：

“这不正是度蜜月吗！”

“对的，对的。”我笑了。

他连忙又取一片黑面包，涂上一点白盐，学着电影上那样度蜜月，把涂盐的“列巴”先送上我的嘴，我咬了一下，而后他才去吃。一定盐太多了，舌尖感到不愉快，他连忙去喝水：

“不行不行，再这样度蜜月，把人咸死了。”

盐毕竟不是奶油，带给人的感觉一点也不甜，一点也不香。我坐在旁边笑。

光线完全不能透进屋来，四面是墙，窗子已经无用，像封闭了的洞门似的，与外界绝对隔离开。天天就生活在这里边。素食，有时候不食，好像传说上要成仙的人在这地方苦修苦炼。很有成绩，修炼得倒是不错了，脸也黄了，骨头也瘦了。我的眼睛越来越扩大，他的颊骨和木块一样突在腮边。这些工夫都做到，只是还没成仙。

“借钱”，“借钱”，郎华每日出去“借钱”。他借回来的钱总是很少，三角，五角，借到一元，那是很稀有的事。

黑“列巴”和白盐，许多日子成了我们唯一的生命线。

又是冬天

窗前的大雪白绒一般，没有停地在落，整天没有停。我去年受冻的脚完全好起来，可是今年没有冻，壁炉着得呼呼发响，时时起着木柈的小炸音；玻璃窗简直就没被冰霜蔽住；柈子不像去年摆在窗前，而是装满了柈子房的。

我们决定非回国不可。每次到书店去，一本杂志也没有，至于别的书，那还是三年前摆在玻璃窗里退了色的旧书。

非走不可，非走不可。

遇到朋友，我们就问：

“海上几月里浪小？小海船是怎样晕法？……”因为我们都没航过海，海船那样大，在图画上看见也是害怕，所以一经过“万国车票公司”的窗前，必须要停住许多时候，要看窗子里立着的大图画，我们计算着这海船有多么高啊！都说海上无风三尺浪，我在玻璃上就用手去量，看海船有海浪的几倍高？结果那太差远了！海船的高度等于海浪的二十倍。我说海船六丈高。

“哪有六丈？”郎华反对我，他又量量：“哼！可不是吗！差不多……海浪三尺，船高是二十三尺。”

也有时因为我反复着说：“有那么高吗？没有吧！也许有！”

郎华听了就生起气了，因为海船的事差不多在街上就吵架……

可是朋友们不知道我们要走，有一天，我们在胖朋友家里举起酒杯的时候，嘴里吃着烧鸡的时候，郎华要说，我不叫他说，可是到底说了。

“走了好！我看你早就该走！”以前胖朋友常这样说：“郎华：你走吧！我给你们对付点路费。我天天在 ×× 科里边听着问案子，皮鞭子打得那个响！哎，走吧！我想要是我的朋友也弄去……那声音可怎么听？我一看那行人，我就想到你……”

老秦来了，他是穿着一件崭新的外套，看起来帽子也是新的，不过没有问他，他自己先说：

“你们看我穿新外套了吧？非去上海不可，忙着做了两件衣裳，好去进当铺，卖破烂，新的也值几个钱……”

听了这话，我们很高兴，想不说也不可能：“我们也走，非走不可，在这个地方等着活剥皮吗？”郎华说完了就笑了：“你什么时候走？”

“那么你们呢？”

“我们没有一定。”

“走就五六月走，海上浪小……”

“那么我们一同走吧！”

老秦并不认为我们是真话，大家随便说了不少关于走的事情，怎样走法呢？怕路上检查，怕路上盘问，到上海什么朋友也没有，又没有钱。说得高兴起来，逼真了！带着幻想了！老秦是到过上海的，他说四马路怎样怎样！他说上海的穷是怎样的穷法……

他走了以后，雪还没有停。我把火炉又放进一块木柈去。又到烧晚饭的时间了！我想一想去年，想一想今年，看一看自己的手骨节胀大了一点，个子还是这么高，还是这么瘦……

这房子我看得太熟了，至于墙上或是棚顶有几个多余的钉子，我都知道。郎华呢？没有瘦胖，他是照旧，从我认识他那时候起，他就是那样，颧骨很高，眼睛小，嘴大，鼻子是一条柱。

“我们吃什么饭呢？吃面或是饭？”

居然我们有米有面了，这和去年不同，忽然那些回想牵住了我……借到两角钱或一角钱……空手他跑回来……抱着新棉袍去进当铺。

我想到我冻伤的脚，下意识的看了一下脚。于是又想到柈子，那样多的柈子，烧吧！我就又去搬了木柈进来。

“关上门啊！冷啊！”郎华嚷着。

他仍把两手插在裤袋，在地上打转；一说到关于走，他不住地打转，转起半点钟来也是常常的事。

秋天，我们已经装起电灯了。隐在灯下抄自己的稿子。郎华又跑出去，他是跑出去玩，这可和去年不同，今年他不到外面当家庭教师了。

最后的一个星期

刚下过雨，我们踏着水淋的街道，在中央大街上徘徊，到江边去呢？还是到哪里去呢？

天空的云还没有散，街头的行人还是那样稀疏，任意走，但是再不能走了。

“郎华，我们应该规定个日子，哪天走呢？”

“现在三号，十三号吧！还有十天，怎么样？”

我突然站住，受惊一般地，哈尔滨要与我们别离了！还有十天，十天以后的日子，我们要过在车上，海上，看不见松花江了，只要“满洲国”存在一天，我们是不能来到这块土地。

李和陈成也来了，好像我们走，是应该走。

“还有七天，走了好啊！”陈成说。

为着我们走，老张请我们吃饭。吃过饭以后，又去逛公园。在公园又吃冰激凌，无论怎样总感到另一种滋味，公园的大树，公园夏日的风，沙土，花草，水池，假山，山顶的凉亭，……这一切和往日两样，我没有像往日那样到公园里乱跑，我是安静静地走着，脚下的沙土慢慢地在响。

夜晚屋中又剩了我一个人，郎华的学生跑到窗前，他偷偷观察着我，他在窗前走来走去，假装着闲走来观察我，来观察这屋中的事情，观察不足，于是问了：

“我老师上哪里去了？”

“找他做什么？”

“找我老师上课。”

其实那孩子平日就不愿意上课，他觉得老师这屋有个景况：怎么这些日子卖起东西来，旧棉花，破皮褥子……

要搬家吧！那孩子不能确定是怎么回事。他跑回去又把小菊也找出来，那女孩和他一般大，当然也觉得其中有个景况。我把灯闭上了，要收拾的东西，暂时也不收拾了！

躺在床上，摸摸墙壁，又摸摸床边，现在这还是我所接触的，再过七天，这一些都别开了。

小锅，小水壶，终归被旧货商人所提走，在商人手里发着响，闪着光，走出门去！那是前年冬天，郎华从破烂市买回来的。现在又将回到破烂市去。

卖掉小水壶，我的心情更不能压制住。不是用的自己的腿似的，到木柈房去看看许多木柈还没有烧尽，是卖呢？是送朋友？门后还有个电炉，还有双破鞋。

大炉台上失掉了锅，失掉了壶，不像个厨房样。

一个星期已经过去四天，心情随着时间更烦乱起来。也不能在家烧饭吃，到外面去吃，到朋友家去吃。

看到别人家的小锅，吃饭也不能安定。后来，睡觉也不能安定。

“明早六点钟就起来拉床，要早点起来。”

郎华说这话，觉得走是逼近了！必定得走了。好像郎华如不说，就不走了似的。

夜里想睡也睡不安。太阳还没出来，铁大门就响起来，我怕着，这声音要夺去我的心似的，昏茫地坐起来。郎华就跳下床去，两个人从床上往下拉着被子、褥子。枕头摔在脚上，忙忙乱乱，有人打着门，院子里的狗乱咬着。

马颈的铃铛就响在窗外，这样的早晨已经过去，我们遭了恶祸一般，屋子空空的了。

我把行李铺了铺，就睡在地板上。为了多日的病和不安，身体弱的快要支持不住的样子。郎华跑到江边去洗他的衬衫，他回来看到我还没有起来，他就生气：

“不管什么时候，总是懒。起来，收拾收拾，该随手拿走的东西，就先把它拿走。”

“有什么收拾的，都已收拾好。我再睡一会，天还早，昨夜我失眠了。”我的腿痛，腰痛，又要犯病的样子。

“要睡，收拾干净再睡，起来！”

铺在地板上的小行李也卷起来了。墙壁从四面直垂下来，棚顶一块块发着微黑的地方，是长时间点蜡烛被烛烟所熏黑的。说话的声音有些轰响。空了！在屋子里边走起来很旷荡……

还吃了最后的一次早餐——面包和肠子。

我手提个包袱。郎华说：

“走吧！”他推开了门。

这正像乍搬到这房子郎华说“进去吧”一样，门开着我出来了，我腿发抖，心往下沉坠，忍不住这从没有落下来的眼泪，是哭的时候了！应该流一流眼泪。

我没有回转一次头走出大门，别了家屋！街车，行人，小店铺，行人道旁的杨树。转角了！

别了，“商市街”！

小包袱在手上挎着。我们顺了中央大街南去。

1935，5，15，上海。

破落之街

天明了，白白的阳光空空的染了全室。

我们快穿衣服，折好被子，平结他自己的鞋带，我结我的鞋带。他到外面去打脸水，等他回来的时候，我气愤地坐在床沿。他手中的水盆被他忘记了，有水泼到地板。他问我，我气愤着不语，把鞋子给他看。

鞋带是断成三段了，现在又断了一段。他从新解开他的鞋子，我不知他在做什么，我看他向床间寻了寻，他是找剪刀，可是没买剪刀，他失望地用手把鞋带变成两段。

一条鞋带也要分成两段，两个人束着一条鞋带。

他拾起桌上的铜板说：

“就是这些吗？”

“不，我的衣袋还有哩！”

那仅是半角钱，他皱眉，他不愿意拿这票子。终于下楼了，他说：“我们吃什么呢？”

用我的耳朵听他的话，用我的眼睛看我的鞋，一只是白鞋带，另一只是黄鞋带。

秋风是紧了，秋风的凄凉特别在破落之街道上。

苍蝇满集在饭馆的墙壁，一切人忙着吃喝，不闻苍蝇。

“伙计，我来一分钱的辣椒白菜。”

“我来二分钱的豆芽菜。”

别人又喊了，伙计满头是汗。

“我再来一斤饼。”

苍蝇在那里好像是哑静了，我们同别的一些人一样，不讲卫生体面，我觉得女人必须不应该和一些下流人同桌吃饭，然而我是吃了。

走出饭馆门时，我很痛苦，好像快要哭出来，可是我什么人都不能抱怨。平他每次吃完饭都要问我：

“吃饱没有？”

我说：“饱了！”其实仍有些不饱。

今天他让我自己上楼：“你进屋去吧！我到外面有点事情。”

好像他不是我的爱人似的，转身下楼离我而去了。

在房间里，阳光不落在墙壁上，那是灰色的四面墙，好像匣子，好像笼子，墙壁在逼着我，使我的思想没有用，使我的力量不能与人接触，不能用于世。

我不愿意我的脑浆翻绞，又睡下，拉我的被子，在床上辗转，仿佛是个病人一样，我的肚子叫响，太阳西沉下去，平没有回来。我只吃过一碗玉米粥，那还是清早。

他回来，只是自己回来，不带馒头或别的充饥的东西回来。

肚子越响了，怕给他听着这肚子的呼唤，我把肚子翻向床，压住这呼唤。

“你肚疼吗？”我说不是，他又问我：

“你有病吗？”

我仍说不是。

“天快黑了，那么我们去吃饭吧！”

他是借到钱了吗？

“五角钱哩！”

泥泞的街道，沿路的屋顶和蜂巢样密挤着，平房屋顶，又生出一层平屋来。那是用板钉成的，看起像是楼房，也闭着窗子，歇着门。可是生在楼房里的不像人，是些猪猡，是污浊的群。我们往来都看见这样的景致。现在街道是泥泞了，肚子是叫唤了！一心要奔到苍蝇堆里，要吃馒头。桌子的对边那个老头，他唠叨起来了，大概他是个油匠，胡子染着白色，不管衣襟或袖口，都有斑点花色的颜料，他用有颜料的手吃东西。并没能发现他是不讲卫生，因为我们是一道生活。

他嚷了起来，他看一看没有人理他，他升上木凳好像老旗杆样，人们举目看他。终归他不是造反的领袖，那是私事，他的粥碗里面睡着个苍蝇。

大家都笑了，笑他一定在发神经病。

“我是老头子了，你们拿苍蝇喂我！”他一面说，有点伤心。

一直到掌柜的呼唤伙计再给他换一碗粥来，他才从木凳降落下来。但他寂寞着，他的头摇曳着。

这破落之街我们一年没有到过了，我们的生活技术比他们高，和他们不同，我们是从水泥中向外爬。可是他们永远留在那里，那里淹没着他们的一生，也淹没着他们的子子孙孙，但是这要淹没到什么时代呢？

我们也是一条狗，和别的狗一样没有心肝。我们从水泥中自己向外爬，忘记别人，忘记别人。

一九三三，十二，二十七

孤独的生活

蓝色的电灯，好像通夜也没有关，所以我醒来一次看看墙壁是发蓝的，再醒来一次，也是发蓝的。天明之前，我听到蚊虫在帐子外面嗡嗡嗡嗡地叫着，我想，我该起来了，蚊虫都吵得这样热闹了。

收拾了房间之后，想要作点什么事情。这点，日本与我们中国不同，街上虽然已经响着木屐的声音，但家屋仍和睡着一般的安静。我拿起笔来，想要写点什么，在未写之前必得要先想，可是这一想，就把所想的忘了！

为什么这样静呢？我反倒对着这安静不安起来。

于是出去，在街上走走，这街也不和我们中国的一样，也是太静了，也好像正在睡觉似的。

于是又回到了房间，我仍要想我所想的：在席子上面走着，吃一根香烟，喝一杯冷水，觉得已经差不多了，坐下来吧！写吧！

刚刚坐下来，太阳又照满了我的桌子。又把桌子换了位置，放在墙角去，墙角又没有风，所以满头流汗了。

再站起来走走，觉得所要写的，越想越不应该写，好，再另计划别的。

好像疲乏了似的，就在席子上面躺下来，偏偏帘子上有一个蜂子飞来，怕它刺着我，起来把它打跑了。刚一躺下，树上又有一个蝉开头叫起。蝉叫倒也不算奇怪，但只一个，听来那声音就特别大，我把头从窗子伸出去，想看看，到底是在哪一棵树上？可是邻人拍手的声音，比蝉声更大，他们在笑了。我是在看蝉，他们一定以为我是在看他们。

于是穿起衣裳来，去吃中饭。经过华的门前，她们不在家，两双拖鞋摆在木箱上面。她们的女房东，向我说了一些什么，我一个字也不懂，大概也就是说她们不在家的意思。日本食堂之类，自己不敢去，怕人看成个“阿墨林”。所以去的是中国饭馆，一进门，那个戴白帽子的就说：

“伊拉瞎伊麻丝……”

这我倒懂得，就是“来啦”的意思。既然坐下之后，他仍说的是日本话。于是我跑到厨房去，对厨子说了：要吃什么，要吃什么。

回来又到华的门前看看，还没有回来，两双拖鞋仍摆在木箱上。她们的房东又不知向我说了些什么！

晚饭时候，我没有去找她们，出去买了东西回到家里来吃，照例买的面包和火腿。

吃了这些东西之后，着实是寂寞了。外面打着雷，天阴得混混沉沉的了。想要出去走走，又怕下雨，不然，又是比日里还要长的夜，又把我留在房间里了。终于拿了雨衣，走出去了，想要逛逛夜市，也怕下雨，还是去看华吧！一边带着失望一边向前走着，结果，她们仍是没有回来，仍是看到了两双拖鞋，仍是听到了那房东说了些我所不懂的话语。

假若，再有别的朋友或熟人，就是冒着雨，我也要去找他们，但实际是没有的。只好照着原路又走回来了。

现在是下着雨，桌子上面的书，除掉《水浒》之外，还有一本胡风译的《山灵》，《水浒》我连翻也不想翻，至于《山灵》，就是抱着我这一种心情来读，有意义的书也读坏了。

雨一停下来，穿着街灯的树叶好像萤火似的发光，过了一些时候，我再看树叶时，那就完全漆黑了。

雨又开始了，但我的周围仍是静的，关起了窗子，只听到屋瓦滴滴地响着。

我放下了帐子，打开蓝色的电灯，并不是准备睡觉，是准备看书了。

读完了《山灵》上《声》的那篇，雨不知道已经停了多久了？那已经哑了的权龙八，他对他自己的不幸，并不正面去惋惜，他正为着铲除这种不幸才来干这样的事情的。

已经哑了的丈夫，他的妻来接见他的时候，他只把手放在嘴唇前面摆来摆去，接着他的脸就红了，当他红脸的时候，我不晓得那是什么心情激动了他？还有，他在监房里读着速成《日语读本》的时候，他的伙伴都想要说："你话都不会说，还学日文干什么！"

在他读的时候，他只是听到像是蒸气从喉咙漏出来的一样。恐怖立刻浸着了他，他慌忙地按了监房里的报知机，等他把人喊了来，他又不说什么，只是在嘴的前面摇着手。所以看守骂他："为什么什么也不说呢？混蛋！"

医生说他是"声带破裂"，他才晓得自己一生也不会说话了。

我感到了蓝色灯光的不足，于是开了那只白灯泡，准备再把《山灵》读下去。我的四面虽然更静了，等到我把自己也忘掉了时，好像我的周围也动荡了起来。

天还未明，我又读了三篇。

一九三六，八，九，东京。

在东京

在我住所的北边，有一带小高坡，那上面种的或是松树，或是柏树。它们在雨天里，就像同在夜雾里一样，是那么朦胧而且又那么宁静！好像飞在枝间的鸟雀羽翼的音响我都能够听到。

但我真的听得到的，却还是我自己脚步的声音，间或从人家墙头的树叶落到雨伞上的大水点特别地响着。

那天，我走在道上，我看着伞翅上不住地滴水。

“鲁迅是死了吗？”

于是心跳了起来，不能把“死”和鲁迅先生这样的字样相连接，所以左右反复着的是那个饭馆里下女的金牙齿，那些吃早餐的人的眼镜，雨伞，他们好像小型木凳似的雨鞋；最后我还想起了那张贴在厨房边的大画，一个女人，抱着一个举着小旗的很胖的孩子，小旗上面就写着：“富国强兵”；所以以后，一想到鲁迅的死，就想到那个很胖的孩子。

我已经打开了房东的格子门，可是我无论如何也走不进来，我气恼着，我怎么忽然变大了？

女房东正在瓦斯炉旁斩断一根萝卜，她抓住了她白色的围裙开始好像鸽子似的在笑：“伞……伞……”

原来我好像要撑着伞走上楼去。

她的肥胖的脚掌和男人一样，并且那金牙齿也和那饭馆里下女的金牙齿一样。日本女人多半镶了金牙齿。

我看到有一张报纸上的标题是鲁迅的“偲偲”。这个偲字，我翻了字典，在我们中国的字典上没有这个字。而文章上的句子里，“逝世，逝世”这字样有过好几个，到底是谁逝世了呢？因为是日文报纸看不懂之故。

第二天早晨，我又在那个饭馆里在什么报的文艺篇幅上看到了“逝世，逝世”，再看下去，就看到“损失”或“殒星”之类。这回，我难过了，我的饭吃了一半，我就回家了。一走上楼，那空虚的心脏，像铃子似的闹着，而前房里的老太婆在打扫着窗棂和席子的噼啪声，好像在打着我的衣裳那么使我感到沉重。在我看来，虽是早晨，窗外的太阳好像正午一样大了。

我赶快乘了电车，去看××。我在东京的时候，朋友和熟人，只有她。车子向着东中野市郊开去，车上本不拥挤，但我是站着。“逝世，逝世”，逝世的就是鲁迅？路上看了不少的山、树和人家，它们却是那么平安、温暖和愉快！我的脸几乎是贴在玻璃上，为的是躲避车上的烦扰，但又谁知道，那从玻璃吸收来的车轮声和机械声，会疑心这车子是从山崖上滚下来了。

××在走廊边上，刷着一双鞋子，她的扁桃腺炎还没有全好，看见了我，颈子有些不会转弯地向我说：

“啊！你来得这样早！”

我把我来的事情告诉她，她说她不相信。因为这事情我也不愿意它是真的，于是找了一张报纸来读。

“这些日子病得连报也不订，也不看了。”她一边翻那在长桌上的报纸，一边用手在摸抚着颈间的药布。

而后，她查了查日文字典，她说那个“偲”字是个印象的意思，是面影意思。她说一定有人到上海访问了鲁迅回来写的。

我问她：“那么为什么有逝世在文章中呢？”我又想起来了，好像那文章上又说：鲁迅的房子有枪弹穿进来，而安静的鲁迅，竟坐在摇椅上摇着。或者鲁迅是被枪打死的？日本水兵被杀事件，在电影上都看到了，北四川路又是戒严，又是搬家。鲁迅先生又是住的北四川路。

但她给我的解释，在阿Q心理上非常圆满，她说："逝世"是从鲁迅的口中谈到别人的"逝世"，"枪弹"是鲁迅谈到一二八时的枪弹，至于"坐在摇椅上"，她说谈过去的事情，自然不用惊慌，安静地摇在摇椅上又有什么稀奇。

出来送我走的时候，她还说：

"你这个人啊！不要神经质了！最近在《作家》上、《中流》上他都写了文章，他的身体可见是在复原期中……"

她说我好像慌张得有点傻，但是我愿意听。于是在阿Q心理上我回来了。

我知道鲁迅先生是死了，那是二十二日，正是靖国神社开庙会的时节。我还未起来的时候，那天天空开裂的爆竹，发着白烟，一个跟着一个在升起来。隔壁的老太婆呼喊了几次，她阿拉阿拉的向着那爆竹升起来的天空呼喊，她的头发上开始束了一条红绳。楼下，房东的孩子上楼来送我一块撒着米粒的糕点，我说谢谢他们，但我不知道在那孩子脸上接受了我怎样的眼睛。因为才到五岁的孩子，他带小碟下楼时，那碟沿还不时的在楼梯上磕碰着。他大概是害怕我。

靖国神社的庙会一直闹了三天，教员们讲些下女在庙会时节的故事，神的故事，和日本人拜神的故事，而学生们在满堂大笑，好象世界上并不知道鲁迅死了这回事。

有一天，一个眼睛好像金鱼眼睛的人，在黑板上写着：鲁迅先生大骂徐懋庸引起了文坛一场风波……茅盾起来讲和……

这字样一直没有擦掉。那卷发的，小小的，和中国人差不多的教员，他下课以后常常被人团聚着，谈些个两国不同的习惯和风俗。他的北京话说得很好，中国的旧文章和诗也读过一些。他讲话常常把眼睛从下往上看着：

“鲁迅这个人，你觉得怎么样？”我很奇怪，又像很害怕，为什么他向我说？结果晓得不是向我说。在我旁边那个位置上的人站起来了，有的教员点名的时候问过他：“你多大岁数？”他说他三十多岁。教员说：“我看你好像五十多岁的样子……”因为他的头发白了一半。

他作旧诗作得很多，秋天，中秋游日光，游浅草，而且还加上谱调读着。有一天他还让我看看，我说我不懂，别的同学有的借他的诗本去抄录。我听过几次，有人问他：“你没再作诗吗？”他答：“没有喝酒呢？”

他听到有人问他，他就站起来了：

“我说……先生……鲁迅，这个人没有什么，没有什么了不起的，他的文章就是一个骂，而且人格上也不好，尖酸刻薄。”

他的黄色的小鼻子歪了一下。我想用手替他扭正过来。

一个大个子，戴着四角帽子，他是“满洲国”的留学生，听说话的口音，还是我的同乡。

“听说鲁迅不是反对‘满洲国’的吗？”那个日本教员，抬一抬肩膀，笑了一下：“嗯！”

过了几天，日华学会开鲁迅追悼会了。我们这一班中四十几个人，去追悼鲁迅先生的只有一位小姐。她回来的时候，全班的人都笑她，她的脸红了，打开门，用脚尖向前走着，走得越轻越慢，而那鞋跟就越响。她穿的衣裳颜色一点也不调配，有时是一件红裙子绿上衣，有时是一件黄裙子红上衣。

这就是我在东京看到的这些不调配的人，以及鲁迅的死对他们激起怎样不调配的反应。

1938 年

祖父死了的时候

祖父总是有点变样子，他喜欢流起眼泪来，同时过去很重要的事情他也忘掉。比方过去那一些他常讲的故事，现在讲起来，讲了一半下一半他就说：“我记不得了。”

某夜，他又病了一次，经过这一次病，他竟说：“给你三姑写信，叫她来一趟，我不是四五年没看过她吗？”他叫我写信给我已经死去五年的姑母。

那次离家是很痛苦的。学校来了开学通知信，祖父又一天一天地变样起来。

祖父睡着的时候，我就躺在他的旁边哭，好像祖父已经离开我死去似的，一面哭着一面抬头看他凹陷的嘴唇。我若死掉祖父，就死掉我一生最重要的一个人，好像他死了就把人间一切“爱”和“温暖”带得空空虚虚。我的心被丝线扎住或铁丝绞住了。

我联想到母亲死的时候。母亲死以后，父亲怎样打我，又娶一个新母亲来。这个母亲很客气，不打我，就是骂，也是指着桌子或椅子来骂我。客气是越客气了，但是冷淡了，疏远了，生人一样。

“到院子去玩玩吧！”祖父说了这话之后，在我的头上撞了一下，“喂！你看这是什么？”一个黄金色的桔子落到我的手中。

夜间不敢到茅厕去，我说：“妈妈同我到茅厕去趟吧。”

“我不去！”

“那我害怕呀！”

“怕什么？”

“怕什么？怕鬼怕神？”父亲也说话了，把眼睛从眼镜上面看着我。

冬天，祖父已经睡下，赤着脚，开着纽扣跟我到外面茅厕去。

学校开学，我迟到了四天。三月里，我又回家一次，正在外面叫门，里面小弟弟嚷着：“姐姐回来了！姐姐回来了！”大门开时，我就远远注意着祖父住着的那间房子。果然祖父的面孔和胡子闪现在玻璃窗里。我跳着笑着跑进屋去。但不是高兴，只是心酸，祖父的脸色更惨淡更白了。等屋子里一个人没有时，他流着泪，他慌慌忙忙的一边用袖口擦着眼泪，一边抖动着嘴唇说：“爷爷不行了，不知早晚……前些日子好险没跌……跌死。”

“怎么跌的？”

“就是在后屋，我想去解手，招呼人，也听不见，按电铃也没有人来，就得爬啦。还没到后门口，腿颤，心跳，眼前发花了一阵就倒下去。没跌断了腰……人老了，有什么用处！爷爷是八十一岁呢。”

“爷爷是八十一岁。”

“没用了，活了八十一岁还是在地上爬呢！我想你看不着爷爷了，谁知没有跌死，我又慢慢爬到炕上。”

我走的那天也是和我回来那天一样，白色的脸的轮廓闪现在玻璃窗里。

在院心我回头看着祖父的面孔，走到大门口，在大门口我仍可看见，出了大门，就被门扇遮断。

从这一次祖父就与我永远隔绝了。虽然那次和祖父告别，并没说出一个永别的字。我回来看祖父，这回门前吹着喇叭，幡杆挑得比房头更高，马车离家很远的时候，我已看到高高的白色幡杆了，吹鼓手们的喇叭怆凉的在悲号。马车停在喇叭声中，大门前的白幡、白对联、院心的灵棚、闹嚷嚷许多人，吹鼓手们响起乌乌的哀号。

这回祖父不坐在玻璃窗里，是睡在堂屋的板床上，没有灵魂的躺在那里。我要看一看他白色的胡子，可是怎样看呢！拿开他脸上蒙着的纸吧，胡子、眼睛和嘴，都不会动了，他真的一点感觉也没有了？我从祖父的袖管里去摸他的手，手也没有感觉了。祖父这回真死去了啊！

祖父装进棺材去的那天早晨，正是后园里玫瑰花开放满树的时候。我扯着祖父的一张被角，抬向灵前去。吹鼓手在灵前吹着大喇叭。

我怕起来，我号叫起来。

“咣咣！”黑色的，半尺厚的灵柩盖子压上去。

吃饭的时候，我饮了酒，用祖父的酒杯饮的。饭后我跑到后园玫瑰树下去卧倒，园中飞着蜂子和蝴蝶，绿草的清凉的气味，这都和十年前一样。可是十年前死了妈妈。妈妈死后我仍是在园中扑蝴蝶；这回祖父死去，我却饮了酒。

过去的十年我是和父亲打斗着生活。在这期间我觉得人是残酷的东西。父亲对我是没有好面孔的，对于仆人也是没有好面孔的，他对于祖父也是没有好面孔的。因为仆人是穷人，祖父是老人，我是个小孩子，所以我们这些完全没有保障的人就落到他的手里。后来我看到新娶来的母亲也落到他的手里，他喜欢她的时候，便同她说笑，他恼怒时便骂她，母亲渐渐也怕起父亲来。

母亲也不是穷人，也不是老人，也不是孩子，怎么也怕起父亲来呢？我到邻家去看看，邻家的女人也是怕男人。我到舅家去，舅母也是怕舅父。

我懂得的尽是些偏僻的人生，我想世间死了祖父，就没有再同情我的人了，世间死了祖父，剩下的尽是些凶残的人了。

我饮了酒，回想，幻想……

以后我必须不要家，到广大的人群中去，但我在玫瑰树下颤怵了，人群中没有我的祖父。

所以我哭着，整个祖父死的时候我哭着。

感情的碎片

近来觉得眼泪常常充满着眼睛，热的，它们常常会使我的眼圈发烧。然而它们一次也没有滚落下来。有时候它们站到了眼毛的尖端，闪耀着玻璃似的液体，每每在镜子里面看到。

一看到这样的眼睛，又好像回到了母亲死的时候。母亲并不十分爱我，但也总算是母亲。她病了三天了，是七月的末梢，许多医生来过了，他们骑着白马，坐着三轮车，但那最高的一个，他用银针在母亲的腿上刺了一下，他说：

“血流则生，不流则亡。”

我确确实实看到那针孔是没有流血，只是母亲的腿上凭空多了一个黑点。医生和别人都退了出去，他们在堂屋里议论着。我背向了母亲，我不再看她腿上的黑点。我站着。

“母亲就要没有了吗？”我想。

大概就是她极短的清醒的时候：

“……你哭了吗？不怕，妈死不了！”

我垂下头去，扯住了衣襟，母亲也哭了。

而后我站到房后摆着花盆的木架旁边去。我从衣袋取出来母亲买给我的小洋刀。

“小洋刀丢了就从此没有了吧？”于是眼泪又来了。

花盆里的金百合映着我的眼睛，小洋刀的闪光映着我的眼睛。眼泪就再没有流落下来，然而那是热的，是发炎的。但那是孩子的时候。

而今则不应该了。

花狗

在一个深奥的，很小的院心上，集聚几个邻人。这院子种着两棵大芭蕉，人们就在芭蕉叶子下边谈论着李寡妇的大花狗。

有的说：

“看吧，这大狗又倒霉了。”

有的说：

“不见得，上回还不是闹到终归儿子没有回来，花狗也饿病了，因此李寡妇哭了好几回……”

“唉，你就别说啦，这两天还不是么，那大花狗都站不住了，若是人一定要扶着墙走路……”

人们正说着，李寡妇的大花狗就来了。它是一条虎狗，头是大的，嘴是方的，走起路来很威严，全身是黄毛带着白花。它从芭蕉叶里露出来了，站在许多人的面前，还勉强的摇一摇尾巴。

但那原来的姿态完全不对了，眼睛没有一点光亮，全身的毛好像要脱落似的在它的身上飘浮着。而最可笑的是它的脚掌很稳的抬起来，端得平平的再放下去，正好像希特勒的在操演的军队的脚掌似的。

人们正想要说些什么，看到李寡妇戴着大帽子从屋里出来，大家就停止了，都把眼睛落到李寡妇的身上。她手里拿着一把黄香，身上背着一个黄布口袋。

“听说少爷来信了，倒是吗？”

“是的，是的，没有多少日子，就要换防回来的……是的……亲手写的信来……我是到佛堂去烧香，是我应许下的，只要老佛保佑我那孩子有了信，从那天起，我就从那天三遍香烧着，一直到他回来……”那大花狗仍照着它平常的习惯，一看到主人出街，它就跟上去，李寡妇一边骂着就走远了。

那班谈论的人，也都谈论一会各自回家了。

留下了大花狗自己在芭蕉叶下蹲着。

大花狗，李寡妇养了它十几年，李老头子活着的时候，和她吵架，她一生气坐在椅子上哭半天会一动不动的，大花狗就陪着她蹲在她的脚尖旁。她生病的时候，大花狗也不出屋，就在她旁边转着。她和邻居骂架时，大花狗就上去撕人家衣服。她夜里失眠时，大花狗摇着尾巴一直陪她到天明。

所以她爱这狗胜过于一切了，冬天给这狗做一张小棉被，夏天给它铺一张小凉席。

李寡妇的儿子随军出发了以后，她对这狗更是一时也不能离开的，她把这狗看成个什么都能了解的能懂人性的了。

有几次她听了前线上恶劣的消息，她竟拍着那大花狗哭了好几次，有的时候像枕头似的枕着那大花狗哭。

大花狗也实在惹人怜爱，卷着尾巴，虎头虎脑的，虽然它忧愁了，寂寞了，眼睛无光了，但这更显得它柔顺，显得它温和。所以每当晚饭以后，它挨着家是凡里院外院的人家，它都用嘴推开门进去拜访一次，有剩饭的给它，它就吃了，无有剩饭，它就在人家屋里绕了一个圈就静静的出来了。这狗流浪了半个月了，它到主人旁边，主人也不打它，也不骂它，只是什么也不表示，冷静的接得了它，而并不是按着一定的时候给东西吃，想起来就给它，忘记了也就算了。

大花狗落雨也在外边，刮风也在外边，李寡妇整天锁着门到东城门外的佛堂去。

有一天她的邻居告诉她：

“你的大花狗，昨夜在街上被别的狗咬了腿流了血……”

“是的，是的，给它包扎包扎。”

“那狗实在可怜呢，满院子寻食……”邻人又说。

“唉，你没听在前线上呢，那真可怜……咱家里这一只狗算什么呢？”她忙着话没有说完，又背着黄布口袋上佛堂烧香去了。

等邻人第二次告诉她说：

“你去看看你那狗吧！”

那时候大花狗已经躺在外院的大门口了，躺着动也不动，那只被咬伤了的前腿，晒在太阳下。

本来李寡妇一看了也多少引起些悲哀来，也就想喊人来花两角钱埋了它。但因为刚刚又收到儿子一封信，是广州退却时写的，看信上说儿子就该到家了，于是她逢人便讲，竟把花狗又忘记了。

这花狗一直在外院的门口，躺了三两天。

是凡经过的人都说这狗老死了，或是被咬死了，其实不是，它是被冷落死了。